国家出版基金项目
NATIONAL PUBLICATION FOUNDATION

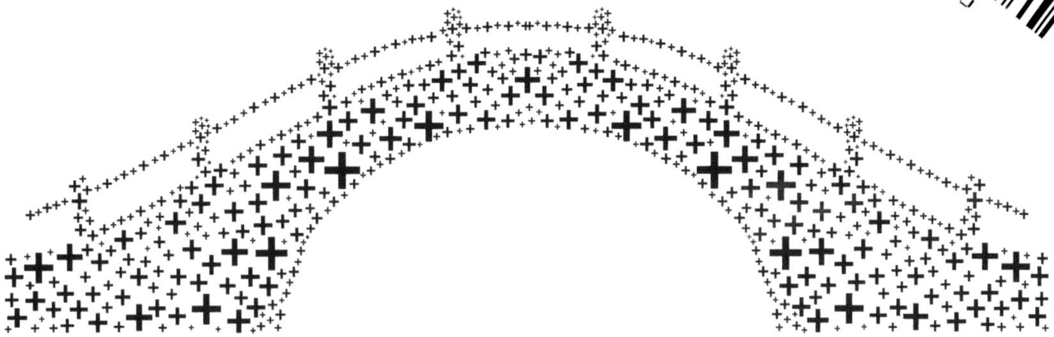

"互联网+"与文化发展研究系列丛书

网罗城镇
未来城市的想象力

文化部"十三五"时期文化改革发展规划重大课题

卜希霆　王青亦 等著

知识产权出版社
全国百佳图书出版单位

图书在版编目（CIP）数据

网罗城镇：未来城市的想象力 / 卜希霆，王青亦等著．—北京：知识产权出版社，2016.1
（"互联网 +"与文化发展研究系列丛书 / 范周主编）
ISBN 978-7-5130-3919-2

Ⅰ．①网… Ⅱ．①卜… ②王… Ⅲ．①网络经济—研究 Ⅳ．① F062.5

中国版本图书馆 CIP 数据核字 (2015) 第 275170 号

内容提要

传统集市 + 互联网创造了淘宝，传统百货卖场 + 互联网产生了京东，传统银行 + 互联网有了支付宝，传统交通 + 互联网出现了滴滴，互联网让生活变得更加便捷、更加美好。城市发生了颠覆式的发展，可持续人文经济、大数据时代下的城市规划、城市建设与城市治理、"电商村"与"智慧城市"的建设与发展，均离不开"互联网 +"思维。

责任编辑：李　婧　　　　**责任出版：**孙婷婷

网罗城镇：未来城市的想象力

WANGLUO CHENGZHEN：WEILAI CHENGSHI DE XIANGXIANGLI

卜希霆　王青亦　等著

出版发行：知识产权出版社有限责任公司　　**网　　址：**http://www.ipph.cn
http://www.laichushu.com
电　　话：010-82004826
社　　址：北京市海淀区马甸南村 1 号　　**邮　　编：**100088
责编电话：010-82000860转8594　　**责编邮箱：**549299101qq.com
发行电话：010-82000860转8101/8029　　**发行传真：**010-82000893/82003279
印　　刷：保定市中画美凯印刷有限公司　　**经　　销：**各大网上书店、新华书店及相关书店
开　　本：720mm × 1000mm　1/16　　**印　　张：**17.5
版　　次：2016年1月第1版　　**印　　次：**2016年1月第1次印刷
字　　数：250千字　　**定　　价：**45.00元

ISBN 978-7-5130-3919-2

序

文化与城市是一个什么关系？问题简单，答案绝对不简单。其实，这是一个没有标准答案，又必须回答的问题。

人类在工业化进程中消耗了大量自然资源，同时造成了严重的环境危机，在经历了以资源消耗为主的工业时代之后，许多资源型城市开始转向服务型城市。然而，信息时代的文化产业也面临许多发展困境，例如，传统城市转型的局限、“千城一面”的城市形象规划、量大质差的“鬼园区”接踵而至等。这些问题不仅制约着经济的增长，也束缚着城市的成长。2015 年 3 月，李克强总理在十二届全国人民代表大会第三次会议上所作《政府工作报告》中着重强调了“互联网 +”对中国经济社会的推动作用，我们也由此看到了信息时代城市发展和城市文化产业发展的美好前景和未来。

竞争战略之父迈克尔·波特曾提到：“基于文化的优势是最根本的、最难以替代和模仿的、最持久和最核心的竞争优势。”所以我们认为，当城市资源逐渐枯竭时，文化才是城市最大的不动产。如何有效协调文化产业与城市的关系，怎样好好把握文化城市未来的发展趋势，是我们当前面临的重大机遇与挑战。要搞清楚以上问题，就需要理顺城市与文化产业二者之间的关系。卜希霆研究团队借着“互联网 +”的快车适时编著了《网罗城镇：未来城市的想象力》一书，邀请我写序，而我正好在文化发展和当代城市建设上有一些自己的想法，就简要地结合上述问题谈一谈自己的意见。

一、文化产业是城市新的增长点

第一，城市与文化产业是共生的，不是割裂的。在文化大发展的今天，每个城市都在寻求转型，都在全力以赴发展文化产业。一方面，文化产业作为发展主体，要以当地文化资源、文化资本、人力资源、科技实力等方面作为出发点，最大限度地与城市定位和城市形象等“基因”相匹配；另一方面，文化产业要主动与其他产业形成良好的互动与融合，因为好的城市发展及口碑离不开良性的产业布局。

第二，文化产业是城市新的经济增长点。早在20世纪30年代，美国爆发金融危机的时候就有学者提出“文化逆向”现象，即越是在第一、第二产业不景气的阶段，文化消费越是繁荣。20世纪美国几次经济危机，都催生了美国电影的繁荣。20世纪30年代的美国经济大萧条，造就了卓别林、费雯·丽等一批超时代明星；70年代的石油危机，又成就了新好莱坞的崛起。我国当前传统经济增长逐渐趋向缓和，但是新媒体、在线旅游、现象级影视节目、互动性广告等文化产业黑马的迸发使城市的经济产生了新的增长点。文化产业不仅创造了巨大的效益，还使传统产业有效升级，促进经济的生态发展。

第三，城市是文化产业发展的“容器”，也是“土壤”。城市中的建筑、环境、文化、风俗等要素是文化产业创新的孵化器，文化产业正在城市这个“容器”中实现创新孵化和集聚扩散的。没有城市这个空间载体，文化产业就没有了根基。城市不但为文化产业发展提供空间，同时也在提供人才、资金、思想、社交网络等，而正是城市在上述方面的集聚功能才使得文化产业的发展成为可能。

第四，文化产业让“形象经济”最有可能实现。“形象经济”是“通过形象及其效应获取价值和利润的经济”。当工业文明形成生产过剩而导致社会竞争目标转移的时候，当人们从物质需求转向精神需求的时候，当物质商品经营转为信息商品经营的时候，“形象”在这个时代特定的经济属性其实已不言而喻了。作为一种时代特征，形象对我们的影响和意义是全方位的，导致我们的消费方式和消费观念也发生了改变。对于一个城市来说，形象经济更是城市文化产业发展的直接体现。

文化产业在享受城市所提供的一切便利与资源的同时，也在反向滋润着城市的发展，甚至可以这样说，文化产业已经在深刻改变着城市。

二、文化产业发展非朝夕之事

发展文化产业的现实意义和重要性怎么讲都不为过，但同时发展文化产业却又不可盲目和跟风。文化产业发展是一项系统的工程，也是考验全局观和前瞻性思维的“民生工程”。它的发展与罗马城一样，不是一天建成的，而是政策鼓励、金融支持、基础设施配套、文化品牌整合、创意人才集聚多要素共同发力的结果。

世界城市品牌之父西蒙·安浩调查发现：“人们的记忆，只能记住三个城市。”人类记忆极限与城市数量之间的矛盾突出，这个时候城市形象的定位与传播就成了不二之选。文化产业不但是城市形象定位的组成部分，同时也能够通过自身发展的规模与特色成为城市形象定位的独特记忆点。

例如成都，紧紧围绕内容至上的文化发展战略，充分利用西部丰富的历史文化资源，整合了“大熊猫生态文化—古蜀文化—三国文化—水文化—诗歌文化”等系列文化形态，从战略、资金、硬件、内容、营销等方面打造文创之都，形成以园区化、楼宇化为载体模式，以重大产业项目为带动，以骨干企业为支撑，文博旅游、创意设计、演艺娱乐、艺术品原创、动漫游戏等行业快速发展的新格局。当成都城市文化的宣传片亮相纽约时代广场的时候，昔日的“天府风光”“熊猫故乡”“蜀汉文化”让世人眼前一亮。

三、储存、流传、创新：文化城市的未来

美国社会哲学家刘易斯·芒福德在《城市文化》一书中提到：“城市是文化的容器，专门用来储存并流传人类文明的成果，储存文化、流传文化和创新文化，这大约就是城市的三个基本使命。”这三个使命也正是文化城市发展的内在规律和追求的终极目标。文化产业与城市深度融合，文化城市的概念呼之欲出，其未来发展趋势有以下五个方面。

第一，文化产业的支柱性功能越来越突出。“文化产业”不仅仅是光鲜的城市名片，更是城市经济发展的新引擎。文化产业不但能提升城市居民生活品质，还能吸纳就业人口、丰富文化产品与市场。随着经济结构的调整，文化产业在城市经济中的比重会越来越大，将成为衡量城市经济发展水平的重要标志。创意农业、观光工厂的迅速崛起，就是得益于文化产业对第一、第二产业的反向支持。

第二，文化产业的品牌特性愈加明显。文化产业是感性和理性的结合，也是科技和文化的融合。在物质生活极大丰富的今天，人们在文化消费的时候更加注重价值感、情感及美感的体验和收获，而文化产品的品牌最大限度满足了消费者对于某种文化的认同感。所以在互联网及社交媒体改变了人们接受和传递信息方式的当下，“文化产业”本身成为了一种传播内容及传播渠道，更为直接、有效地去传递城市的形象。

第三，“文化 IP”的拓展及应用。所谓“IP”（Intellectual Property），即知识产权，而“IP 模式”则指围绕人气高的作品和形象开发网络文学、游戏、动漫、电影、综艺节目、电视剧等文化产品。“IP 模式”从理

论模型逐渐变成文化产业界清晰的现实路径。“IP 模式”的成功运行，得益于知识产权保护相关法律法规的逐渐完善、产权意识的逐渐觉醒。“IP”作为一种新兴模式融入城市，成为文化的载体，可以将更多的文化形象融于产业链中表现出来。“IP”的开发首先要挖掘城市文化元素，以形象为载体进行衍生产品的开发，在产品的开发中巧妙地融入城市文化、旅游形象，以此全面刺激文化消费市场，打造文化的全产业链条，实现“城市商品”“城市文化”“城市形象”的高度统一。

第四，“文化产业园区”泡沫化。文化创意产业园是一系列与文化关联的、产业规模集聚的特定地理区域。近年来，我国的文化产业园建设受到普遍重视并初具规模。但是，我国当前大部分文化产业园区停留在起步阶段。全国文化产业园区有 2500 个，其中 90% 亏损或还在招商中，真正盈利的低于 10%。而西方国家的文化产业园区首先诞生于浓郁的文化氛围中，成长于企业与城市的融合之中，成熟于激烈的市场竞争，并且城市可以为园区的建设提供足够的人才、包容和科技，也就是佛罗里达在《创意阶层的崛起》一书中提到的“3T”。

文化集聚源于城市中的创意生态环境，亦即文化创意产业园建设的最终目标是服务于整个城市的经济、社会、文化，所以建设生态文化园区是城市最大价值的实现。中国文化产业园区模式将从“文化产业开发区”“文化创意产业园区”的初级阶段逐步过渡到“城市文化与创意城市融合”的高级阶段。

第五，文化产业的复合平台化功能。由分散到集聚、由产品到服务、由文化产业园区到文化产业小镇、由增量扩张到存量改造、由粗暴嫁接到有机嵌入，每一种形式的进步都意味着文化产业复合平台化功能的进步与完善，而这种功能也正是城市与文化产业最佳的融合方式。将文化产业平台化，以平台优势吸引其他产业人才、资金、思想的汇入；将文化产业复合化，在文化产业功能之上融合其他产业功能，实现共存式发展。

文化是一个城市的灵魂、一个城市的根、一个城市的独特养分。在物质生活极其丰富的当今时代，城市的特色被消弭，而文化是唯一的“救赎”途径和手段，是使一个城市被记住的一张特有的名片，是最大的不动产。信息时代城市文化的重建、城市文化经济的飞跃式发展及智能城市的管理和创新，都将为中国城市和城市文化的建设和发展，带来崭新的机遇和未来。

是为序。

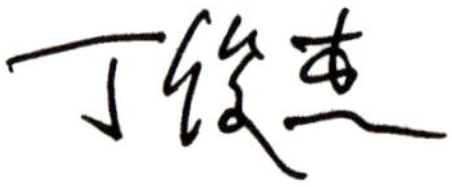

2015 年 11 月

目录

第一章

引言

在互联网的背景下，我们需要的是寻求新的治理模式的创新，积极鼓励社会群体参与到社会治理中，充分发挥大众的作用，同时充分利用互联网思维，转变产业发展思路和模式，走出一条可持续发展的新型城镇化道路。

第一节 过去与未来

据国家统计局发布的 2014 年经济数据显示，我国目前城镇常住人口 74916 万，乡村常住人口 61866 万，城镇人口占总人口比重为 54.77%。而全国居住地和户口登记地不在同一个乡镇街道且离开户口登记地半年以上的人口（即人户分离人口）为 2.98 亿。

伴随着国家新一轮的新型城镇化进程速度的加快，预计到 2030 年，我国将有 2.3 亿人从农村转移到城镇，城镇之间流动人口约 8000 万人，流动迁移人口总量将由 2014 年的 2.54 亿人上升到 3.1 亿人。[1]

中国历史上有过几次人口大迁徙，但从未有过像今天规模之大、数量之多的人口流动现象。农村人口向城镇转移，从人类有文字记载开始就从未停止过，到底农村人口为什么要向城镇转移？城镇到底能够为居民带来什么样的便利？人口转移的源动力是什么？带着这样的问题，我们开始如下的思考。

1 数据来源：国家计生委网站。

一、村庄和城镇

原始社会末期，随着生产力的逐步发展和劳动生产率的缓慢提高，畜牧业从农业中分离出来，实现了第一次社会大分工，从事种植业的原始人逐渐定居下来，形成了人类历史上最早的固定居所——村庄。经过第一次社会大分工后，生产力有了进一步发展。特别是铁器的出现，为人类的生存和发展起到了至关重要的作用。铁器让原始人类可以扩大耕地面积、开拓广阔森林、种植各类植物。

伴随着青铜器和铁器的应用，开始出现大面积的农田耕作和伐林垦荒的现象。由于原始人类活动范围的扩大，生产劳动的多样化，导致了经营种类的增多。又农耕，又畜牧，又进行各种手工制作，人们越来越难以全面胜任，于是有人脱离农业或畜牧业生产而转入手工业的专门化发展。这样，便使原来与农业生产结合在一起的手工业生产从农业中分离出来，产生了人类历史上第二次社会大分工。第二次社会大分工促进了生产规模的扩大和劳动生产率的提高，也使商品货币关系进一步发展起来，同时促进了远距离贸易的发展，为城镇产生提供了必要的经济条件。

在我国历史上，我们习惯将城镇称之为“镇”。在古代，“城”最早是一种大规模、永久性的防御设施。据《康熙字典》记载，“城，成也，一成而不可毁也”，即攻不破的防御工程。城的主要作用是保卫统治者，是一个地区的统治中心，不是经济中心。和城类似的一种居民点防御性建筑物叫郭。早在夏代就有“筑城以卫君，造郭以守民”之说，“内为之城，城外为之郭”。“市”是商品交易的场所。早期市的位置常在居民点的井旁，故有“井市”之称。人们在特定的地点按特定的时间相互交易，形成集市。汉魏之际，市的位置在城外“郭”内。城和市不同，传统的城是统治阶级的堡垒。统治阶级怕农民赶集聚在一起闹事，把城和集市在地点上严格分开，常常在城区的外面设立固定的地点作为赶集的人交换货物的场所。

后来，定期聚会的赶集赶街的贸易方式发展到固定化和经常化，商人也随着在此开设固定的店铺，这就出现了“镇”。集市逐步由固定的商店所代替，若干商店连成几条街，加上多种服务行业，集合成一个人口较多，以商业为主的、较为永久性的社区，普遍称作镇。镇与市有着严格的区别，有商贾贸易者为之市，设官防者为之镇。[1] 镇是有人管的集市。[2] 在设镇前，大多已有集市的存在。集市多起因于多余粮草和日用品的交换，并以行商流客为主。镇多起因于政治军事，并因政治军事的存在而扩大了市场交易的规模和范围。镇以坐贾为主，店铺盛行，有一定的设施。为维护“市”的秩序，防止“市”民混乱，于是“镇”和“市”在地理位置和社会功能上逐渐合为一体，形成集镇。随着经济的发展，集镇逐渐被吸引到人口比较集中的“城”中。“城”与“镇”的位置与功能结合形成城镇。因此，城镇就是集镇、市、城三者功能为一体的地域，即政治功能、经济功能和文化功能的综合体。

二、互联网

人类学会使用工具，距今已有 250 万年之久，为勾勒人类文明过往的脉搏，执着、理性的人类，进行了浩如烟海的考证和写作。尽管理论纷繁、观念万千，但在一处基本一致。人类社会运动阶段性的重大变化，背后总是伴随着相应的某种重大技术的诞生，那些重要技术的诞生，不约而同地成为我们把握过去的历时地标。

1957 年 10 月 4 日，莫斯科时间 10 时 18 分，在拜科努尔航天中心，人类第一颗人造地球卫星被送入浩瀚的太空，这颗名叫“史伯尼克”意为“旅行同伴”的 83 公斤的小星星成为人类居住地的第一个人工伙伴。在地

1　费孝通. 论小城镇建设［M］. 北京：群言出版社，2000 : 57.
2　费孝通. 论小城镇建设［M］. 北京：群言出版社，2000 : 57.

球另一端，“史伯尼克”顷刻间汇成国家安全危机的阴云笼罩了整个美国。美国的恐慌，有着一个事关生死存亡的理由。在已经壁垒森严的所谓东西方对立中，酝酿热战的冷战，正在被一波波地推向高潮，“史伯尼克”卫星则意味着在争霸全球的竞赛中，苏联人终于先行一步。5天之后的记者招待会上，美国总统艾森豪威尔公开表达了对国家安全和科技水平的严重不安。他说：“这个国家必须在国家生活中，给科学技术和教育以优先权。”两个月后，美国总统向国会提出，建立国防高级研究计划署，简称“阿帕”，办公地点就设在五角大楼内。新生的“阿帕”即刻获得了国会批准的520万美元的筹备金及两亿美元的项目总预算，这项预算是当年中国国家外汇储备的3倍。今天网罗了每一个人的互联网，就萌芽在这项拨款中。

1969年10月29日晚上10时30分，聪明而辛勤的工作人员终于迎来了历史性的一刻。克兰罗克[1]和助手在洛杉矶一个实验室，另一端，斯坦福研究所研究员比尔·杜瓦在500多公里之外等待着他。事实上，处于历史转折关头的人们，表达的雄心极其有限，他们只准备以新时代的方式，从洛杉矶向斯坦福传递一个包含5个字母的单词LOGIN，意思是“登录”。伦纳德·克兰罗克说：我们就键入“L”，我们对比尔说，“L”有了么？他说，有了；输入“O”，有“O”了么？有了；输入“G”有“G”了么？“死机了”。仪表显示传输系统突然崩溃，通讯无法继续进行，世界上第一次互联网络的通讯试验仅仅传送了两个字母“LO”。

最初的阿帕网，只在4个大学设立了它的节点。1年后阿帕网扩大到15个节点，众多的计算机跑步般被编织入网，平均每20天就有一台大型计算机登录网络。1973年，阿帕网跨越大西洋利用卫星技术与英国、挪威实现连接，世界范围的登录开始了。20世纪八十年代，互联网的资金来源，由阿帕变成了美国国家科学基金会，阿帕网改名为“互联网”。1994年4

1 克兰罗克：互联网之父，美国加州大学洛杉矶分校特聘教授，他带领一群研究员，成功让UCLA的一台电脑和另一研究机构的电脑互联“沟通”，互联网由此诞生。

月 20 日，中国实现与国际互联网全功能连接，成为接入国际互联网的第 77 个国家。

三、互联网 + 城镇

2012 年 7 月 21 日，中国首都北京遭遇了 60 年不遇的特大暴雨，路面淹没、轻轨瘫痪、车辆熄火。[1] 全天有数百架次航班取消，机场近 800 万人滞留。截至 22 日 12 时，关于北京暴雨的微博讨论量超过百万条，不计其数的网友参与了爱心互助，扩散救助信息、传递爱心能量。

网名为“菠菜 X6”的网友 10 时 32 分在新浪微博发出开车接人的倡议，他没有料到，一条试探性的提议在不到两小时内得到诸多车主响应，爱心车队上路了。两小时后，由 20 多辆车组成的车队到达机场时已经壮大成一百多辆车的队伍，在天亮以前的 6 个小时，在暴雨如注的北京，三百余辆打着双闪的越野车带着五百多名从未谋面的陌生人坐上了从机场到亦庄、到王府井，到北京二环、三环、四环的方舟。在社交网络的快速传播下，这次志愿行动最终演变成以打双闪灯为信号、方便警方识别与协调的著名“双闪行动”。人类社会从不缺少善良的愿望，只不过在过去漫长的岁月难以因为具体的动机而汇聚。

2013 年 1 月 1 日，公安部颁布新规：机动车司机闯黄灯要被扣 6 分。在中国，已经有 1 亿的私家车和近两亿的机动车驾驶人。新规定实施的早高峰刚刚过去，网络微博上便已经涌现出了各种各样的黄灯的“悲喜剧”。仅 1 月 1 日一天，在新浪微博的评论已经超过 10 万条，有近百起车祸，这一天“黄灯规定”成为全国关注的话题。互联网汇聚的声音瞬间吸引了全国人民的注意力，也迅速从街头路口汇聚到国家决策层。1 月 6 日，新通知下发：“对目前违反黄灯信号的，以教育警示为主，暂不予以处罚”。从

1　北京暴雨夜“双闪车队”发起人王璐：雨夜，我来接你回家［EB/OL］.（2013-09-22）［2015-10-5］. http://news.xinhuanet.com/local/2012-09/02/c_112929923.htm.

新规实施到下发通知修订仅仅相隔 5 天。正如新浪董事长兼首席执行官曹国伟所说，互联网把人与人联系在了一起，也把人和信息联系在了一起，大大提升了信息传播的效率。

在互联网出现之前，没有任何媒介能够让任何人在比自己能够聚集的人群 更大的范围内发表自己的看法。而现在，你可以通过互联网表达自己的想法，数百人、上千人甚至上百万人都可以看到你的想法。

伴随着全球经济一体化进程的加快和高科技技术的成熟，以物联网技术、云计算技术、移动宽带以及大数据为代表的技术形态快速进入信息化建设领域。这些新技术无时无刻不在影响着乡村到城市居民的生活。

当下，传统集市 + 互联网创造了淘宝，传统百货卖场 + 互联网产生了京东，传统银行 + 互联网有了支付宝，传统的红娘 + 互联网有了世纪佳缘，传统交通 + 互联网有了滴滴、快的。淘宝、京东让中国的任何一个人用手指点击鼠标即可足不出户买到任何喜欢的东西；世纪佳缘让更多的人能够找到适合自己的彼此；滴滴、快的让出租车、私家车的利用效率有了提升。这一切，最终的结果是：让生活变得更加便捷，更加美好。

第二节　城镇的危机与重生

一、城镇化的困境

在过去城镇化发展的过程中，政府起着决定性作用。这种模式在中国经济发展程度较低的背景下探索出一条较为有效的城镇化道路。但随着城镇化的深入推进，各种问题与矛盾也随之显现。

自从党的十六大确定了城镇化战略以来，我国的城镇化速度进入了快车道，2014 年中国城镇化率达到 54.77%。在如火如荼的城镇化大潮中，矛盾与问题也逐渐增多。

（一）顶层缺失

随着国家和地方“十三五”规划陆续出台与实施，新型城镇化无疑将成为中国未来经济转型升级的重要着力点，但在经济“新常态”下，新型城镇化发展将不再一味追求速度的突飞猛进，不再简单地将城镇化看作经济发展手段，城镇化率不再是拉动 GDP 的“硬指标”，而是真正从造房建城转向“以人为本”。这意味着，“十三五”期间城镇化将从速度型向质量型转变。

中国多年实践充分证明，城镇化是现代化的必由之路，是为了让每个中国人都能实现自己的“中国梦”。基于对过去30多年城镇化快速发展经验教训的深刻总结，未来城镇化将是以人的城镇化为核心，有序推进农业转移人口市民化，以城市群为主体形态，推动大中小城市和小城镇协调发展，通过改革释放城镇化发展潜力。无论中央还是地方，都应准确总结学习世界其他国家或地区发展城镇化的经验和教训，只有把握好城镇化发展规律、内涵和路径才能够进行科学的决策、合理的布局、有针对性的分层次分阶段地实现城镇化。

但是，现阶段各地政府为了政绩需要，急于求成的现象依然十分突出。

首先，个别各地政府往往不顾中央总体规划的出台，便第一时间“响应”中央，第一时间召开相关政府工作会议部署城镇化发展的工作。这直接导致了地方政府在没有中央宏观政策指导的情况下盲目规划，开展城镇化的“竞赛”，导致一开始就陷入了困境。

其次，有些地方政府缺乏顶层思考。城镇化的发展如同各个地方的“十三五”规划一样，应该是与当地的经济和社会发展水平相适应，必须具有实施路径和实现目标的顶层规划考量，这样才能够指导各个基层政府服务于城镇化的发展，才具有战略性、整体性和长期性。否则，就导致了各级政府凭借自己的理解水平独自进行城镇化的改造，造成了资源浪费和重复建设，污染了环境，也受到民众的指责。

再次，规划设计缺乏可持续性。在中国存在着“一把手”工程的习俗，各地政府换届完毕后，政府总要重新撰写或修改规划，以便开启新任领导的发展思路。这就导致了政府顶层规划随着“一把手”领导的变化而不断修改，造成整个城镇的发展思路不断变换，严重地破坏了城镇的可持续发展。

（二）工业迷失

纵观世界各国城镇化的过程，城镇化是与工业化发展密切联系的，工业化是促进城镇化发展的源动力。城镇化的过程是国民经济第二、三产业占比不断提高的过程，是一个区域产城一体化的过程，是社会发展到一定阶段出现的自下而上的趋势。但是，现阶段我国部分城市的城镇化是自上而下的，由政府的权利之手强力推动，造成了各种违背城镇化发展的现象。

首先，盲目引入各种企业。有些地方的政府在城镇化的过程中，简单地将工业化认为就是城镇化，片面地强调GDP和村镇企业的数量和规模，不惜任何代价，盲目地引入了各种各样的企业，导致了大量耕地被占用。

其次，盲目开发房地产产业。有些政府片面理解城镇化的概念，认为城镇化就是农民上楼，农民转为非农人口等内容。但是，却忽视了城镇化过程中应遵守的循序渐进以及村民自愿与否的规律，修建了大量的高楼大厦，最终成为一座座鬼城。

再次，忽视了城镇中人文和生活方式内容。有些政府在追求工业化的过程中完全不顾百姓的精神和文化生活，忽视了在城镇化过程中的现代服务业和文化产业的融合，导致了农民在城镇化过程中精神生活的缺失，各种不道德现象频出。

（三）土地失控

近年来，有些地方大打“城镇化”的旗号，盲目地拉大城镇化的框架，违规占领农村耕地，通过建设开发区，无限制地扩大城镇的面积。特别是近年来，各级地方政府“土地财政”的优势愈加明显，也让土地成为城镇化过程中的马前卒。

首先，村民没有了土地。在新一轮的城镇化大潮中，越来越多的村镇正在丢失耕地。特别是征收耕地后修建各种产业园区和居民小区的现象尤其突出。在这样的过程中，农村的土地被掠夺，“农村”的概念也将被重新定义。

其次，农民没有了粮食。农村的土地被集体收购之后，农民没有了土地，从此没有了职业也没有了粮食。但是，失地农民的社会保障和供给没有得到正常的供给，成为城镇化过程中影响社会稳定的重要因素。

再次，土地财政不可持续。有些地方政府通过土地财政多年高枕无忧，但是，随着土地的减少，财政收入的减少，也直接导致了政府未来的发展变得不可持续。

最后，农民依旧是农民，纳入城市户籍尚无期限。各地政府在征用了农民的土地后，却没有在户籍制度上进行迅速改革。这直接导致了农民的生存状况和经济利益受到了双重的伤害，特别是失地农民的医疗、养老保险等都得不到城镇体系的保护。城镇化的过程中土地的城镇化明显快于人口的城镇化，成为未来解决盲目城镇化过程中的重大课题。

（四）城乡二元发展失衡

一直以来，城乡之间出现了“二元结构”，一元是由城市市民组成的城市社会，另一元则是由乡村农民构成的农村社会，这两者最大的区别就是是否持有农业户口。这样的二元结构是以二元户籍制度为核心的，包括二元就业制度、二元福利保障制度、二元教育制度、二元公共事业投入制度在内的一系列社会制度体系。

由于城乡二元结构存在，造成我国城乡经济发展严重不平衡，城乡居民收入差距不断扩大。城乡二元结构带来了很大弊端。比如，二元户籍制度人为地限制了人口自由流动，二元土地制度导致同地不同权，土地资源配置低效；二元社保医疗造成城乡居民享受的社会保障和医疗福利等严重不均衡。

为推进城镇化建设，中国在户籍制度、社会保障制度等方面，进行了一系列变革，推动了城乡融合，但阻碍城镇化发展的城乡分割政策壁垒依然没有完全打破，城乡资源公平自由流动和充分竞争的条件还没有完全形成。

（五）大城市病

经过半个世纪的发展，随着中央对城镇化的重视，各级政府开始将其作为重要的工作来抓，但是更多的是注重城市的发展规模和发展速度，强调的是城镇化率的提高，并未关注城镇化的内涵，质量令人堪忧。

首先，城镇化速度过快。据统计，我国的城镇数量由1949年的130多个发展到2014年的660多个，城镇人口占总人口比重为54.77%。数量发展之快，令全世界所惊讶。

其次，城镇规模过大。根据国务院2014年11月发布的关于调整城市规模划分标准的通知，新的城市规模划分标准以城区常住人口为统计口径，其中特大城市（人口规模500万以上）有16个，特大城市的出现直接导致了若干个“大城市病”的出现。人口的增加直接对城市的资源环境、公共服务能力、可持续发展形成巨大压力。

再次，“大城市病”严重并迅速蔓延。随着人口急剧增长，北上广等特大城市人口与资源环境的矛盾凸显，交通拥挤、空气污染、公共服务不足等“大城市病”日益突出，城市承载力已经接近极限。数据显示：北京市机动车已超过500万辆，上海、广州等多个城市超过200万辆，车辆的增加加剧了交通拥堵。在北京，全市目前年用水量缺口近2/3，不得不依靠超采地下水、从外省调水“解渴”。[1]

（六）日益恶化的生态

城镇化过程中也为环境带来了诸多压力。特别是在城镇化过程中的工业生产耗能、交通运输耗能以及消耗自然资源和排放各种废弃物的数量严重超过了大自然自身的净化能力，给我国的环境造成了严重的伤害。全国各地出现了片面追求城镇化的建设规模和发展速度的不正确现象，导致能源的消耗和二氧化碳的排放量急剧增加，同时加剧了水污染和土地资源的紧张程度，造成了当地环境质量的下降，生态环境遭到严重的破坏。

由于城镇建设严重滞后于工业的发展，在城镇建设过程中，所设计的

1 人口激增引爆一线城市“大城市病”［EB/OL］.（2014-9-4）［2015-10-8］. http://news.xinhuanet.com/politics/2014- 09/04/c_1112351522.htm.

垃圾处理、污水治理和废气处理能力不能满足工业发展的需要，使城市环境日益恶化。企业偷排污水已经习以为常，或者偷偷打井，无止境地开采地下水，排烟排废水直接造成了对农村生态环境的侵蚀和破坏。

同时，有些城市向农村转嫁环境污染，农村向城市提供有害食品等问题时有发生。“城中村”往往成为城市环境卫生的死角和隐患，不仅影响市容，而且更严重的是对整个城市卫生带来很大的威胁，可能成为城市流行病的发源地。在城镇化发展过程中，通过对农村人口的有序转移，本来可以使退耕还林、退耕还草、土地休耕的环境保护措施真正得以落实和推进，使大自然得到休养生息，从而恢复生态平衡。然而，在生态脆弱地区的城镇化水平往往比较低，不能通过城镇化缓解生态环境压力。

二、网络与城市更新

伴随着“互联网 +”思维席卷各行各业，互联网已经在改变着大众的思维方式。在新型城镇化背景下，“互联网 +”将渗透到公民治理的内容、方式或手段上。运用“互联网 +”思维进行城镇化的公民社会治理，将会使得社会更加和谐、资源的配置更加有效。

（一）“互联网 +”与社会治理模式创新

传统意义上的社会管理思维是“管”。不可否认，从改革开放到现在“管”的模式在一定阶段产生过一定积极效应。但随着社会经济发展，“管理”的思维体制越来越不适应社会整体发展。现实中，政府负责等同于政府包揽，从观念到制度都排斥社会组织和公民参与社会管理，其结果一方面导致社会自治发展缓慢，公民的自我教育、自我管理、自我服务发展缓慢，另一方面导致了权力寻租和腐败现象的发生。

而“互联网 +”背景下的社会治理思维则是“共享”。社会治理除了国家和政府之外还应强调社会组织、企业、公民个体等社会力量的参与。

社会需求是多样化的，不同类型的主体有不同的特点和不同的擅长领域，因此需要主体的多元化。要加快形成党委领导、政府负责、社会协同、公众参与、法治保障的社会治理格局，在转变政府职能的前提下，激发社会创造活力，为公众提供高质量、差异化的社会公共服务，实现从政府单一主体的单向度管理，走向多元主体的协同治理，推动社会治理从国家本位向社会本位转变。

（二）“互联网 +”与社会组织的多元参与

伴随着互联网、移动互联网以及各种手机终端的普及，“大众创业、万众创新”时代已经到来。一方面，互联网时代创造了一种新的思维模式，让人与人之间的沟通和交流更加便捷。另一方面，也让更多相同兴趣和爱好的人连成了一个整体，形成了组织。

据统计，2007 年，全国有各类社会组织共计 38.7 万多个，到 2012 年增至 49.9 万多个。这些社会组织活跃于经济、社会、文化体育、科学技术等重要领域，不同程度地发挥着激发社会活力、动员和组织社会资源的作用。

社会治理创新过程中重要的内容就是激发更多的社会组织参与到社会治理的过程中来，通过政府与社会组织形成的多元化的治理结构中发挥好政府的指导和引导作用、社会组织的主导作用，真正可以鼓励民众积极、理性地参与到包括公民治理在内的各种社会治理的过程中，以表达自身利益诉求、监督政府行为、维护自身合法权益。同时，在互联网时代，通过网络的力量，充分发挥互联网在社会动员、正能量传播、社会问题解决、救援等方面的作用，让更多的大众参与到社会治理中来，真正形成线上线下的互助组织体系。

（三）“互联网 +”与公共安全服务体系

互联网时代，公共安全服务体系也将会在新的技术支撑下变得健全和完善。

首先，“互联网 +”食品安全方面。通过构建与世界食品安全标准统一的体系，将全国的食品纳入其中，保证食品的供应安全。建立全国食品信息网上发布和查询平台，消除食品安全监管部门、食品生产经营者、相关社会组织和消费者之间的“信息不对称”，对食品生产经营者进行全生命周期监管，形成食品安全“社会共治”的局面。

其次，“互联网 +”安全生产方面。伴随着互联网、移动互联网、物联网、云计算、大数据等新技术的层出不穷，对特种设备运行情况、危险化学品及烟花爆竹存放情况、矿山作业情况、车辆行驶状况等进行实时监控，针对异常情况发布预警信息，以便有关部门和相关人员及时采取对策措施，遏制重特大安全事故的发生。

再次，在“互联网 +”防灾减灾方面，通过互联网建立“全民参与、群防群策”的防灾减灾机制。鼓励人们发现险情后及时把有关信息发到相关政府部门的防灾减灾平台，相关政府部门通过短信、微博、微信、App等向相关地区的人们及时发布灾害预警预报信息。针对台风、洪水、地震、山体滑坡、泥石流等不同灾害，组织开发防灾减灾类 App，及时发布信息，及时采取应对措施。

最后，在“互联网 +”公安和“互联网 +”公众安全方面，逐步把传统探头升级改造为具有对人脸、人体特征、车牌号等自动识别功能的智能探头，实现联网监控和自动报警，提高对嫌疑人员和嫌疑车辆的跟踪水平，快速抓捕犯罪嫌疑人、在逃犯和暴恐分子等。

第三节　网罗城镇的路径与思路

一、研究思路

本书确立的对我国互联网背景下新型城镇化发展的理论和实践相统一、历史和逻辑的统一，积极征求学术界和业界中关注我国互联网和新型城镇化发展问题人员的建议，按照关注时代前沿课题，针对问题提出思考的原则，设定了本书的逻辑框架。

本书用生动的笔触、详实的案例，深入调查研究了“互联网 +”城镇化里面的许多前沿性课题，并在此基础上提出了若干有针对性和实用性的政策性建议。书中围绕互联网时代乡村如何实现弯道超车、城市怎么实现颠覆式发展以及“互联网 +”城镇的产业、人口如何调整，进行了系统性的阐述。分别探讨：后发地区的城镇化如何开展？如何在城乡普遍开展可持续的人文经济？互联网怎么推动新兴业态与传统产业融合发展？“互联网 +”城市群如何建设和治理？大数据时代的城市如何规划？“电商村”未来怎么发展？“智慧城市”怎么建设？希望通过对这些问题的解析和研究，探索出一条或几条“互联网 +”城镇化的新路子、新方法，从而切实推动城乡跨越式发展以及产业创新升级。

二、逻辑框架

本书的研究脉络是以研究思路为基础的。正是在确立本书的研究思路后，本书研究的逻辑框架也就基本确立了。本书逻辑框架为七章。

第一章，引言。作为启始章节，主要阐述了互联网和乡村、城镇产生的原因和历史，为大众普及了相关的科学知识。研究和分析了互联网在新型城镇化过程中为大众带来的便捷性。同时，对当下城镇化过程中出现的诸多问题进行了一一列举，特别是城镇化的顶层规划、土地、城乡二元壁垒以及环境的严重污染问题。接着，根据问题给出了具体的解决方案。“互联网 +”，不仅仅能够为大众带来生活上的便捷，而且能够帮助社会改变传统的治理模式，维护大众的公共安全，激发大众参与到社会的治理中来，共同创造一个美好的家园。

第二章，后发城镇的勃兴。重点着眼于后发地区的城镇化发展，后发地区往往指相对于发达地区，经济发展水平较低或发展严重滞后，资本、技术、市场、人才等经济要素资源短缺，工业发展乏力，产业结构失衡，往往还处在农业文明阶段的发展地域。近年来，人们发现后发地区可以通过城镇化有效地带动区域经济增长，加快后发地区，尤其乡村现代化进程，调整其产业结构和改变经济增长方式，提升居民的人文素养。

本章一方面提出后发地区要思考如何城镇化。着重从乡土城镇化、西部城镇化、边疆城镇化、少数民族地区城镇化四个领域来分析，提出当前的文化、旅游、互联网对乡村城镇化的作用和意义；谈到西部特色乡镇的发展和丝绸之路沿线的新型城镇化的意义；进一步分析当前国家的一带一路战略布局，文化交融和产业互联互通的实施对我国后发地区的推动作用；在少数民族地区以民族乡镇和世界乡镇为两翼，以“互联网 +”民俗为力量谈新型城镇化的带动作用。另外一方面，在全章中，既考虑后发地区的具体特征，又思考后发优势所在，同时积极思考如何体现后发优势，不走传统的先污染、后治理的老路，不要以过度消耗能源和资源、损害生态环境为代价的经济增长方式，而以“低碳发展”“绿色发展”“环境友好”等理念作为后发地区的经济发展的价值取向。

第三章，城乡人文经济。主要聚焦如何在城乡普遍开展可持续的人文经济发展。当代社会是在以西方发达国家主导下的经济秩序及因之产生的系统化经济理论指导下发展和运转。不可否认，这种西方价值观体系下的经济发展模式相比较中国传统社会以儒家伦理为基本价值观形成的经济和科技发展模式在实践中处于领先位置。在西方走上发达道路之后建立的话语体系下，相应的学术理论将经济发展慢慢脱离了人的主观领域，脱离了人的社会性特征，机械地将边际理论等数理应用于经济和社会发展，导致经济发展越来越失去人文特性。在这样的背景下，当代中国在取得令世界瞩目的经济成就的同时，也不可避免地出现了贫富差距问题、生态环境保护问题、“三农”问题、城镇发展困境等涉及公平和效率的矛盾及可持续发展的问题。社会各阶层在价值观方面也陷入混乱的状态，无法形成具有中国本土人文特征的价值观体系，乃至思想理论。

面对传统经济模式下的环境、生态、资源、公平、价值观等困境，中国的经济发展模式需要更多地向“以人为本”的人文经济转向，注重经济效率与社会公平、人类生活与生态环境、科技与人文关怀和谐共生的可持续发展模式。在这样的背景下，价值观体系的建设再次与经济发展结合起来，两者相互作用。缺乏系统性价值观体系的经济发展注定是不可持续的。事实上，现代经济发展模式出现各种危机和矛盾的根本原因也在于无法将多元的人文特征涵盖在单一的经济模式之下，其危机的发生也是必然的。而当前主流的经济发展模式与多元人文因素之间的矛盾和磨合也从未停止过。我们试图用数理模式绝对化地建立起来的经济发展模型也一次次地被各种无法预估的人文因素的出现而击溃。

所以，我们要坚持以人为本的新型城镇化发展方向，建设生态友好、记得住“乡愁”，留得住传统，发展可持续发展的城镇人文经济。

第四章，“互联网 +”城市治理。探讨了“互联网 +”城市建设和治理模式。当古老的传统村落遇上现代的电子商务，将会发生什么？本章聚焦以“淘宝村”为代表的电商村未来如何发展这一前沿命题，从其概念演变与界定、发展阶段回顾等切入，详细描述了其代表模式、主要特征及发展路径，并深入剖析了“电商村”这个中国农村经济和电子商务发生核聚变后催生的典型产物未来究竟路在何方。事实上，中国“淘宝村”的出现，不仅破解了农村信息化难题，有效提高了农民可支配收入，提升了农民生活幸福指数，也成为拉动农村经济发展、促进农村创业和就业、缩小城乡数字鸿沟的新型渠道。从全球范围来看，这都是独一无二的经济现象，值得高度关注与深入研究。

第五章，大数据时代的城镇规划。在快速的城镇化进程中，信息的孤岛效应一直是制约城镇发展的因素之一。大数据的应用，可以有效地推动城镇规划的精细化并使其转向复杂的模型模拟，可以更好地推进城镇规划的民主化并实现规划的众包参与。随着大数据在城镇规划中应用日益广泛，新媒体越来越成为协同规划及公众参与的最佳工具，大数据应用将优化城镇特色产业布局，推进城镇规划“三化融合”。因此，大数据时代，城镇发展的主旨就是：释放城镇传统产业无穷潜能，将城镇经济形态从以要素驱动、投资规模驱动发展为主，转向以信息技术创新驱动发展为主，促进研发、生产、输出环节的提质增效全面升级。因此，大数据时代的城镇化，意味着城镇的规划、建设和发展从现在的“两化”融合、“多化”融合，发展成为数据“融入”一切产业 ，大数据时代的城镇规划，将从粗放城市走向集约城市，从平面城市走向立体城市，从视觉城市转向行为城市，从功能城市迈入文化城市。

第六章，电商村怎么发展。随着各种技术手段的飞跃式发展，当代城市已经通过包括互联网在内的各种手段，愈加紧密地互联互通在一起。其中物联网、大数据和智能化是“互联网 +”背景下城市未来发展的主要方向。与之对应，城市管理、政府管理以及公共安全，也需要在各个层面不断创新，利用新的技术媒介和发展要素以应对出现的新问题。如果说文化是城市的灵魂，那么基于互联网等技术手段生产和创造的各类文化，正建构我们的城市以及居住于此的城市新人类。这给我们的城市文化治理提出了新的挑战。因此，我们要创新文化的治理模式和管理路径，以此来监管和引导网络舆情。在此基础上进一步创新网络文化的管理机制，引领建构中的城市网络文化与社会主义核心价值体系并行不悖。尤为重要的是，要积极考察当代中国城市基于"互联网 +"所形成的特殊文化生产模式，推动建设中国特色的中国文化治理体制机制创新，实现新时代中华文化的伟大复兴。

第七章，智慧城市。笔者从探讨"智慧"二字出发，探究互联网时代下我国"智慧城市"与城镇化的发展进程以及相关举措，探讨数据平台、网络、智能终端等基础建设推进"智慧城市"发展的具体措施，深入研究城市如何融合新技术、移动互联网、大数据与云服务平台，提供城市创新研发、落实应用、城市规划、产业融合与服务创新资源，并从全球化视角切入，纵览世界上多个国家建设智慧城市的典范案例，站在巨人的肩膀上思考我国智慧城市的发展出路。

第四节　本章小结

本章作为整本书的引言，力图通过生动的案例和简洁的语言为读者传递出一个重要的论点：在互联网时代，城镇居民的生活将变得更加美好。

对于过去，鲜活的文字记录了乡村和城镇的形成过程，也呈现出我国古代先民们的勤劳和智慧。对于未来，蒸蒸日上的大国力量和善于学习的中华儿女一次次在世界舞台上展示中国要复兴世界强国的强烈信号。过去的30年，我国已经发展成为世界第二大经济体，人民的生活水平已经跃居世界前列。我国正在经历着许多发达国家曾经有过的人口流动现象：城镇化。在这个过程中，我们深入思考，总结后发现：过去的经济发展是在损耗资源和污染环境前提下的一种透支行为，这也直接导致了现阶段城镇化过程中的诸多困境，特别是工业发展的可持续性问题、土地的严重浪费问题、城乡二元结构的问题、大城市病严重困扰居民生活的问题等。面对这些问题，我们一直在探索，力求找到一种解决的思路和方法。

迈入新世纪，走进互联互通的世界，互联化、信息化为我们开启了另一个崭新的大门，也为我们解决现实中的诸多问题打开了思路。互联网时代，不仅仅为我们带来了沟通的无障碍，也为我们研究当下和展望未来提出了一种新的思维。在互联网的背景下，我们需要的是寻求新的治理模式的创新，积极鼓励社会群体参与到社会治理中，充分发挥大众的作用，同时充分利用互联网思维，转变产业发展思路和模式，走出一条可持续发展的新型城镇化道路。

第二章

后发城镇的勃兴

本章将从乡土城镇化角度讨论乡土社会在城镇化出现的问题和多种非农业发展、产业转移和升级换代的路径。从城镇化在西部的角度，分析不同类型小乡镇的发展模式选择。从城镇化走边疆角度，来谈一带一路的国家战略和意义，文化交融、民心相通以及产业的互通与互补。

后发地区往往指相对于发达地区，经济发展水平较低或发展严重滞后，资本、技术、市场、人才等经济要素资源短缺，工业发展乏力，产业结构失衡，往往还处在农业文明社会的发展地域。其实，后发地区具有的自身的后发优势，学术上称之为后发优势理论。

后发不等于不发展，不等于始终是落在后面发展。《史记·汲郑列传》中说："陛下用群臣，如积薪耳，后来者居上"，这个"后来居上"指的是后来的超过先前的。有歇后语道：砌墙的砖头——后来居上、刀茅变枪炮——后来居上。可见在形势的转化中，后发者是具有自身的优势，可逆势而上或者转势而上。而当前我国后发地区要发展，就要因势利导、集中资源、调整结构，积极思考转化的路径。

美国经济史学家亚历山大·格申克龙 1962 年在《经济落后的历史回顾》一文中总结德国、意大利等国经济追赶成功经验的基础时，阐述了著名的"后起之益"理论并创立了后发优势理论。格申克龙的"后发优势"理论，首次从理论高度展示了后发国家工业化存在着相对于先进国家而言取得更高时效的可能性，同时也强调了后发国家在工业化进程方面赶上乃至超过先发国家的可能性。列维则强调了现代化进程中，后发国家在认识、技术借鉴、预测等方面所具有的后发优势。阿伯拉莫维茨提出的"追赶假说"，伯利兹、克鲁格曼等提出的"蛙跳"模型，都指出后发国家具有技术性后发优势，并讨论了后发优势"潜在"与"现实"的问题。巴罗和萨拉易马丁以及范艾肯等人又从计量经济学的角度，验证了经济欠发达国家可以通过技术的模仿、引进或创新，最终实现技术和经济水平的赶超。后发优势理论的提出和发展研究，为后发地区的加速发展提供了理论依据和现实途径。[1]

我国学者结合中国实际，提出并阐述了"后发优势驱动假说"，指出后发地区通过引进、模仿、学习（包括技术和制度两方面），可获得后发

1　赵光华.后发优势理论对我国西部后发地区的现实意义[J].西安建筑科技大学学报（社会科学版）.2005（3）.

利益，从而具有后发优势。由于其学习成本大大低于创新成本，使后发优势(包括技术性后发优势和制度性后发优势)不小于先发优势。[1]放眼当前，信息技术和新媒体技术突飞猛进，技术的力量已经深刻影响了社会。通过互联网技术，使后发地区紧密连接了时代发展的前沿，信息的分享，技术带来的支撑，使得发展鸿沟得到有效弥补，很多后发地区受益并逐步实现富裕。在经济新常态下，实现弯道超车也是一种可能。

近年来，人们发现后发地区可以通过城镇化的发展来加快自身转变和发展，后发优势又得以彰显。通过城镇化可以有效地带动区域经济增长，加快后发地区，尤其乡村现代化进程，调整其产业结构和改变经济增长方式，提升居民的人文素养。

随着交通、水电基础设施、“三网合一”及信息化建设不断完善和国家政策扶持力度的加大，后发地区与发达地区及经济中心的地理空间、信息传输距离被大大拉近了。各级文化场地设施、广播电视媒体的互联互通，尤其是网络建设的普及，加拿大传播学巨擘麦克卢汉提出的“地球村”概念逐渐显现，后发地区与发达地区的经济发展已经呈现前所未有的紧密关联。在信息技术方面，阿里研究院的报告也说明新信息基础设施正叠加于原有农业基础设施（土地、水利设施等）、工业基础设施（交通、能源等）之上，发挥的作用也越来越重要。特别是在我国由工业文明向生态文明的转型中，后发地区原生态的绿色自然环境、保留的农业文明遗存遗迹、传统人文环境和民风民俗等的潜在价值已经成为其后发向上、跨越发展的优势，甚至独特的文化产业资源。

本章将从乡土城镇化角度讨论乡土社会在城镇化出现的问题和多种非农业发展、产业转移和升级换代的路径。从城镇化在西部的角度，分析不同类型小乡镇的发展模式选择。从城镇化角度分析边疆地区发展，来谈一带一路的国家战略和意义，文化交融、民心相通，以及产业的互通与互

1　赵光华．后发优势理论对我国西部后发地区的现实意义［J］．西安建筑科技大学学报（社会科学版），2015（3）．

补。从少数民族地区的城镇化角度来谈世界性乡镇和民族性乡镇两种具有鲜明特色乡镇建设的设想以及民族民俗的重要作用，并探讨互联网时代的现状、忧虑和新的体验等。

第一节　城镇的乡愁

让我们简单看看城镇化的来龙去脉。“城镇化也称之为城市化、都市化，是由以农业为主的传统乡村社会向以工业和服务业为主的现代城市社会逐渐转变的历史过程，具体包括人口职业的转变、产业结构的转变、土地及地域空间的变化等。”[1] 但在城镇化的过程中，出现了生造城镇的弊端，破坏了生态环境与人文环境的和谐发展模式。于是党的十八大提出“新型城镇化”，“新型城镇化是以城乡统筹、城乡一体、产城互动、节约集约、生态宜居、和谐发展为基本特征的城镇化，是大中小城市、小城镇、新型农村社区协调发展、互促共进的城镇化。不仅要有‘人口的城镇化’，更应是产业、人口、土地、社会、农村五位一体的城镇化。”[2] 城镇化不仅是后发地区发展的着力点和驱动动力，也具有跨越式发展的可能、机会和优势。

1　范周．新型化城镇与文化发展研究报告［M］．北京：光明日报出版社，2014:2.

2　王会．后发地区更需有序城镇化［J］．中国老区建设，2014（8）．

按照费孝通《乡土中国生育制度》的观点，近代中国基层仍属于乡土社会。改造乡土，是我国社会要完成的历史任务之一。而城镇化是我国现代化发展的重要组成部分，乡土社会改造也包含了城镇化的要求，实现由“乡土中国”向“城镇中国”转化，毋庸置疑，就要实现乡村城镇化转变。

乡村的城镇化不在于农民是否进城，不在于GDP是否高而在于城乡是否得到统筹发展，民生幸福感的指数是否强，或者说，在于是否走产业升级与低碳转型、生态文明和集约高效、制度改革和体制创新的发展路子。因此，对于乡土社会而言，城镇化有着不同的特点和要求。

当前在城镇化进程中，有一部分乡村区域变成了城市空间；一部分农民变成城市居民身份，从而导致乡村从地理空间、经济发展模式到人口和社会结构都发生了显著的变化，乡土传统文化得以孕育、生息、发展、传承的条件也随之而变。中国的传统文化源于几千年来的农耕经济，然而在现代化进程中，随着农耕经济的大面积消失或转型升级，与农耕经济紧密相连的人文环境、乡土传统受到极大的影响，在民间流传的节庆礼仪、口头传统、民间工艺技能等非物质文化遗产甚至得到极大破坏、遗弃。

近年来，由于城市发展产生了越来越大的土地需求，很多经济学家和地理学家从土地制度、空间演变等方面入手研究城镇化进程，虽然也有一些社会学家从公共服务层面予以研究，但视角多停留在资源配置是否合理、利用率高低、环境污染程度、中小城市发展是否充分以及农村的转移人口是否完全享受到市民待遇等问题上，而与乡土社会相关的一系列问题，却少有人去深入研究。[1]例如，漠视统筹城乡发展，片面追求高速城镇化带来的一些问题。高速城镇化不但未解决城市和乡村的“二元发展”模式的弊端，反而造成日益严峻的“城市病”，带来了诸多日趋严重的“乡村病”。农民社会主体过快老弱化、被抽空劳动力的乡村社会将发生什么变化？这些变化对我国的社会变迁、产业结构、文化发展产生怎样影响？

1 李文亮．城镇化进程中要重视乡土传统的传承与创新［J］．民俗研究，2014（1）．

面对城镇化的大趋势，乡土传统文化能否传承，传承主体的定位，以何种方式传承？如何记得住“乡愁”？如何发展乡镇文化，如何探索乡镇差别化发展和制定美丽乡镇建设规划？

一、乡镇的文化气质

我国广大乡镇历来是农村政治、经济、文化的中心，是事关城乡协调与统筹发展的关键点，也是城镇化的重要空间场所。20 世纪中国发展的道路可以说是“农村包围城市”，“21 世纪则是城镇引领乡村”，规划建设具有文化竞争力的文化乡镇，是城镇化发展的重要路径。

乡镇文化是我国群众文化事业中基础庞大、人口众多的部分。由于乡镇文化生活的参与者 80 % 以上是处于多个年龄档次、文化修养与个人素质不同的农民，因此，不断提高乡镇文化品位，对于净化社会风气，提高道德水准，丰富文化生活，加强精神文明建设，无疑将起着巨大的推动作用和产生深远的影响。[1]

从当前文化蓬勃发展的态势中可以看到，文化乡镇的建设不再是以前的若干场群众演出，影视展映，图书馆和文化站等乡镇文化活动所能满足的，应是从上到下有着具体的层次设计，从外到内也有着文化气质为目标。乡镇发展以提高文化品位甚至谋划文化立镇的战略规划为目标，打造文化乡镇品牌，促进乡镇的社会发展和经济结构转型。往往具有浓厚特色文化气息的乡镇所绽放的独特魅力，也是一个文化品牌促进经济发展良好的软实力；广大群众在文化魅力熏陶下所呈现出的良好精神风貌和高水平的修养也实为新型城镇化的内核与追求目标。

除了需要各级政府和文化部门充分重视乡镇处于国家和区域文化层次中的地位，还需要认识到它的承上启下与示范辐射作用。并且相关部

1　余和平．浅谈提高乡镇文化品位［J］．文化时空，2002（8）．

门应抓好文化乡镇的文化设施建设、公共文化事业建设与文化队伍建设。这里重点谈谈文化产业引领文化乡镇的建设和文化建设的特殊性、多元性等问题。

文化产业引领文化乡镇建设，首先要结合各乡镇文化资源、传统特色与区域现状，坚持与民间文化、历史文化和产业发展相结合，明确文化乡镇的创建主题。如按照文化乡镇的特色分类，可以分为民俗文化型、产业文化型、服务文化型三种类型。应该说，特色文化促进了乡镇的文化与历史结合、文化与农业结合、文化与旅游结合、文化与电商结合等文化＋产业模式等，从而以文化产业夯实文化立乡立镇的基础。

发展文化产业就需要避免千镇一面，同质竞争的弊病，而乡镇特色文化就是破除这个恶性竞争的有利法宝。在文化乡镇建设中，大力培育和挖掘民间特色文化，充分挖掘乡镇的文化、历史和产业资源，利用乡镇现有的、独特的历史文化遗产和民俗文化优势，打造特色文化乡镇。目前潍坊的风筝产业，蔚县的剪纸产业都充分说明了这一点。

“不能否认的是，工业文明是剥离土地的文明，是将天、地、人、神分割的文明，是强调人定胜天、远离乡土、乡愁、乡音，继而也破坏自然、生态的文明，更是人在肯定自我、彰显个性同时也迷失、忧思弥漫，荒诞感倍增的文明。”[1]而文化乡镇，却使人们重新考虑自身与文化的关系，重新塑造文化中的人和城市文明，可以使人们找到归属和回家的路。

最后，因为我国地域辽阔，民族众多，各地人们的生活环境、风俗习惯不尽相同，文化产业没有固定的形态和模式，也没有必要保持一致。依据其自身文化资源、区位、生态等优势，量身裁衣，保持特色，多元发展，才是文化乡镇建设的路径。下面举皇塘镇的文化乡镇创新之路案例以供读者借鉴。

皇塘镇作为千年古镇，地处江南“鱼米之乡”，是“全国重点中心

1 岳永逸．城镇化的乡愁［J］．民间文化论坛，2015（2）．

镇”“江苏省家纺名镇”“江苏省特色文化（农民书画）之乡”“中国民间文化艺术之乡”。皇塘镇历史文化底蕴十分丰厚，自古以来，民间百姓崇尚书香翰墨，舞文弄笔者众多，历史上出了许多文人墨客。如今该镇辖区内，活跃着好几支书画队伍，有从事园林建筑彩绘、有从事家纺用品图案设计、有从事业余书画的老年队伍等。从表象上看该镇从事静态艺术的人员较多，但仔细分析现状：一是有影响的人物不多，有份量的作品太少；二是品牌特色不明显。文化中心的同志对此也有想法，事先多次到文化馆商量此事。为此，在会同镇文化中心的同志和镇书画协会的会员举行座谈和研讨，研究如何在已取得的“中国民间文化艺术之乡”的基础上，亮出具有鲜明地方特色的文化品牌。通过几轮商讨，了解到皇塘镇静态艺术的现状，当地农民尽管从事各类绘画，但大多数是通过水粉画的形式来表现，特别是从事建筑彩绘较多，他们的绘画手法与农民画表现手法很相似。为此，我们提议皇塘镇特色品牌文化创建锁定在农民画的发展目标上。在锁定目标的前提下，要尽快建立一套适合农村特色文化迅速发展的机制。”[1]

二、乡镇的营销方法

乡镇一般都是乡村区域的中心，依托着广袤的山区、林区、传统农业区等等，有着诸多的自然风光、人文景观以及丰富的民俗民风、曲艺工艺等非物质文化遗产，这些都是乡镇旅游的优势资源。加之现在休闲农业、文化创意农业、乡愁旅游等蓬勃兴起，旅游业已经成为乡镇的重要产业之一。旅游业对于带动乡镇区域范围内经济全面发展，推动乡镇第三产业的快速发展，促进乡镇经济结构战略性调整、扩大就业和增加农民收入等具有重大意义。

1　荆红．创新作为“种文化”——从皇塘农民画繁荣谈特色文化乡镇创建［A］．文化部艺术服务中心．中国民间文化艺术之乡建设与发展初探［C］．北京：中国民族摄影艺术出版社，2010.

乡镇旅游是集经济、社会、生态三方面效益最大化的一个产业类型，是那些资源贫乏、基础条件差的边远后发地区作为发展地方经济的首选项目。而那些经济基础薄、产业支撑弱，交通不便的边远山区的乡镇，由于能够保留较多的自然环境和人文景观，具有开展乡村旅游、建立特色旅游乡镇的独特优势。同时，乡镇旅游业逐渐转向了乡村文化旅游，核心是挖掘旅游的文化因子。乡村文化旅游的发展为美丽乡镇的建设提供了新的契机。

2014 年国务院发布的《国务院关于促进旅游业改革发展的若干意见》论述乡村旅游较多。该文件为发展旅游小镇和发展旅游业提出了一系列规划和要求。如要依托当地区位条件、资源特色、市场需求，挖掘文化内涵，发挥生态优势，突出乡村特点，开发一批形式多样、特色鲜明的乡村旅游产品；推动乡村旅游与新型城镇化有机结合，合理利用民族村寨、古村古镇，发展有历史记忆、地域特色、民族特点的旅游小镇，建设一批特色景观旅游名镇名村；考虑区位特征，发展森林旅游、海洋旅游，大力发展红色旅游等。

我们如何打造旅游乡镇？就要思考如何打造优势明显、特色突出、竞争力强的品牌。宜兴市西南的西渚镇是美丽中国的乡镇缩影。近年来，西渚镇在充分发挥自身生态优势和旅游资源的基础上，积极设计和营销，围绕“云水茶禅、古韵新辉”定位，加快打造“文化特色鲜明、旅游品牌响亮、生态环境独特、休闲功能完善、旅游项目多样、富民效应明显”的全国知名的生态文化旅游名镇品牌。由于前期有策划定位，后期营造到位，2011 年 7 月该镇被授予“全国特色景观旅游名镇”。下面，我们可从西渚镇的旅行乡镇建设经验上看看旅游乡镇的规划、思路和具体做法。

（一）走“深度开发”之路

“走‘深度开发’之路就是注重内挖外塑，内继外拓，努力挖掘西渚浓厚的历史文化和鲜明的现代文化题材，融入更多的文化元素，发展地方特色旅游，进一步提升‘人文西渚’‘创意西渚’的旅游品位；注重旅游文化的创新，提升云湖十景即‘茶园碧浪、晨曦渔歌、千年冬青、神龟出水、水上森林、十里长缇、云湖日出、云湖夕照、银龙吐水’的文化内涵，不断形成西渚吃、住、行、游、购、娱、旅游产业新的经济增长点；加快开发西渚板栗、翠冠梨、大红袍桃子、葡萄、樱桃、白果、草莓、红提、柿子、油桃、小黄瓜等西渚田园佳果；积极建设云湖鱼头、横山草鸡、剁椒鱼头、干菜锅巴、红烧白鱼、鸡汤团子、金牌烤乳猪、螺蛳、田螺鸡、香椿、雁来蕈等西渚农家乐与传统名、特、优产品市场，合力打造西渚‘旅游商品市场’，进一步拉动旅游消费。”[1]

在西渚打造旅游品牌的时候，对内对外的把握，是紧紧围绕美做文章。第一，尊重自然美。西渚充分利用原自然资源，不搞破坏建设，自然布局和自然特色是其优势；优越的地理区位和生态底色是其区域发展的独特资源和优势，成为其打造绿色品牌的核心优势。第二，侧重现代美。西渚融现代文明理念发展于自然生态中，统筹推进生态发展与城镇化建设，构建特色的生态产业经济。在打造现代经济与建设现代文明并重中推进农业、工业及旅游业交融中转型升级。西渚摸索出山区发展的一条现代生态发展的道路。第三，注重个性美。西渚根据各村情况，因地制宜和因势利导，结合生态和人文环境，进行分类开发，突出每村特色，一村一品、一村一景。第四，构建整体美。西渚通盘考虑全镇的规划设计，以镇为景，以户为品，运用全局思维推进环境、产业、文明理念和地理空间相互支撑和有机联动，力求村村美丽、全镇合一。

（二）走“整合发展”之路

“整合发展旅游业，离不开大项目的有力支撑。要把建设旅游大项目作为拉动资源开发、提升旅游档次、增强旅游竞争力的突破口，进一步强

1 唐其君. 加快提升生态文化旅游乡镇的建设品质［J］. 江南论坛，2013（1）.

化旅游精品大项目的开发建设。项目建设是整合发展的关键，加强规划指导，推进旅游与西渚制造业、城镇建设和新农村建设互动发展，最大程度盘活西渚旅游资源存量，项目建设是景区旅游经济和社会发展的重要载体，坚持育龙头，做精品，打品牌，增强旅游文化底蕴，丰富旅游内涵，不断推出更多更有特色的旅游项目，打造独树一帜的品牌优势。重加强行业间的联合，努力培育工业产品游、乡村风光游、科技互动游、文化展示游、休闲美食游、运动健身游等旅游产品和市场，延伸旅游产业链，以实现西渚从旅游‘途经地’向‘目的地’的转变。”[1]

（三）走“文化融合”之路

“文化是旅游的灵魂，旅游是文化的载体。没有旅游的文化就没有活力，没有文化的旅游就没有魅力。西渚重点推广佛教文化，佛光祖庭———大觉寺，原为荆南古刹，始建于南宋咸淳(1265~1274)年间，至今约七百多年，历代迭有兴替。2005 年，星云大师选址西渚横山村王飞岭岕‘雯湖’之滨捐资重建，依山傍水，翠竹环绕，被世人拜为‘佛光祖庭’。星云大师在 2010 年 1 月 13 日获得‘中华文化人物”终身荣誉奖。借助星云大师在世界的影响，推广西渚大觉寺佛教文化，加快开发具有大觉寺特色的旅游商品和旅游纪念品，增强旅游业的辐射能力和发展后劲。促进旅游与文化互融，推进旅游开发与文化发展相结合，增强文化生命力，提高旅游核心竞争力，提升旅游文化建设水平。”[2]

（四）走“现代营销”之路

“旅游业是典型的‘眼球经济’和‘形象产业’。要不断强化‘一分资源、二分策划、三分打造、四分促销’的理念，充分利用电信、广播电

1 唐其君．加快提升生态文化旅游乡镇的建设品质［J］．江南论坛，2013（1）．

2 唐其君．加快提升生态文化旅游乡镇的建设品质［J］．江南论坛，2013（1）．

视、互联网、移动多媒体、数字出版、创意动漫游戏等新兴文化传媒，积极推广西渚文学读本、云湖旅游网站、宣传风光片、宣传手册，进一步推动文化旅游产业与旅游、体育、信息、物流、建筑等产业融合发展，延伸文化旅游产业链条，利用现代媒体，提高现代化营销品质。”[1]

由此看出，我们要建设一批具有历史、地域、民族特点的特色景观旅游乡镇，就要立足自身条件，规划先行、以区域发展大环境为背景，定位乡镇的功能。依托自然旅游资源优势，打造特色旅游产业，创造一流旅游品牌。注重村镇产业发展，借助良好地方经济基础，形成完整产业链条。加强生态环境的保护，打造形式多样、特色鲜明的乡村旅游休闲产品；促进旅游业及其服务业的协调发展；整合旅游资源，推进乡镇一二三产业融合发展。

三、乡镇的互联策略

（一）互联网助飞乡镇发展

信产部网站信息披露："目前全国范围内，97% 以上的乡镇具备了互联网接入条件，92% 的乡镇开通了宽带，部分行政村也具备了宽带或窄带上网能力。目前上海、江苏、广东等省市基本实现行政村通宽带，北京、天津、浙江、贵州、山东、吉林等一批省市已经实现乡乡通宽带。农村电话网与互联网双双发展，构成了农村信息服务的基础平台和主要渠道。”[2]

可见，“互联网日益成为经济社会发展的重要引擎和基础平台。如在工业领域，多个工业企业不同程度地通过互联网开展生产经营活动，推动产业转型升级。在农业领域，截至 2012 年，建成涉农网站近 2.3 万个、乡镇信息服务站 2 万多个，支撑了农业农村发展。在商贸领域，2012 年电子

1　唐其君 . 加快提升生态文化旅游乡镇的建设品质［J］. 江南论坛，2013（1）.

2　演乐 . 中国乡村互联网建设全面提速 92% 的乡镇开通宽带［EB/OL］.（2008-1-7）［2015-10-8］. http://tech.hexun.com/2008-01-07/102669093.html.

商务交易总额达 8 万亿元，其中网络零售达 1.3 万亿元，占社会零售总额的 6% 左右。互联网创造了越来越多的就业机会，2012 年网络零售业就直接创造了 382 万个就业岗位，间接创造的机会达 1087 万个，并有上百万人以开网店形式实现了就业。同时，互联网推动了政府管理和公共服务水平的提升，促进了文化传播和社会交往方式的变革创新。”[1] 在新型城镇化背景下，互联网对带动乡镇发展的作用日益显现。

2015 年，李克强总理在《政府工作报告》中首次提出“互联网 +”行动计划后，这个概念已经响彻大江南北，在浙江南部的乡镇，通过互联网掀起了一场电商热。“随着电子商务发展，农业方面，苍南农特产网汇聚苍南农特产品正式上线，瑞丰公司打造了网上商城、微农场及线下园艺体验店相结合的 O2O 新模式；工业方面，正式开通运营阿里巴巴苍南产业带，入驻商家已达 4024 家，汇聚苍南好商好货。”[2] 乡镇通过互联网相连，也与整个世界相连。“在 2015 年 5 月份阿里巴巴研究院发布的数据显示，2014 年苍南阿里巴巴电子商务发展指数 13.268，网商指数 14.434，网购指数 12.102，在全国县域排名中位列第十二、全省第七、温州第一。”[3] 互联网与乡镇商贸的结合，产生了一批淘宝村和电商村。

互联网助飞乡镇发展电子商贸业务的同时，既满足了乡镇居民多样化、个性化的消费需求，拓宽了就业领域，提供了就业岗位，优化了乡镇的就业结构，带动了服务业的转变，缓解了就业矛盾。另外，互联网还促进乡镇政府部门的信息化建设和治理水平的提升。抓住互联网技术推动乡镇发展，是乡镇政府管理部门统筹城乡一体化发展有利的契机。之前，城乡二元结构的一个重要体现就是信息服务的明显差距，现在利用“互联网 + 农业科技”“互联网 + 教育”可以有效弥补这种信息鸿沟，惠及乡村农民，

1 张晓．推动我国互联网产业健康发展［J］．中国电信业，2014（6）．

2 “互联网 +”县域产业 浙南乡镇掀火热电商风［EB/OL］．（2015-6-14）［2015-10-8］．http://www.chinanews.com/df/2015/06-14/7342772.shtml.

3 “互联网 +”县域产业 浙南乡镇掀火热电商风［EB/OL］．（2015-6-14）［2015-10-8］．http://www.chinanews.com/df/2015/06-14/7342772.shtml.

缩小城乡发展距离。

（二）互联网小镇的新模式

2015 年 5 月 19 日上午，海口市秀英区石山镇与美兰区演丰镇率先在海南省启动了互联网小镇建设，前者定位“互联网 + 农业”，后者定位为“互联网产业”。海口互联网产值占全省总产值七成以上，两个互联网小镇的启动，除了试水，更寄希望于对全省互联网建设起到示范和带动作用。海南互联网小镇建设在于体现智慧城市核心精神，打造智慧城市的海南乡村版。互联网与乡镇的联姻，似乎是天然的，既可以成为促进新型城镇化落地、乡镇产业升级换代的推手，又可以成为智慧城市建设的先行者和试验区。

第二节　西部的复兴

2013年12月举行的中央农村工作会议指出：“要积极稳妥扎实推进城镇化，到2020年，要解决约1亿进城常住的农业转移人口落户城镇、约1亿人口的城镇棚户区和城中村改造、约1亿人口在中西部地区的城镇化。”“要解决约1亿人口在中西部地区的城镇化”，这是对承接我国发达地区产业梯度转移的中西部地区，首次提出实现约1亿人口城镇化的目标要求。这恰恰与不久前中央城镇化工作会议所提出的“在中西部和东北有条件的地区，逐步发展形成若干城市群”一脉相承，前后呼应。

我国城镇空间分布也呈现不同的东、中、西部的位势，甚至有些区位的城镇规模结构不尽合理，并且与资源环境承载能力也不匹配。如东部发达区域一些城镇密集地区资源环境约束日渐趋紧，甚至有些资源枯竭不可再生，因此中西部资源环境承载能力较强地区的城镇化潜力、产业结构调整力度还有待挖掘和加强；中西部的城镇化已经成为我国城镇化的主要增长极。

城镇化是西部现代化的必由之路，是推动经济增长的引擎。西部地区虽已进入城镇化快速发展阶段，处在实现跨越式发展的承前启后之时。但当前西部城镇化率落后全国平均水平，已成为经济社会发展的“瓶颈”。因此，加快西部城镇化有助于促进我国经济均衡发展，促进区域产业结构调整升级，形成一批新型的城市群。

针对加快中西部的城市群建设，《国家新型城镇化规划（2014 — 2020 年）》指出："加大对内对外开放力度，有序承接国际及沿海地区产业转移，依托优势资源发展特色产业，加快新型工业化进程，壮大现代产业体系，完善基础设施网络，健全功能完备、布局合理的城镇体系，强化城市分工合作，提升中心城市辐射带动能力，形成经济充满活力、生活品质优良、生态环境优美的新型城市群。"依托陆桥通道上的城市群和节点城市，构建丝绸之路经济带，推动形成与中亚乃至整个欧亚大陆的区域大合作。"

西部城镇化往往也包含少数民族地区的发展。加快西部地区城镇化发展有助于改善欠发达地区的贫困状况，促进实现少数民族地区的社会稳定，继而逐步走向共同发展和共同繁荣。以此使少数民族从自身获得的实惠中感受到国家发展的一致性，自觉维护祖国统一与民族团结。

一、重新定义的丝绸之路

（一）丝绸之路的前世

丝绸之路起源于汉代。张骞是丝绸之路的开拓者，被誉为"第一个睁开眼睛看世界的中国人"。他将中原文明传播至西域，又从西域诸国引进了众多物产到中原，促进了东西方文明的交流。这条通往西域的道路逐步演变为横贯亚欧大陆东西交通的大动脉。通过这条交通大动脉，中国与中亚、西亚、南亚、欧洲、北非等国家建立了密切的商贸联系和文化交流关系。唐宋时期，北方的丝绸之路渐渐衰落，中国经济中心的南移，带动了南方丝绸之路和海上丝绸之路的繁荣。1877 年，德国地理学家费迪南·冯·李希霍芬在其出版的《中国》一书中首次用"丝绸之路"称呼这一交通动脉。作为亚欧大陆商贸往来和文明交流的典范，丝绸之路至今仍对亚欧国家开展经贸合作、文化互通互鉴具有历史象征作用。

安邦定国、和睦友邻是中国古代社会的第一要义，尽管当年西开边塞、南拓疆土，陆海两条丝绸之路千百年通行不断，修国之好，但并没有对丝绸之路沿线进行城镇布局，全方位综合开发。在当前新的政治经济格局下，国家重提“丝绸之路经济带”，在“一带一路”的国家战略布局下，建设丝绸之路经济带为深化西部大开发战略提供了重要机遇。新型城镇化为新丝绸之路经济带发展提供支撑，并成为西部经济发展和提升对外开放水平的重要平台、强大引擎、有力抓手。

（二）丝绸之路的今生

新时期提出的丝绸之路经济带，是中国与中亚各国以至向西抵达欧洲之间的一个广阔经济合作区域。中国境内包括陕西、甘肃、宁夏、青海、新疆等西北五省（区），四川、重庆、广西、云南等西南四省（市、区）。丝绸之路经济带所覆盖的广大西部地区不仅可以向东承接产业转移，而且应该向西部境外扩大开放，深刻体现国家提倡的国内、国际两个市场都要开发的精神。积极开发境外市场、优化配置生产要素，积极发展面向中亚及周边国家的外向型经济，将有效地进行产能转移和商贸往来。

西部地区面积广大，地域特色鲜明，各个地区可以借助丝绸之路经济带建立的有利时机，发展本地特色产业，并创造条件形成出口模式。新丝绸之路经济带沿线各城镇不能一味追求城镇规模的扩大，而要考虑城镇化率、城镇规模、基础设施、公共服务的差异，从而选取适合本地区经济发展水平的城镇化道路，而不能以牺牲环境资源为代价追求片面城镇化。在新丝绸之路经济带建设中，不同的城镇可以扮演不同的角色，承担不同的功能，找到最适合本地区的发展道路。主要是依托沿线大城市经济圈，重点发展圈层内的小城市，特别是县城及重点建制镇。[1]

---

1 夏显力，王婷．加快新型城镇化建设 助推新丝绸之路经济带发展［A］．陕西省改革发展研究会．陕西改革与新丝路新城镇建设研究 2014 年优秀论文集［C］．2014.10.

二、西部特色乡镇

（一）西部城镇化

据《国家统计年鉴(2013)》的数据显示：西部城镇化水平已达到了加速阶段，但是发展极不平衡。西部地区城镇化率最高的地区是内蒙古，2012年底城镇化率为57.8%，高于全国平均水平5.23%。除了内蒙古还有重庆的城镇化率也超过了全国平均水平，达到了57%。但是个别地方的城镇化率明显低于全国平均水平，甚至还达不到全国平均水平的一半，如西藏城镇化率仅达到了22.7%。

随着“西部大开发”政策的实施，西部地区城镇化速度逐步提升。现在，西部地区的城镇化取得了较大进步，但也存在一些问题。西部地区面积占国土面积约72%，但人口仅占全国人口约2.7%，除了关中和成渝地区人口相对集中外，其他地区人口居住高度分散，据国家统计年鉴数据显示，2012年，地级城市以上人口在50万～400万的城市数量少，城市城区面积和城镇人口占全国的比重均低于人口比重，人口城镇化水平低，城镇很难发挥出区域经济增长极的作用，城市对乡村经济发展的带动力弱。

未来十年将是我国城镇化的加速期，在城镇化布局上推动人口向重点地区和中心城市集中的同时，加快推进经济欠发达省区的城镇化，优化城镇化格局和形态，提高城镇化发展水平。城镇化的实现，需要将农村剩余劳动力转移到城市。但在西部地区若通过发展大城市来实现这种劳动力转移，成本过高，代价过大。事实上，西部地区的大城市也不多，发展大城市也不现实。截至2012年底，共有各类城镇7344个。其中城市市辖区总人口超过400万以上的地级城市有3座，分别是西安、成都和重庆，而且区域性中心城市的辐射带动力不像东部地区大城市那么强。因此，建设小城镇成为西部地区城镇化建设的最佳选择。小城镇上接大中城市、下连广大乡村，具有与乡村经济联系紧密、具有一定生态区位、人口转移半径短、农民进入门槛低等优势。西部地区通过发展小城镇可以吸纳大量乡村富余劳动力的转移，促进产业结构优化，推进城镇化建设，进而替代发展大城市的思路和途径。

（二）向德国学习

小镇居多的德国，其地域状况跟我国西部地区较多相似，小镇空间布局上都是星罗棋布，大城市较少。现列举德国小镇的城镇化发展特点以供参考。

首先看德国城镇分布图，德国小城镇数量多，而大城市则寥寥无几，但小城市却与大中城市形成合理布局，实现了大中小城市的分类发展和均衡发展，成为世界小城镇发展的典范。由表 2–1 可知 10 万以下人口的小城镇占其城镇的绝大多数。

表 2–1　德国城镇分布[1]

	人口	城市数量	备　注
1	百万以上人口的大城市	4 个	柏林、汉堡、慕尼黑和科隆
2	50 ～ 100 万人口的中等城市	10 个	
3	10 万～ 50 万人口的小城市	68 个	
4	10 万以下人口的小城镇	13500 个	75% 以上的乡镇人口还不足 5000 人

从图 2–1 的人口分布上，可以看出德国的城镇化率很高，且绝大部分人口居住在小城镇，自得其乐。

德国城镇化发展的经验，可以说小城镇的发展功不可没，其成功发展得益于以下几个方面。

1. 特色产业支撑，保障城镇持续发展

城镇发展离不开产业支撑。城镇的产业是根据市场经济规律，在市场的引导下逐步发展起来的。德国城镇规模不大，但各有特色、定位和侧重，呈现出主导产业突出、特色鲜明的特点。

1　熊瑞杰 . 我国西部地区小城镇发展道路研究［D］. 北京：中共中央党校，2014.

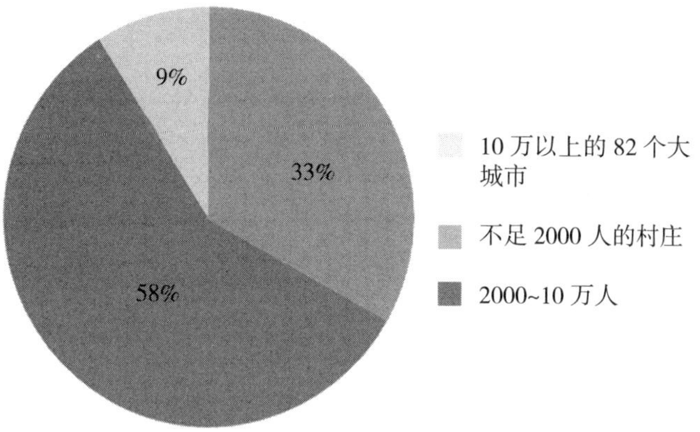

图 2–1　德国人口分布图[1]

20 世纪 90 年代初期德国统一后，为了促进东西部地区经济均衡发展，德国的诸多乡镇参与到了欧盟前身欧共体提出的“小城镇经济发展行动联盟”计划。该计划涉及面广，涵盖从基础建设、地域管理、旅游业、临场管理到地方特色产品等众多领域，德国的数百个乡镇参与其中，仅巴伐利亚州就有 58 个小城镇参与了 2007 年到 2013 年的第四期计划。在“小城镇经济发展行动联盟”计划下，各乡镇根据自己地区的比较优势，因地制宜选择有特色的产业进行重点培育和发展。[2]

“海德堡原来是欧洲重要的印刷、轻工、食品、包装机械的基地，经过 20 年的努力实现了漂亮的转身，产业转型带动了城市功能转型。目前海德堡已经成为欧洲的科研城、文化城和旅游城。这种产业转型，不仅引起了生产组织方式上的变革，而且推动了社会生活方式的深刻变化，拓展了都市服务产业的发展空间，成为城镇经济发展的重要载体。”[3]

2. 人本理念彰显，保障城镇社会服务发展

德国的城镇化建设彰显以人为本的理念，保护人的基本权利，培育城

1　熊瑞杰 . 我国西部地区小城镇发展道路研究［D］. 北京：中共中央党校，2014.

2　熊瑞杰 . 我国西部地区小城镇发展道路研究［D］. 北京：中共中央党校，2014.

3　熊瑞杰 . 我国西部地区小城镇发展道路研究［D］. 北京：中共中央党校，2014.

镇发展自发、稳定的内在动力。我国城乡二元模式的矛盾在当今社会发展已经突出，这种以户籍制度为依据，严格区分农村户口和城镇户口，大量农村人进城工作却不能转变户口及享受城市户口待遇等。而德国统一健全的社会服务保障体系为城镇化提供了多种渠道。社会上没有明显的城镇和农村的区别。农村居民和城镇居民享受同等的权利，如教育、福利、就业、医疗等权利。另外，德国政府还颁布移民政策法令，促进移民更好地融入德国社区和国家。

“德国小城镇良好的基础设施和完善的公共服务体系，为小城镇招商引资和吸引人口入住创造了良好环境。德国小城镇的建设都是从基础设施建设开始做起，且基础设施建设的要求很高。基础设施建设方面，对于住房、交通、污水处理、垃圾分类、绿色保洁等重大设施，政府直接投资建设。外包出去的公共服务事项，从预算管理到监督调控政府也都会进行严格的管理。”[1]

另外，德国对生态环境保护的意识比较强。在城镇建设过程中，坚决反对牺牲环境来发展城镇经济。在建设法令中规定：当环境保护制约城镇建设时，任何建设项目都要保障绿地总量的平衡。所以，森林、花园、绿地都占小城镇面积的 1/3 以上，绿化程度极高，环境优美。

3. 多级规划与市民参与，保障城市空间发展

德国小城镇建设十分重视科学规划的统筹安排和协调作用。首先建立四级管理机构，规划主体包括联邦政府和各级地方政府等。在规划制定中由政府完全主导转向市民参与，表现为“地方政府＋专家＋公众参与”的“三结合”上。

联邦政府负责统筹，制定全国范围内的规划目标和规划标准，谋求实现小城镇的整体合理布局。州政府负责制定本州的规划原则和一系列较为具体的建设法规，组织审核财政资助建设项目，同时联合当地的“城市与

1 熊瑞杰．我国西部地区小城镇发展道路研究［D］．北京：中共中央党校，2014.

社区建设联盟”对本州各地方政府上报的较大建设项目，进行审查与批准。而涉及规划、建设技术规范及指标的具体内容由各地“城市和社区建设联盟”负责，同时设立四级管理机构对小城镇项目加以控制。[1]

“不仅规划内容科学，德国城镇发展规划过程也很公开透明，民众参与度极高。在城镇建设发展规划过程中政府积极鼓励公民参与，鼓励社会讨论。民众的积极参与使得原本理论性、专业性和权力集中性的决策转为感性的、具体的、自下而上的公众参与，公众可全过程参与到小城镇规划当中。”[2]

德国小镇发展反映了城镇发展的科学规划性，各类城市协调发展，并且各类城市发展有着产业支撑，公共配套服务完善，而这也将是我们努力的方向。如果一味追求城镇化率，而没有产业支撑，就会陷入南美一些国家的悲剧。“以巴西为例，1950 年至 2010 年，巴西城镇化率由 36.2% 上升到 84.3 %，100 万人口以上大城市的人口占城市总人口的比重由 27.1% 上升到 47.3%。但是，在较高城镇化水平的背后，在农业劳动生产率下降和城乡差距不断加大的情况下，人口膨胀造成大量农村贫困人口拥向城市求生，造成大量的城市失业人口，形成了典型的城市二元结构问题，引发严重的社会问题，经济发展落入‘中等收入陷阱’。”[3] 近年来南美国家一直在对这些城镇化遗留的病症进行治理。这种先城镇化，后治理的恶果是明显的，也对我国城镇化发展敲响了警钟。

（三）如何打造特色乡镇

城镇化建设要考虑促进各类城市协调发展，国家政策方面现在也有比较成熟的考虑和布局。《国家新型城镇化规划（2014—2020 年）》指出：按

1　熊瑞杰．我国西部地区小城镇发展道路研究［D］．北京：中共中央党校，2014.

2　熊瑞杰．我国西部地区小城镇发展道路研究［D］．北京：中共中央党校，2014.

3　张茉楠．中国城镇化发展模式需要大转型［EB/OL］．（2013-10-31）［2015-10-9］．http://opinion. china.com.cn/opinion_67_85567.html.

照控制数量、提高质量，节约用地、体现特色的要求，推动小城镇发展与疏解大城市中心城区功能相结合、与特色产业发展相结合、与服务“三农”相结合。对于较小的乡镇有着以下三类指导意见。第一，大城市周边的重点镇，要加强与城市发展的统筹规划与功能配套，逐步发展成为卫星城。第二，具有特色资源、区位优势的小城镇，要通过规划引导、市场运作，培育成为文化旅游、商贸物流、资源加工、交通枢纽等专业特色镇。第三，远离中心城市的小城镇和林场、农场等，要完善基础设施和公共服务，发展成为服务农村、带动周边的综合性小城镇。

《西部大开发“十二五”规划》中，在培育中小城市和特色鲜明的小城镇中也谈到：“以特色产业为依托，建设一批交通节点型、旅游度假型、加工制造型、资源开发型、商贸流通型等特色鲜明的小城镇，形成层次分明、结构合理、互动并进的城镇化发展格局。支持新疆生产建设兵团加快城镇化建设进程。”

可见这两个国家政策文件对待西部小城镇发展的精神是吻合的。结合二者文件的精神，在建设小城镇的同时，可以围绕建设具有文化旅游型、卫星城支撑型、商贸物流型、交通枢纽型、资源加工型、兵团模式型等不同特色乡镇做思考和规划。

城镇化的实质是人的城镇化，不见得都要转变为城市人口，我们长期以来的“离土不离乡，进厂不进城”就是这个写照。城镇化的形式多样，主要是非农化，实现非农化的途径不仅仅是工业化，积极发展服务业等第三产业，对吸纳农村剩余劳动力有着极大空间。广大后发地区的农业地区，要着力考虑适宜的非农就业路径，实现农业产业化、农村城镇化、农民非农化的有机结合。着重向人口城镇化迈进，而非以土地城镇化为方向。当然我们并不否定土地城镇化是一些区域实现人口城镇化的有效措施。而上述的举例、思考都是为建设西部乡镇，实行不同城镇化和非农化路径而要借鉴和遵循的。西部乡镇建设在基础设施、投资开发、市场培育方面远远不如东部及沿海发达地区，且西部地区的自然条件和城乡经济社会发展条件不尽相同。充分考虑不同地区的发展现状、资源特点、区位优势和发展潜力等因素，进行不同发展模式和发展特色的定位与路径选择。现有以下几种模式供参考。

（1）卫星城型乡镇。围绕较大城市，承接其产业结构转移，实现市场要素的自由流动，建立卫星城，使得城乡一体化得到有效发展。像重庆、成都、西安等经济实力较强的大城市地区，可据其城乡发展规划，进行周边乡镇的布局和协调发展。

（2）旅游型乡镇（民族风情乡镇）。旅游产业发展带动城镇发展是西部地区城镇化的重要模式。在广阔的西部地区，地理风貌各异、多民族丰富的风俗文化和宗教文化，历史悠久的人文景观，都是适合作为旅游开发显著的资源优势。

旅游业的发展可以带动乡镇的配套基础设施发展，提升乡镇的知名度，对拉动经贸、交通运输、房地产、餐饮服务业等发展起着重要作用。如云南的石林县、丽江古镇、西双版纳傣族村镇，都是凭借自然风景、民俗风情、具有民族传统文化的居民建筑等特色资源，通过旅游业而发展起来。

民族风情文化小镇因为主要通过多元民族文化风俗、特色文化产业开发具有特色的边疆，令人神往的山区、林区、雪域和戈壁自然风光等，与旅游乡镇有着极大相似性，故做一个类别阐述。

（3）矿产资源型乡镇。西部在矿产资源储量方面具有绝对的优势，不仅资源种类繁多，而且储量巨大。矿产资源有煤炭、石油、天然气等非金属矿产等和各种金属矿产。对于具有丰富的资源储量且经济欠发达地区，凭借矿产资源开发而带动乡镇经济发展，是较为常见的一种成功模式。

根据资料显示，矿产城市在西部城镇中占据了较大的比重，它是西部主要的工业城镇类型。如煤炭工业城市石嘴山、韩城、铜川、六盘水、乌海、满洲里和锡林郭勒等；石油工业城市克拉玛依、玉门、锡林浩特、库尔勒等；钢铁工业城市包头、嘉峪关、攀枝花等；有色金属工业城市金昌、个旧、白银等。

在较小的乡镇开发中，“西藏羊八井镇的油气开采；云南禄汁镇、六苴镇、矿山镇、都龙镇的有色金属矿产资源开发，塔甸镇、小龙潭镇的煤炭开采，昆阳镇的磷矿开采和磷化工产业，也是依托丰富的矿产资源而促进小城镇发展的典型代表。”[1]

（4）交通型乡镇。我国乡镇整体是以中心城市为辐射点，交通干线横线纵线交织的交通运输布局。以交通运输干线为发展轴线，交通节点式与轴线发展是西部地区城镇化的常见路径。交通运输干线作为资源要素流通的纽带，形成带状齐头并进的态势，带动乡镇发展。西部地区部分城镇也呈现出沿主要交通公路、铁路分布的特征。近来，公路铁路口岸所在乡镇和乡村牧场一体化发展又呈现与周边相协调的特点。

（5）商贸型乡镇。商贸型乡镇往往具有明显的区位优势，贸易平台搭建比较完善，交通便利，形成了人财物的集聚和商品及生产要素的流通的优势。

商贸型乡镇可以利用本地商品流通活跃、市场发育度高的特点，其作为商品的集散地和交易的便捷平台，在一定范围的市场领域中发挥带动作用。尤其现在实行“互联网+”格局，对传统具有优势的生产性要素和产业进行更好的电子商务，并建立现代流通方式，改善区域经济运行效率，以建立商贸系乡镇带动产业转移和升级转型。

（6）边境口岸型乡镇。西部地处内陆，边境线占全国边境线长的近79.6%。西部省区与周边国家和地区之间的政治经济文化联系有着悠久历史，因此，发展边境贸易有着得天独厚的优势，而且是人流、物流最容易汇集的区域，容易带动边境口岸型乡镇的建设和发展。

目前，云南的瑞丽、畹町、河口、景洪，新疆的阿尔泰、伊宁、博乐、塔城、喀什，内蒙古的满洲里、二连浩特，广西的凭祥市和东兴市

1 罗淳，潘启云.论边疆民族地区小城镇建设的特点、模式与路径[J].中央民族大学学报（哲学社会科学版），2011（3）.

的乡镇等已经发展较为成熟的边境城镇，共同形成了西部地区对外贸易的前沿。

（7）兵——地合建型乡镇。新疆的城镇化发展离不开兵团的城镇化。近年来，经济发展和镇区扩张使得有些兵团小城镇在地域上与地方乡镇镇区紧紧相连。

对于兵团与地方毗邻或相交的行政区域，应该走兵地融合型的城镇化发展之路，即通过完善利益分配与协调机制，使兵团与地方合作发展，发挥各自的优势，推动兵地城镇融合发展的路径。

第三节 边疆的城镇

边疆问题是一个包含政治、文化、宗教、历史、经济等多方面的复杂问题。边疆与内陆的发展也是紧密相关的。影响边疆安全的因素集中表现在经济发展较为滞后、区域社会相对封闭、与内陆主流认知偏离、人们生活水平较低等诸方面。

由于我国国土辽阔，东西南北不同乡镇发展模式不同，自然条件和经济发展水平差异较大。边疆地区的自然地理条件相对较差，交通不便，而中国的后发展地区（如中西部）和边疆省市自治区又存在较大的重叠，同时边疆地区又是我国少数民族主要聚居区，因此边疆民族问题一定程度就是边疆的发展问题。这些地区问题产生的原因主要是城乡二元差距、收入差距、消费层次差异等。为了同步发展，促进民族团结，巩固边疆安全和稳定，关键是要缩短直至消除城乡之间存在的差距。加快边疆地区的大发展，需要借力城镇化的实施，改善当地的生存条件，提高生活水平，内地和边疆共同富裕并重。

有一个有意思的问题，“边疆地区发展经济的首要任务是提高低收入者的收入还是减少低收入者数量呢？借鉴熊皮特的观点，我们从需求角度分析贫富差距扩大对经济增长的影响。经济增长的动力来自于创新性研究，通过创新提高商品质量进而推动经济增长，一般情况下，低收入者消费低质量产品，高收入者消费高质量产品。企业进行产品创新的动力来自于高收入者的数量增加，因此，减少低收入者数量缩小贫富差距有利于创新，而提高低收入者收入所导致的贫富差距缩小则不利于创新。”[1]所以，通过边疆城镇化，调整产业结构，推动农业人口向非农业人口转移，提高新市民素质，对促进边疆地区发展大有裨益。

“边疆地区城镇化不仅有助于提高边疆地区的基本公共服务均等化程度，更有助于提高边疆人民的政治参与水平与共享改革成果，也有助于加强区域社会文化联系，以城镇化为共同载体，实现有效的‘社会整合’，最终保障并增进边疆安全。因此，边疆地区城镇化与边疆安全之间的相关性，直接决定了边疆地区城镇化具有典型的公共产品属性。”[2]公共产品理论指出政府需要进一步加大对边疆地区城镇化建设的财政投入和政策倾斜。

一、构想“一带一路”

（一）“一带一路”的构想

“一带一路”战略构想于 2013 年提出以后，已经成为中国政府对外经济合作的最主要战略之一。所谓“一带一路”包括“丝绸之路经济带”和“21 世纪海上丝绸之路”，它不仅跨区域，而且跨国别，体量十分巨大，是世界上跨度最长的两条经济大走廊。它们将与历史上由中西各国共同建立的那条横贯东西、连接欧亚的古丝绸之路一样辉煌。

“一带一路”发端于中国，贯通中亚、东南亚、南亚、西亚乃至欧洲部分区域，东领亚太经济区，西落欧洲经济区；“一带一路”将覆盖欧亚

1　武友德，王源昌．边疆少数民族地区特色城镇化发展道路研究——以云南为例的分析［J］．云南师范大学学报（哲学社会科学版），2010（3）．

2　武友德，王源昌．边疆少数民族地区特色城镇化发展道路研究——以云南为例的分析［J］．云南师范大学学报（哲学社会科学版），2010（3）．

大陆及印度洋沿岸超过60个国家，是世界上最具发展潜力的经济带。

以既有的双边和多边合作机制、区域性合作组织为基础，借助中国“丝绸之路”的历史传统内涵，“一带一路”经济战略将极大促进中国与沿线国家、地区间经贸合作，并带动沿线国家的基础设施建设和经济发展。

“一带一路”战略，为一个偏于一隅的山城迎来了前所未有的机遇，如今她已经是连接亚欧的国际化都市。重庆处于丝绸之路经济带、中国—中南半岛经济走廊与长江经济带的大通道的连接点上，具有承东启西，连接南北的区位优势，是丝绸之路经济带的重要战略支点，是21世纪海上丝绸之路的产业腹地。特别是中欧班列“渝新欧”的开通，横贯新疆和欧洲全程只用13天，比起过去通过水运、海运抵达欧洲花费一个多月的时间，大大降低了运输成本。通过中欧班列，我国西部与欧洲联系得更紧密。在中国确定“一带一路”战略后，各省纷纷不惜重金补贴打造中欧班列交通线，以致中国铁路总公司于2014年下半年再次调整了中欧班列运行图，将运行线路由8条增加至20余条。跨越亚欧大陆桥的“新丝绸之路”正逐渐变得拥挤热闹。

在新一轮对外开放中，“一带一路”战略将开放重点延伸到中西部广大内陆地区，尤其是丝绸之路经济带以陆路交通为轴线，带动广大内陆后发地区的发展；打破了长期以来我国主要以海洋运输为依托发展对外贸易、发展与世界各国经贸关系的模式，解决了我国广大西部地区对外开放的理念问题和通道问题，这为西部地区缩小与东部发达地区的差距提供了前所未有的机遇。“一带一路”战略不仅仅解决商贸通道问题，对我国产业的转型升级、经济安全、对外开放格局都有着极大的推动作用。“一带一路”既是中国经济发展新引擎，又是国家经济发展目标所在。

（二）“一带一路”的目标

在国际经济格局发生重大变化、国际金融危机深层次影响继续显现的形势背景下，中国和古丝绸之路沿线国家审时度势，共同推出了建设“一带一路”的构想。2015年，“一带一路”规划将继续延展铺开，从顶层战略构想步入务实合作阶段，进而全面推动经济转型升级，成为推动我国经济发展的新引擎之一。

1.“一带一路”规划开创对外开放新格局

我国因为受地理区位、资源条件、经济基础、行政级别等因素影响，对外开放发展不均衡，总体呈现东部发达西部较为落后、沿海区富裕内陆区较为贫弱、城市经济资源高度趋集而乡村经济资源分散待开发的格局。

“一带一路”规划有助于提升东部南部及沿海区开放水平的同时，将推动整个中西部地区的开发，形成海陆并重、兼顾东西，构筑面向世界的全方位开放新格局。新型的对外开放格局已经经过酝酿并付诸于实践。商务部部长高虎城曾经在全国商务工作会议上指出，要落实“一带一路”战略规划，提升陆路、海路通达水平，要抓住沿线关键通道、关键节点和重点工程，启动一批条件成熟的港口、铁路建设，资源开发等战略性合作项目。这种开放新格局对于缩小及解决区域间发展差距问题，以及构建良好睦邻友好的国际关系都是有利的。

2.“一带一路”规划推动我国经济转型升级

在新形势下，我国对外经济形势出现重大转变，这种依靠拼优惠、拼资源的“三来一补”加工贸易模式已经不适应当前我国社会经济的发展。这就要求我们必须调整经济结构，抓紧境外市场的布局，同步推进高水平引进来和大规模走出去，实现进出口、内外需、对内引资和对外投资三大平衡。概括一句话，国内市场和国际市场能为我所用，成为对我国经济发展有利的鸟之双翼、车之双轮。

“随着国际分工的转移、市场需求降温和经济要素的成本的提高，我国的产能过剩和制作成本提高，我国外向型经济发展受到较大程度的影响。由此带来的后果主要表现为，传统产业供给能力大幅超过需求，很多产业已到达增长峰值而过剩，也到达资源、环境承载能力的极限；日趋强烈的国际贸易保护和动荡起伏的能源价格，助推了中国经济的结构性矛盾和产能过剩压力。因此，企业转型、产业结构调整和发展方式转变已成中国经济持续发展的必然选择。

具体来说，"'一带一路'规划为我国东部地区产业转移和化解过剩产能提供更为广阔的空间；推动低端制造业的区域转移；拉动中西部基础设施的投资建设；带动沿海地区优化外贸结构。最终在与沿线各国的经贸合作与经济交流中推动经济转型升级，稳步促进我国经济质量效率型集约增长。"[1]

3."一带一路"规划创新我国参与世界经济合作的方式

"当前，国际贸易规则和话语权，基本被以美国为首的西方发达国家所控制和主导。尤其是 TPP（跨太平洋伙伴关系协定）、TTIP（跨大西洋贸易与投资伙伴协定）为发达国家量身定制了贸易规则标准，很大程度上钳制了中国经济公平参与国际合作与竞争。近几年，中国商品在发达国家市场中屡次被禁的事实表明，中国国际贸易要走出发达国家潜规则，必须改变我们参与世界经济合作竞争的方式，即保证市场及市场的公平竞争。"[2]

在这种背景下，"一带一路"战略应运而生，成为构建对外开放新格局、引领我国经济进一步融入世界的强力引擎。从 2013 年提出战略构想，到 2014 年亚洲基础设施投资银行签约，"一带一路"建设稳扎稳打，开始进入务实合作阶段。

4."一带一路"规划保障我国的经济安全

"改革开放以来，我国通过大力引进资源、资金、技术、人才及信息来发展经济，但在国际分工逐步向水平分工转变及全球性金融危机爆发的条件下，我国经济发展的外围环境逐渐变得严峻甚至恶化。与发达国家相比，没有掌握游戏规则主动权和话语权，人口多、家底薄、资源少、产业

1 艾比布拉·阿布都沙拉木，李姝睿."一带一路"：中国经济发展新引擎［N］.经济日报，2015-6-15.

2 艾比布拉·阿布都沙拉木，李姝睿."一带一路"：中国经济发展新引擎［N］.经济日报，2015-6-15.

弱的特点，使得我们在与发达国家的合作与竞争中明显处于劣势。除此之外，西方发达国家的遏制中国战备和急于摆脱金融危机的现实压力，使针对中国的贸易壁垒日益增多，经济摩擦日益加剧。我国必须寻找新的贸易伙伴和贸易市场，才能从根本上走出与西方发达国家的贸易困境。”[1]

互利共赢是“一带一路”建设的重要原则。通过“一带一路”规划的布局和建设，我国与沿线国家进行广泛多方面的包括基础设施建设、经贸合作和文化交流的合作。一方面，“一带一路”战略可为沿线国家和地区带去新的合作机遇和发展前景。作为制造业大国，中国可以为丝路国家提供各种日用商品、技术和设备；作为世界第一大外汇储备国，中国更加有实力投资海外，能够与各国共同应对金融风险，能够与急需资金的国家共同把握合作发展机会。另一方面，这一战略不仅通过沿线各国保障陆上、海上资源能源运输线的安全，也有利于实现我国资源能源进口渠道的多元化。“一带一路”通过打造互利共赢的利益共同体把各国紧密联系起来。

因此，“一带一路”规划不仅造福中国的经济转型和产业升级换代，也给沿线国家带来了发展机遇，有利于沿线各国在互利共赢理念下的优势互补，共同发展。“更为可贵的是，我们与沿线大多数国家同命运、共患难的历史发展进程中积累的合作经验，同处于发展中国家经济发展水平的事实，使我们之间的合作比与西方发达国家之间的经济合作和交流更为互补和通畅。”[2]

对我国国内而言，“一带一路”战略是国家经济发展国家层面的战略，不存在谁是“一带一路”的覆盖区域，谁不是覆盖辐射区域的问题。国内各地想要借力“一带一路”规划建设的契机，就需要积极配合这一国家战略，在国家总体规划指导下做好各区域间的联动和配合。要在充分发挥自

1 艾比布拉·阿布都沙拉木，李姝睿.“一带一路”：中国经济发展新引擎［N］.经济日报，2015-6-15.

2 艾比布拉·阿布都沙拉木，李姝睿.“一带一路”：中国经济发展新引擎［N］.经济日报，2015-6-15.

身资源、区位、技术优势的同时相互呼应、消除壁垒、协调配合、互联互通。最后，中国企业在“一带一路”背景下走出去的同时，一定要有全球规则意识，在投资领域和制度层面做好风险防范。

二、融合共生

（一）和而不同

边疆地区因地域辽阔，民族众多，以及与境外许多不同文化宗教的国家接壤。在这里，不同地域的文化交融，有多民族文化交融、有本土文化与国外文化交融，还有世俗文化和宗教文化的交融。在国家西部大开发战略中，在“一带一路”战略构想中，边疆地区不仅要加强基础设施建设和产业升级转型，还要注重文化融合与传承。文化融合为构建国家软实力的有效措施，其实质就是文同此心，共向的心灵之路，是在政策沟通、贸易畅通、道路联通、货币流通之外的那个不可或缺的“民心相通”。

对于边疆的文化大发展大繁荣来说，文化交融是一个利器。文化的大发展大繁荣又促进了当地社会整合和民族文化的互通。文化交融丰富了边疆文化内涵，彰显社会主义文化多样性，弘扬优秀民族文化，对引领时代文化，塑造新型城镇化的灵魂都有积极作用。在边疆地区，文化交融需要用优秀多样的民族文化形式体现国家的核心价值观和民族观，这成为各民族的基本行为准则，为促进边疆城镇化进程和增强民族团结、维护边疆稳定提供了精神引领和社会保障。

在当前国际形势深刻变化的背景下，在我国城镇化战略实施的发展阶段，在西部大开发的规划下，多元文化交融对内促进各民族各地域民心相通、社会和谐，对外促进各国家各区域加深了解、和而不同。

我国和谐社会的基本特征是：民主法治、公平正义、诚信友爱、充满活力、安定有序、人与自然和谐相处。和谐社会要求关心和支持弱势群体的利益和发展，建立健全各类规章制度，尤其是要完善居民的收入分配制度，进而逐步扭转城乡差别、产业差别、区域差别扩大的趋势，实现城乡居民的和谐，不同区域间收入分配的和谐，不同行业不同职业间收入的和谐，不同社会阶层、社会组织间的和谐，以及经济发展与环境保护间的和谐等。

（二）文化共生

新型城镇化与文化发展有内在联系。新型城镇化不仅要弘扬优秀的民族传统文化，也要促进文化交融，培育新文化生态，提高城乡居民的文化素养水平。

新型城镇化推动城乡居民生活水平提高，并逐渐满足城乡居民日益增长的文化活动需求，这就成为发展文化、促进文化交融和弘扬多元优秀民族文化的基础和动力。近年来的文化体制改革，推动文化事业和文化产业建设的大发展大繁荣，既保障了城乡基本公共文化服务的均等化、标准化，也为多元文化交融和传承保护提供了机制保障。

新媒体和移动媒体的发展，也为多元文化交融和发展提供了新载体和渠道。

文化交融往往给新型城镇化提供产业支撑，成为打造具有民族特色乡镇的产业抓手。文化交融，可以充分开发各民族、各地域甚至西方文化的优秀文化资源，组合不同文化元素，建设一批有特色、有规模、产业链完备的民族文化产业基地。在具体的文化项目和产业开发中，充分发挥文化经济化和经济文化化的作用，使得文化发展和经济发展，各有提升，相得益彰。

（三）文化交融

文化交融是一笔财富。新疆是多元化的文化交融区，从古至今促进着中西文明的交流。如季羡林教授在《<罗摩衍那>在中国》一文中所说的：“我国新疆是世界上几大文明体系的汇流之地。中国文化、希腊文化、印度文化、伊斯兰文化、佛教、伊斯兰教、摩尼教、基督教以及其他的一些宗教，都在这里碰了头，交光互影、互相影响。”在这里，还有举世闻名的陆地“丝绸之路”的发源地。因此，利用文化交融的优势，新疆可以打造一批具有特色的民族产业和边疆乡镇。

季羡林还说过，世界上历史悠久、地域广阔、自成体系、影响深远的文化体系只有四个：中国、印度、希腊、伊斯兰。而这四个文化体系汇流的地方除了新疆地区，还有一个中国的敦煌。敦煌为东西交通的喉襟和具有国际意义的文化汇流之地，自从20世纪藏经洞被发现以来，已经轰动世界，并成立了一门世界公认的“敦煌学”。从文化意义上来说，敦煌已经成为一个具有多元文化性的世界城市，前来考察、交流的文化学者络绎不绝。

最后，促进文化交融，文化还要积极走出去。尤其在近年来国家的“一带一路”的文化布局上，要积极进行文化交流，传播中国文化，塑造国家形象。用国际视野、国际表达来推介中国文化，讲述中国故事。尤其在当前互联网信息技术发展日新月异、全球经济一体化的背景下，要加快传统媒体和新兴媒体融合发展，在网络视听、数字出版等领域尽快形成一批手段多样、技术先进、内容丰富，有影响力、传播力、竞争力和较强实力的新型主流媒体和传播平台，积极参与中国与“一带一路”辐射区沿线国家的信息和文化建设，在服务国家战略的基础上不断壮大自身实力，为推进中国文化传播建设提供强大的文化项目合作、产业支持和精神引领。

三、互联互通

（一）桥梁与纽带

2014年11月8日，国家主席习近平在北京举行的“加强互联互通伙伴关系”东道主伙伴对话会上发表题为《联通引领发展　伙伴聚焦合作》的重要讲话中，宣布中国将出资400亿美元成立丝路基金，并提出了加强互联互通、深化“一带一路”合作的一系列建议。

习近平主席在讲话中指出，共同建设丝绸之路经济带和21世纪海上丝绸之路与互联互通相融相近、相辅相成。如果将“一带一路”比喻为亚洲腾飞的两只翅膀，那么互联互通就是两只翅膀的血脉经络。他还指出，我们要建设的互联互通，应该是基础设施、制度规章、人员交流三位一体，应该是政策沟通、设施联通、贸易畅通、资金融通、民心相通五大领域齐头并进。因此，这三位一体、五大领域并进则为互联互通的内涵。

2015年5月27日，亚欧互联互通产业对话会在西南山城重庆举行。此次对话会的主题是“创新引领行动，推进亚欧互联互通”。国务院副总理张高丽出席开幕式并发表主旨演讲，提出了“一带一路”六大经济走廊的规划。边疆地区积极推进“一带一路”战略，进行产业布局和产业结构转型升级，需要积极沟通协作，推进沿线国家互联互通产业合作。

张高丽副总理强调，“推进亚欧互联互通产业合作，关键是要心往一处想，劲往一处使，紧紧围绕“五通”，推动协同发展。要加强政策沟通，凝聚亚欧互联互通产业合作的各方共识，实现各国互联互通产业发展战略的对接。要加强设施联通，抓好交通、通信、能源等基础设施中的关键通道、关键节点和重点工程，完善亚欧互联互通产业合作的硬件支撑，积极推动国际产能合作。要加强贸易畅通，构建有利于均衡增长、利益融合的亚欧经贸开放大市场，深化投资贸易合作，实现优势互补。要加强资金融通，创新和完善现有投融资安排，努力消除亚欧互联互通产业合作的瓶颈制约。要加强民心相通，推动科技和智力在两大洲的交流互动，鼓励教育、就业、旅游、人才等市场相互开放，夯实亚欧互联互通产业合作的社会根基。”[1]

张高丽副总理表示，“中国是亚欧大家庭的一员，中国的发展与亚欧

1　亚欧互联互通产业对话会在渝举行——中国规划“一带一路”6大经济走廊［EB/OL］.（2015-5-28）［2015-10-15］. http://world.people.com.cn/n/2015/0528/c1002-27069213.html.

的整体发展密不可分。中国提出的‘一带一路’倡议得到沿线国家积极响应，已成为兼顾各方利益、反映各方诉求的共同愿望。中国正与‘一带一路’沿线国家一道，积极规划中蒙俄、新亚欧大陆桥、中国—中亚—西亚、中国—中南半岛、中巴、孟中印缅六大经济走廊建设。亚洲基础设施投资银行和丝路基金将为亚欧互联互通产业合作提供有力的资金支持。‘一带一路’和互联互通相融相近、相辅相成，亚欧互联互通产业合作前景光明。”[1]

（二）命运共同体

在全球经济发展一体化的背景下，国家间的经济发展存在很强的相关性，产业间的整合和互补尤为突出。如中国政府正试图同东盟建立“命运共同体”，但是由于发展不均所导致的差异扩大使得双边交往深化面临一些结构性制约。

“1997 年亚洲金融风暴后，中国迅速取代东盟成为外资眼中理想的 FDI 目的地。凭借着生产要素比较优势，中国迅速在全球生产链的终端取得支配性地位。2001 年加入世界贸易组织后，中国作为世界工厂的地位进一步获得巩固，以电子制造业为例，2001 年，中国在全球电子产品出口的比重仅占 6%，到了 2003 年，这个比例已上升至 28%。虽然这一比重的提升多半来自于对欧、美、日等发达工业国家低端制造业的替代，然而，同样处于产业链尾端，中国、东盟间在产业上的竞争关系大于整合关系。FDI 的枯竭使得东盟国家工业化进程受到影响，农业劳动力无法向第二、三产业流动，产业规模受到限制，产业竞争力因此无法获得提升。”

“近年来，随着中国电子制造业向产业链上游发展，东盟国家再次获得外国直接投资的青睐，这为东盟国家继续推动工业化提供动能。另一方

1 亚欧互联互通产业对话会在渝举行——中国规划“一带一路”6 大经济走廊［EB/OL］.（2015-5-28）［2015-10-15］. http://world.people.com.cn/n/2015/0528/c1002-27069213.html.

面，随着联想、华为、中兴等上游厂商进入升级转型阶段，这将会带动一波中下游厂商技术升级。根据汇丰银行的研究评估，中国企业这波升级转型将不少于5年。中国企业进入升级阶段将为东盟国家开启一扇再次工业化的机会之窗。”

可见，我国的产业转型升级不再仅仅是一国的经济问题，而是在国家产业链上形成新的分工、整合和互补。当我国2015年的经济政策提出逐渐由出口拉动经济改为扩大内需为主导的时候，再次给了东盟产业发展的机会，形成了中国和东盟国家间的产业互通与互补。

第四节　民族的城镇

少数民族地区的新型城镇化建设是我国新型城镇化建设的重要组成部分，是少数民族地区调整经济发展模式、促进少数民族地区经济、文化、政治等建设的重要渠道，也是传承、弘扬和保护少数民族文化的积极推动力量。少数民族地区的新型城镇化建设，不仅与社会文化经济建设、自然生态环境建设等息息相关，同时也促进了一批在世界上知名的具有民族特色乡镇的建设。

一、民族地球村

（一）民族的世界性

大家可能都听说过这句话，越是民族的，越是世界的。看看英文的一些单词，也能明白正因为是中国的特有词汇，很多英文单词才使用中文的音译。如 Tea(茶叶)、Kung Fu（功夫）、Dim sum(点心)、Chow Mien (炒面)。就连英文中的赌场“Casino”，也是当年福建劳工移民美国在聚众赌博前说的：“开始了！开始了！”的发音翻译而来，赌场为了吸引福建赌客进而将它做招牌，现在竟然演变为英语的现代词语。

我国有着一大批少数民族、多元民族居住的乡镇，这些民族乡镇如何发展呢，甚至如何成为世界知名的乡镇呢？怎么更好体现越是民族的，越是世界的？本部分着重分析这个问题。

这些乡镇有着不同的民族风情、特色的文化资源、独特的地理生态环境。如雪域高原上的藏区小镇，具有浓郁的藏区风情，在饮食服饰、寺庙经声、民居建筑等方面具有独特景象；带有纳西族和东巴文化特色的丽江古城，具有“三房一照壁，四合五天井”的白族民居和大理古城；散布在新疆戈壁和内蒙古草原的沙漠绿洲城、商贸小镇等。打造世界知名的民族乡镇，就要充分根据民族地区具体情况制定切实有效的城镇化发展规划和具体路径。而发展民族地区的文化产业是带动民族乡镇的城镇化建设的重要路径。

（二）民族文化产业

根据前述的新型城镇化的内涵和要求，我们在开发民族地区文化产业时候要注意哪些原则和要求呢？根据有的研究可以得知：要充分挖掘和开发民族地区传统历史文化资源，要将保护民族原生态文化和发展民族文化产业相结合。发展具有差异性的地区特色优势的传统民族地区文化产业。打造民族地区文化产业链，促进民族地区文化产品及服务由低附加值向高附加值转变。建设具有民族特色的文化产业园区和文化生态城区，再造具有民族地区文化特色的新型城镇。在进行乡村城镇建设、旧城改造、城中村改造过程中，要对原生态的民族文化建筑、具有传统居民街区和体现民族特色文化生态的传统生活社区加以保护，建设具有民族文化生态和生产生活方式、体现民族文化特色的新型城镇。[1]

以文化产业为基础建设新型民族乡镇，主要围绕在其特色文化产业下功夫：西藏开发以唐卡、藏香等具有藏族特色的文化产品，建立藏族文化

---

1 王平．民族地区新型城镇化建设进程中民族文化产业发展的原则及路径探析［J］．民族文化研究，2015（2）．

产业博览园和高原藏乡生态休闲体验园区。宁夏利用其独特的“黄河明珠”和“塞上江南”的自然地理生态资源以及浓郁的回族文化特色，发展塞上江南风情和回族文化风情相结合的地区旅游产业等。甘肃临夏回族自治州既可以利用其浓郁的民族文化资源，突出其地域文化特色，大力开发展示民族文化特色的旅游产业和以清真饮食文化为特色的餐饮业。此外，临夏作为“中国花儿之乡”和“联合国花儿传承和采录基地”，还可据此开发绿色产业。广西应该深入挖掘壮乡民族文化，充分利用和发挥广西绵丽多姿的自然生态地域文化优势，将壮族特色文化产品与相应的地域文化相结合，精心打造“民歌”“山水”“边疆”等广西独特的民族文化品牌产业。[1]有了民族文化产业作为支撑，民族乡镇才有实质内容，进而在世界范围内进行营销和包装，打造一批世界知名的多民族特色的乡镇，吸引各国游客参观、投资合作，反哺民族乡镇的发展。

有个现象需要引起大家注意。“如今的丽江，有巴西的舞女，法国的酒吧，日本的艺妓，韩国的烧烤，比较起全球许多旅游热点，这种眼花缭乱的景象，并不稀罕。这只是满足人们的猎奇心理而已，这只是让那些蜂拥而至的游人产生“异国情调”或“宾至如归”感觉的行销手段。就现状而言，丽江不可能，也没必要变成国际城市，同样，丽江的游客人数再翻几番，当地旅游经济的收入也许会更加可观，但云南的艺术，中国的文化，绝不会因此而自动地、一帆风顺地传向全世界。因为，过去的一两百年，中华民族的价值理念和行为方式，并没有在全球范围内，显示出令人心悦诚服的竞争优势。”

二、民族国际化

（一）中国距离世界有多远

世界城市（word city），或者说全球性城市（global city），是指那些

1 王平．民族地区新型城镇化建设进程中民族文化产业发展的原则及路径探析［J］．民族文化研究，2015（2）．

在当代人类城市体系中占据决定性影响地位，发挥着引领人类城市发展走向和当下状态作用的超级城市。一般而言，一座世界城市在其地理的、历史的、人文的、经济的、政治的、军事的诸要素上，显现出它的特殊品质与地位，并在世界城市体系中呈现出超卓的地位。世界城市在规模指标以外，还有更为重要的城市结构指标。对于一座城市而言，它对当下世界范围产生的精神影响、制度示范、生活方式制约，才是判断一座城市究竟是不是世界城市的刚性指标。[1]简要理解，世界城市对世界发展有着特殊而强大的影响，往往对世界有着引领和制约的作用。虽然没有世界乡镇的概念，但世界上的确有些小城镇也深刻影响并引领着世界某些领域。

有人问，中国距离世界有多远？

7971 公里。这是北京距离瑞士小镇达沃斯的飞行距离。达沃斯——世界经济论坛的举办地，一个用思想征服世界的小镇，如今已经成为“全球化”的一个符号、一个隐喻。因为各种原因，迄今为止，有心前往达沃斯聆听世界心跳与脉搏的中国企业家、能够被达沃斯邀请前往的中国企业家、其实仍然屈指可数。[2]

（二）打造世界小镇

除了众所周知的达沃斯小镇外，国外还有“资本 + 技术”的硅谷、被称为对冲基金大本营的美国“格林尼治镇”、欧洲第一座科学城凡波恩 - 索非亚 - 安提波利斯科学城、汇聚全世界艺术家和金融家的意大利波托菲诺小镇等。在我们建设具有民族乡镇的同时，也可以考虑建设在世界上有着世界性影响的乡镇。除了民族风情小镇，也可以考虑创建互联网创业小镇、云计算小镇、基金小镇、农业生态小镇、丝绸小镇、旅游小镇、文化

1　黄璇，任剑涛．世界城市的“世界性”展现——以北京的城市建设定位为例［J］．中国行政管理，2014（1）．

2　王琦，金错刀，侯燕俐．达活斯的中国图谋——一个用思想“征服”世界的小镇，为何没能“征服”中国？［J］．中国企业家，2007（16）．

创意小镇等等。这些小镇应该具有鲜明的承载功能、灵活的发展机制和独特人文魅力。如前面提到的海南省的石山镇与演丰镇启动的互联网小镇建设，前者定位“互联网＋农业”，后者定位为“互联网产业”。

这批特色小镇应该有新的资源组合方式、新的规划建设方式、新的产业生成方式、新的文化呈现方式，它们是大众创业、万众创新的一个个新空间，是经济转型发展的一台台新发动机，它们也是彰显区域特色文化的一个个新舞台。新常态下的“特色小镇”，不再是行政化的思维定势、路径依赖和体制束缚，它们聚焦信息、环保、旅游、健康、新金融、时尚、高端装备等产业。“就基本内涵而言，‘特色小镇’可非正式定义为：以某种新兴产业或其一环节为基础，汇聚相关企业、机构和人员，形成有独特精神气质与文化风味的现代化群落。与此相对应，特色小镇规划建设、运营管理需跳出旧理念、旧体制，切实加强创新，成为新载体。”[1]

我国的博鳌是海南著名的“十大文化名镇”之一，自然风光优美，人文积淀深厚，享有“世界上自然景观保持最完美的出海口”的美誉，拥有世界吉尼斯纪录“玉带滩”自然奇观。凭借着举办亚洲经济论坛的机遇，博鳌焕发出前所未有的魅力，吸引着大批国内外游客的关注，成为举世瞩目的天堂般美丽小镇。博鳌小镇与论坛同步成长，逐步提升城镇化水平。现在博鳌正逐渐向生态化、智能化、国际化滨海城镇的目标发展。

被中国博物馆学会批准为“中国博物馆小镇”的成都安仁古镇，现在朝着打造“世界级博物馆小镇”而努力着。从一开始，安仁古镇尽可能地发挥地方特色，避免与其他古镇的同质化竞争。安仁古镇规划理念比较新，调研论证严密、运作平台比较好，保护开发有序，形象进度喜人。在后续的开发中，安仁古镇将要注意传统与现代元素的结合，文博小镇与田园风光、蜀水文化的结合，打好生态牌，将生态文明与现代文明融合，进而把文博小镇与大邑的文博产业串联起来进行组合发展。

---

1 韩一丹．特色小镇，就着科技和梦想扬帆［J］．杭州（生活品质版），2015（4）．

三、民族互联化

（一）民族的文化认同

民俗是一个国家或民族中广大民众所创造、认可、享用和传承的生活文化。民俗是在人类发展历史长河中，为适应生产实践和社会生活及审美需求而逐渐形成的。“一般来说，传统民族民俗文化包括六大门类，即衣食住行方面的生活文化；婚姻家庭和人生礼仪文化；民间传承文化(包括民间文学艺术、民间歌舞、民间游乐等)；科技工艺文化；信仰、巫术文化；节日文化。”[1]

民俗文化作为一种生活的积淀，影响着这个民族的性格、思维方式、伦理道德、善恶美丑标准等。另外，民俗对社会成员心理能够产生较强的审美功能与调节功能。“一个地方的方言、神话故事、信仰图腾、祖先崇拜以及当地的庙会活动、民间舞蹈等，体现了当地人的精神寄托和理想皈依，它们不仅在视觉上和精神上满足群众的文化审美需求，更在潜意识中潜移默化地熏陶和引导人们。”[2]

民族民俗对我国多元文化的交融和稳定发展都有着重要作用。其中边疆少数民族地区有着丰厚的民俗民风文化底蕴和民族文化遗产，是中华民族民俗文化的宝库。然而，在当前社会日新月异的发展背景下，尤其在近年来城镇化的过程中，很多民族民俗受到极大破坏，如一些以口头与行为传承的各种民间文艺、礼仪、节庆等民俗文化逐步流失；许多传统技艺濒临消失或后继无人；有些古村落得不到保护，原住民的迁移和流失，民俗文化的载体的缺失，直接导致流传千百年乡间民族民俗的湮灭。

可喜的是，诸多有识之士逐渐认识到此问题，政府也在加大力度进

1　牟维珍．民族民俗文化与民俗旅游［J］．黑龙江社会科学，2006（6）．

2　潘莉．记得住乡愁———城镇化进程中的民俗保护和传承［J］．前沿，2014（5）．

行保护，不少民族地区还建立民族地区非物质文化遗产保护传承机制。在 2013 年的中央城镇化工作会议上，国家主席习近平提出“让居民望得见山、看得见水、记得住乡愁”，这个“记住乡愁”实际上就是留住对乡村文化的情感、认同，其中包含了丰富的民俗文化活动和人们的乡村记忆。

（二）民族的时代传播

2015 年，李克强总理在《政府工作报告》中提出“互联网 +”行动计划。一般来说，“互联网 +”就是“互联网 + 各个传统行业”，但这并不是简单的两者相加，不再是一般意义的“+ 互联网技术”，而是利用信息通信技术以及互联网平台，让互联网与传统行业进行深度融合，创造新的发展生态。在这个背景下，谈“互联网 +”民俗文化，实际上是通过互联网技术助飞民族民俗的保护和传承。通过互联网技术建立民俗博物馆，对珍贵的民俗文化活动进行视频化记录，对民俗文物进行存档；通过网络技术，进行民俗体验活动，如不同民族服饰的合影，工艺品的制作等。为了更有效活化民族民俗，还可以通过互联网积极推介民俗旅游、开发民俗特色产业项目等。

在《“互联网 +”时代，民俗文化如何传承？》这篇文章内，我们可以看到传统民俗现在的状况，民俗在网络时代的不同体验方式等等。结合这篇文章进行分析如下。

1. 传统民俗习惯关注程度有衰落的趋势

在端午节，吃粽子、赛龙舟是传统民俗习惯。该篇文章反映出即便在以年轻人为主力军的互联网上，买粽子、参与端午节活动的消费者仍以中老年消费者为主，年轻人对于传统节日的重视程度不足，令人堪忧。

2. 民俗文化借力“互联网 +”的一个小统计

众所周知，吃粽子是端午节的老传统。端午节这样的民俗节日如何正确搭上“互联网 +”的快车，实现与互联网的融合？在这篇文章内，有专家认为互联网公司各有特色的端午节营销可以给传统民俗文化的传承一点启示，对于“90后”“00后”等“新新人类”，更有创意、更生动有趣的互联网传播方式才能激发他们对传统文化的热情。高档的粽子礼盒“脱下华丽外衣”，“爬”上互联网，大打亲民牌争抢用户（如表2–2来自阿里巴巴的大数据）。

表2–2　网购粽子热衷程度年龄分析表[1]

年龄	30–34岁	大于50岁	35–39岁	40–49岁	25–29岁	18–24岁
偏好度	177	154	136	121	110	44

偏好度说明：100为平均值，数值越大，偏好度越高。

统计结果显示，原本以年轻人为主力的网购平台上，购买粽子的网民依然是50岁以上消费者，而年轻人对粽子不“感冒”。大数据分析还指出，对比其他产品的网购消费，大于50岁的消费者在粽子购买数量上表现得相当明显，这从一定程度上说明了长辈们对端午传统佳节的重视程度。此外，有孩子的家庭购买粽子的比例也远比单身人士要高很多，达到5∶1。

该大数据同时发现，对粽子偏好排名前五的地区分别是浙江、上海、江苏、安徽和北京。可见，经济和文化发展程度较好的地方对网购粽子的热衷度较高。

3. 互联网营销有启迪

这篇文章反映，虽然年轻人对网购粽子并不“感冒”，但网上却到处可见端午节的踪影。尤其是各大互联网公司，纷纷借着端午节推出各种节日营销：如“滴滴打车”在端午节之前就邀请专车司机，穿着传统的汉服，给幸运的乘客送粽子；世纪佳缘围绕端午节做了“粽想和你在一起的”系列策划；小米手机则借着“粽情飘香”的意境推出了“天然竹小米

1　50岁以上的爸爸妈妈爱淘粽子［EB/OL］.（2015–6–25）［2015–10–15］. http://www.imaijia.com/detail/analyse/20150619/73827.htm.

Note”……

“互联网公司的端午营销虽然本质上是以传统节日做背书，宣传自己的产品，但在一定程度上，对于中华传统民俗文化的传播和传承，是有意义的。”上海市民俗文化学会会长、华东师范大学社会发展学院教授仲富兰说，现在的“90 后”“00 后”普遍对传统的东西缺少热情，或者说，再以老套的宣教来灌输传统，并不适合这群“新新人类”，必须要按照他们的思路和方式来传播。

互联网公司借用各种端午创意营销来制造人气，给传统文化在新时代的传承提供了启示和值得探索的路径，传统文化的传播与传承也要搭上“互联网 +”的快车，在文化内容的表现表达上更富于创意、更符合新时代及年轻人的喜好。

第五节　本章小结

新常态下后发地区面临几个方面机遇，如国家实施的西部大开发战略、“一带一路”战略、长江经济带发展战略，以新型城镇化和大众创业、万众创新作为双引擎、以“互联网 +”作为深化产业改革的抓手都惠及包括西部、边疆等广大后发地区。在这种形势下，我国后发地区遇到了前所未有的机遇。

通过本章论述，我们看到在城镇化进程中，广大后发地区有着十分明显的后发优势，完全可以打破传统的工业化模式，走一条超越工业化，进行产业转型和产业结构调整，非农化的后发型城镇化道路，较好地实现转型发展、弯道超车。西部特色乡镇、小城镇的建设，符合广大西部和边疆地区的实际，比较现实地增进非农化的进程，避免走传统的做大做强的思路，使项目不能落地，民生得不到实惠；以“低碳发展”“绿色发展”“环境友好”等理念作为后发地区经济发展的价值取向，避免走传统的先污染、后治理的老路；通过产业支撑，为处在城镇化初期、发展期的广大边疆地区，提供切实非农业路径，实行产业转型和升级换代，避免出现类似南美巴西城镇化出现的先城镇化、再治理贫富差距的现象。

本章还阐述了在“互联网 +”背景下，后发地区积极利用互联网技术与传统行业结合，缩小与发达地区的差距，触网即活的新思路。要充分利用国家经济转型和国家战略实施的机会，还要及时与“一带一路”规划沿线国家进行文化交融和产业互联互通建设等。在民族乡镇和世界乡镇建设方面通过介绍一些国内国际经验，提供一些建设思路。

第三章

城乡人文经济

究竟什么样的经济发展模式才是我们能够达到人与自然、人与文化、人与人之间和谐共生的社会发展理想状态？如何构建体现人文关怀而非简单商品经济的新型城镇化之路？高科技发展带来的创新和互联网技术会对我们的生活和经济发展带来什么样的冲击？

自 1949 年中华人民共和国建立以来，中国经济经历了改革开放前 30 年和改革开放后 30 年的两个阶段的工业化发展，可以说这两个阶段对于中国快速进入工业化国家，部分地区进入后工业化时代来说都起着不可替代的作用。然而，发展到今天，我们也遇到了与老牌工业发达国家相同的问题，如，生态环境破坏、资源物种消减、文化衰落、乡村凋敝等问题。在面临问题的同时，我国的经济发展又面临着高技术创新、新型城镇化发展的机遇和挑战。我们需要思考的是，究竟什么样的经济发展模式才是我们能够达到人与自然，人与文化，人与人之间和谐共生的社会发展理想状态？如何构建体现人文关怀而非简单商品经济的新型城镇化之路？高科技发展带来的创新和互联网技术会对我们的生活和经济发展带来什么样的冲击？本章将对这些问题一一进行讨论。

第一节　人文经济

一、为何发展人文经济

当代社会是在以西方发达国家主导下的经济秩序及因之产生的系统化经济理论指导下发展和运转的。不可否认，与中国传统社会以儒家伦理为基本价值观形成的经济和科技发展模式相比较，这种西方价值观体系下的经济发展模式在实践中处于领先位置。但这是否就意味着中国传统价值观体系的落后，在学术界和思想界依然存在着巨大的争议。近代中国常提的“落后就要挨打”其实大部分集中在科学技术的落后，而挨打之前，也就是清朝末期，中国的GDP和人均GDP在世界上一直是排名第一的。《大国的兴衰》引用经济史学者贝罗克的统计显示，中国经济总量世界第一的宝座直到1890年才被美国抢去。麦迪森也认为：“中国在之前近两千年的时间里一直是世界上最大的经济体，但到了19世纪90年代，它的这个位置被美国所取代。”他认为，中国GDP被美国超过的确切时间，是中日签订《马关条约》的1895年。本文无意就这种争议展开讨论，无论这种争论的结果如何，都改变不了西方的经济发展模式成为世界主流，拥有了所谓的“普适性”的事实。其结果是这种经济学的思维模式对人文和社会科学领域产生了深远影响。从人文领域来说，这种影响直接传递到了对其核心价值观的讨论中，即经济发展如何与一国的人文因素相互作用。

在西方走上发达道路之后所建立的话语体系下，相应的学术理论慢慢将经济发展脱离了人的主观领域，脱离了人的社会性特征，机械地将边际理论等数理应用于经济和社会发展，导致经济发展越来越失去人文特性。在这样的背景下，当代中国在取得令世界瞩目的经济成就的同时，也不可避免地出现了贫富差距问题、生态环境保护问题、“三农”问题、城镇发展困境等涉及公平与效率的矛盾问题及可持续发展的问题。社会各阶层在价值观方面也陷入混乱的状态，无法形成具有中国本土人文特征的价值观体系乃至思想理论。当然，我们要特别注意的是这些问题的出现不能简单地归因于西方经济发展模式。我们要充分认识到在市场化改革过程中出现的各种问题，如利益群体垄断严重、行政权力过大等。同样，从世界范围来看，经济发展也不是沿着新古典主义经济或新制度经济领域顺利前行的，其中世界性的经济危机不断发生，从布尔顿森林体系的解体到时而发生的金融危机。事实上，2008年美国次贷危机引发的全球性金融危机发生至今已经过了8年，但全球经济并未从中完全恢复过来，长期的风险积累到了大爆发的阶段。欧盟部分国家陷入经济衰退中，短期复苏无望；日本经济在“失去的 10 年”中继续失去；美国经济尽管出现了复苏的迹象，然而流动性依旧较差，即便流回到美国的资本也很难再流入到实体经济和制造业中，仍然是在能够攫取超额回报的资本市场中打转，制造新一轮的金融泡沫。

在人文因素与经济发展的关系问题的讨论中，按照马克思的理论，人类社会的社会发展形态和制度模式，都是生产力发展的结果，即经济基础决定了上层建筑；上层建筑又包括了政治、文化和法律等人文因素。由于各民族在社会发展初期“作为他们生存的客观物质条件的地理环境、气候特征、动植物种类等自然禀赋方面的差别，造成了活动在不同地区的原始人群的不同生产方式。而这种生产方式上的差异，又是包括宗教信仰、伦理规范、生活习俗、语言和思维习惯等在内的世界各种民族文化差别形成的客观根据。”马克思的这个结论揭示了经济发展过程中在客观环境背景下形成的世界不同的人文特征。同时，这些不同的人文特征又反作用于各民族的经济发展，但不应过度夸大这些人文特征差异对经济制度模式的影响。类似的，在马林诺夫斯基的划分法中，将文化分为三个层次：器物层次，也就是生产、生活工具；组织层次，包括社会、经济、政治组织；精神层次，即人的伦理、价值取向等。[1]

当时光进入到 21 世纪的今天，随着人类文明的进步和社会经济的发展，对很多社会问题从制度方面进行更深入地剖析和解读，需要重新审视经济发展究竟是为谁服务。一个无法保护人类所生活的自然和生态环境的经济发展模式、一个无法保障社会各阶层和谐生活的经济发展模式、一个无法体现各区域各民族文化和生活习惯的经济发展模式、一个无法对本民族传统文明和遗迹提供完善保护的经济发展模式、一个无法将多元文化和文明发扬光大的经济发展模式究竟是不是我们想要的？我们的现代文明生

1 林毅夫．经济发展和中国文化的复兴[J]．北京大学学报（哲学社会科学版），2009.6（3）．

活难道只能是大同小异的生活方式、文化习惯和生存法则？

面对这些问题，经济发展模式朝趋向于“以人为本”的人文经济转向，即注重经济效率与社会公平，人类生活与生态环境、科技与人文关怀和谐共生的可持续发展模式。在这样的背景下，价值观体系的建设再次与经济发展结合起来，两者相互作用，缺乏系统性价值观体系的经济发展注定是不可持续的。事实上，现代经济发展模式出现各种危机和矛盾的根本原因也是由于无法将多元的人文特征涵盖在单一的经济模式之下，危机的发生也是必然的。而当前主流的经济发展模式与多元人文因素之间的矛盾和磨合也从未停止过。我们试图用数理模式绝对化建立出经济发展模型，却被各种无法预估的人文因素一次次击溃。

二、人文经济的内涵

就人文经济的基本定义来说，如前文所述，是“以人为本”，充分实现商品的人际互动属性，注重经济效率与社会公平，人类生活与生态环境、科技与人文关怀和谐共生的可持续发展的经济模式。人文经济有两个属性：文化属性和商品经济属性，二者互相并不矛盾，且相互作用，其商品经济属性推动其文化属性在本国和外国的渗透、影响，同样，其文化特征又能够反作用于其商品特征，即可能促进其商品的市场占有，也可能抑制其商品的市场推广。在刚刚过去的十几年中，快速增长的贸易集中在文化产品及相应的娱乐、教育、媒体、软件和信息服务，还有与之配套的金融和物流服务。这些趋势也表明，经济已经从传统的物质生活用品的交换，逐渐转向实现人与人之间互动的产品和服务交流。我们很难预测人文商品在未来将占有多少比重，但我们可以想象的是未来的经济将集中在人际交流领域，体现更多的人文特征，而不是简单的物质特征，生产的产品将普遍具有实现人类互动的特征，人文因素将融入到每一件商品中，商品的人文特征将最终决定其主要价值。这种新型的经济属性将最终取代传统单一商品属性的经济模式，形成新的交换模式和经济发展理论框架，这种转变最终将被证明是革命性的转变。当代中国“互联网 +”经济模式的进行就是其中一个例证，通过实现人际互动大幅提高产品的附加值和资产估值。

人文经济发展的主要领域包含无形和有形两个方面。无形人文领域中有文艺、教育、历史、人口综合素质，可以通过提高文化资本存量来提高文化的经济价值；有形人文领域中包含城市建筑规划、古遗迹保护、风光景观等。

第二节　城镇化与人文经济

一、以人为本

2012年11月，中国共产党第十八次全国代表大会中明确提出了“新型城镇化”的概念，并提出加速推进新型城镇化建设。新型城镇化概念的提出是为了区别于过去几十年我国为了摆脱贫穷落后的农业社会发展模式步入工业化社会发展而进行的城市化（城镇化）进程。总的来说，自中华人民共和国成立以后的几十年中，工业化和现代化是国家发展的主线，而城市化是发展过程中的必然产物。新型城镇化是为了将过去几十年的工业化和现代化发展模式进行转型，使其更加符合当代中国社会及经济可持续发展的要求。

就新型城镇化的发展方式来说，国家主席习近平提出“积极稳妥推进城镇化，合理调节各类城市人口规模，提高中小城市对人口的吸引能力，始终节约用地，保护生态环境；城镇化要发展，农业现代化和新农村建设也要发展，同步发展才能相得益彰，要推进城乡一体化发展”。[1] 就新型城

1　习近平．合理调节各类城市人口规模［N］．新京报，2013-7-31.

镇化建设的指导思想，国务院总理李克强提出“统筹‘新四化’发展，需要平衡多方面关系。推进城镇化，核心是人的城镇化，关键是提高城镇化质量，目的是造福百姓和富裕农民。要走集约、节能、生态的新路子，着力提高内在承载力，不能人为‘造城’，要实现产业发展和城镇建设融合，让农民工逐步融入城镇。要为农业现代化创造条件、提供市场，实现新型城镇化和农业现代化相辅相成”。[1]

现有的城镇化（城市化）概念通常指农业人口大量从农村迁移进城市，城市扩大，农业发展通过现代化规模种养殖技术得以实现，社会进入全面工业化阶段。这个过程是一个现代化、工业化过程，是一个文明进步的过程，同时也是一个传统文化被现代文化取代，并通过现代制度替代传统乡土社会村规民俗的过程。城镇化概念的提出是基于全球化背景下人类社会根文明体系的历史性转型。目前对于新型城镇化的概念，各方解读很多，不过在重点环节大同小异。笔者认为新型城镇化的提出，首先是为了区别于全球化背景下早于中国两百年就进行工业化转型的西方发达国家对城镇化的解读以及因此产生的人文价值判断。中国的新型城镇化不再是单方面地追求从农村到城市这个单向流动的过程，这种单向流动不只是人的流动，也包括资金、土地等物质资源以及被吸收、消灭、改变的非物质资源，如乡土文化等的流动。而更多的是寻求城市与农村资源间的互相融合，以人为本，以农村居民的福祉为本的农村现代化，通过对城市现代化、工业化和文化的吸收实现农村、农民、农业在地化的现代化发展和工业化转型，最大限度地保留传统农村乡土社会的优良文化，针对中国自身的土地、资源、人口等条件的约束推动环境资源友好、生态友好、以人为本的可持续发展的城镇化进程。其中既有现代化、工业化的可持续发展观的科学路径判断和决策，也有乡村文化与城市文化和谐共生，以人为本的人文价值判断。更为重要的是，就地化（在地化）、以人为本的新型城镇

1 李克强．协调推进城镇化是实现现代化的重大战略选择［J］．行政管理改革，2012（11）．

化建设事实上更多地是指出了新农村建设的方向。因此，可以说当前的新型城镇化建设是以人文环境建设为内核，以发展人文经济为外延，推进区域新型城镇化的过程。

这就要求城镇化建设要与当地的人文环境建设相结合，推广传统式的和中国式的正确价值观，在意识形态方面培育中国的价值体系及相应的经济发展模式。人文因素是经济发展的深层基础，在以往的城镇化建设中，对人文环境的规划滞后，忽视了人的主体性，大量照搬照抄国外的范例，经常出现按国外建筑原状在当地进行建设、完全不顾当地的生态环境盲目引进国外产业资本、外国的生活方式和文化也直接冲击当地居民的生活方式和价值观的情况。最终造成中国大量城市千篇一律，大同小异；盲目引进的产业资本对地方的生态环境破坏严重；居民的生活方式也发生了巨大变化，其中有好有坏，人们的价值观体系混乱，媒体之间的传播相互矛盾，无法形成主流的核心的价值观体系。经过了中华人民共和国成立 30 年的原始资本积累，又经过了 30 多年的改革开放和工业化，已经具有一定的国际竞争力，部分地区经济已经达到了国际中高等发达国家水平，需要慢下脚步来认真思考如何使经济发展在生态、资源、环境、文化等方面实现可持续发展的问题了。新型城镇化建设要警惕上面的问题重复发生，要坚持以人为本的人文经济发展路线，真正实现经济的可持续发展。

二、“互联网 +”推动人文经济

对于“互联网 +”乃至互联网思维在城镇化进程中的作用，目前相关的各类书籍已经很多，内容也很丰富，本书就不在此一一赘述，仅就“互联网 +”带来的新型城镇化建设中的人文经济特性进行讨论。

梁建章认为，互联网思维本身含义并不明确，如果用一句话来形容，那就是人力资本主义。因此，人力资本和金融资本力量对比发生了变化。[1] 笔者认为，这种力量对比的变化是当今时代变迁的重要特征，也是未来社会发展和制度变迁的源动力。长期以来，从国际大范围来说，金融霸权主义主导着整个世界的发展，大国间的博弈往往不再通过枪炮的对峙来体现，而是通过大大小小的金融战争来实现；从国家小范围来说，金融资本的逐利性决定着它脱离农村、乡镇而长期在城市经济中流动获利，由于乡镇在工业化进程中的衰落，金融资本及背后代表的利益群体不仅对这些乡镇衰落问题袖手旁观，更是将金融资本进一步抽离乡镇流向城市逐利，客观上更进一步推动了乡镇的衰落。“互联网 +”带来的人力资本主义革命通过创意和技术将人力资本价值快速提升，同时将商品注入人际交互的特性，更进一步将经济运行中注入了前所未有的人文特征。

以“互联网 +”为特代表特性的人际交互产品的进入，将为城镇化发展注入新的动力，使农民通过互联网快速与外面的世界沟通，商业活动不再局限于地域，可以通过互联网走出去，减少个体对交通和运输方面的依赖，通过大规模的物流集成服务供应商来完成以往由于成本高、信息少而无法完成的商业活动。这样的商业模式大大减少了乡镇居民远途外出工作的必要性，为以人为本的新型城镇化提供了必要的技术保障。当乡镇生产的两个要素（即人和土地）能够扎根乡镇并显示出优势力量的时候，金融资本自然也会回流乡镇，新型城镇化的核心内容也因此得以实现。从这个角度上来看“互联网 +”是人文经济背景下的新型城镇化重要的技术保障。

1　梁建章．互联网能成为一种思维吗［N］．企业观察家，2015-7-9.

第三节　城乡人文经济

坚持以人为本的新型城镇化发展方向，建设生态友好、记得住乡愁、留得住传统、可持续发展的城镇人文经济，需要在以下几个方面进行建设。

一、让利于民

要做到让利于民，不与民争利。过去的几十年中，政府作为利益主体已经深入到每一个经济角落，对资源的控制也越来越强势，制定的政策也明显向政府、国企倾斜。在税收方面，民营企业、普通老百姓的税收负担过重。尽管国有企业在相同的税收政策下缴税，却享受各种税收减免、延迟缴税及财政补贴等；政府及国家企事业单位的工作人员通过发放各种实物及五花八门的津贴补助避开税收或补贴税收损失，使得政府及国有企事业工作人员的平均收入远高于其他劳动者的平均收入。国家纳税主体主要也是工薪阶层，富有群体相对纳税较少。随着社会经济的发展，国家已经意识到这些弊端，在各领域不断深化改革，取得初步成效。

在产业方面，政府和政府主导的国企也要退出利益产业，回归到其本来服务于人民、承担人民所不能的产业中来。如房地产行业，政府将大量资金投入到房地产、基础建设项目，扩大行政开支，财富分配的蛋糕越来越向政府倾斜的同时，也产生了个别的腐败现象。在新型城镇化建设中，旧城旧村改造还是要以市场化的方式进行，通过控制土地成本和改造成本，提供公平的拆迁价格等，使老百姓能够以较低代价取得房产等可以获得收入的资产，能够较容易地进入市场，获取城镇化改造和发展红利。在农村，要对农村集体土地所有权、土地承包经营权、集体建设用地使用权、集体建设用地上房屋所有权、林权、小型水利工程产权等农村“六权”进行确权颁证，把农村各类产权明晰到村、到户，使这些“沉睡的资产”能够真正地产生收益让农民获利。

不止于城镇改造等基础建设方面，垄断行业也应约束国有企业的垄断暴利经营，提供更好的服务。如在电信方面，作为国企主导的电信行业应该尊重政府决定、真正落实总理讲话方针，尽可能地用低廉的价格提供更好的互联网通信服务。在当代，互联网作为交流工具、电商平台、交易平台、支付平台等已经为本行业及相关产业创造了高利润的经济奇迹，为中国经济转型提供了良好的机遇。低成本的互联网服务能够推动城乡互联网事业进步，是互联网融入居民生活不可或缺的环节。

以韩国为例，韩国政府在城镇的经济发展中起到了重要的调控作用。在韩国城镇化发展的初期，由于政府忽视了农村的发展，导致城乡差距不断拉大，工农业发展严重失衡，并由此导致了一系列的社会问题。从20世纪70年代初开始，韩国政府开始推行“新农村运动”，通过改善农村基础设施，调整农村产业结构，提供政策、资金、技术、教育、服务等全方位支持，加强农村教育、培训等文化建设，开展各种金融业务支持农村，促进农村经济的发展，改变了农村落后的面貌，提高了农民收入，实现了城乡经济的协调发展，有力地推动了韩国城镇化进程。

而反观拉美地区国家，由于受殖民地历史传统和现实条件的限制，使其城镇化畸形发展，出现了一种“过度城镇化”的态势，即城镇化水平很高，而经济发展却相对滞后。农民大量流入城市，但由于缺乏产业支持，技术水平落后，就业率降低，导致经济水平停滞不前甚至不断下降。城市人口不断增加，而相应的基础设施建设又无法跟上急剧扩大的人口规模，出现了众多的“贫民窟”。城市中贫富差距不断拉大，两极分化严重，贫困失业人口众多也使得社会治安混乱，社会矛盾不断激化。

如果中央和地方政府不切实改变利益分配格局，那么所有的经济发展都是在不断地扩大收入差距，经济发展越快，收入差距越大。过去30年的实践证明，城乡收入差距、行业收入差距、不同所有制形式的收入差距都在不断地快速扩大。如果任其发展，不只是经济发展会停顿，而且会破坏社会稳定性，严重的可导致社会动乱，中国的改革、工业化和现代化进程也会中断，最终的破坏性将是深远的，难以承受的。中央和地方政府均对这些问题引起重视，不断深化改革，以人的发展为根本，切实保障人民利益。

二、突破瓶颈

在中国内地，三、四线城市以及部分二线城市的经济发展水平普遍较低，特别是县域经济，其中一个主要原因是受限于区域的自然地理条件。表现在农产品推广方面，一方面，生活水准日益提高的城市居民大量购买进口的有机或无公害农产品；另一方面，对于很多偏远地区的农产品，城乡的买家和卖家无法沟通交流进行交易。表现在农村金融方面，由于传统金融机构在信息采集和交易方面成本较高，一般不愿意提供全面的金融服务，使农民无法获得足够的生产资金支持。

互联网的推广和应用将极大程度解决这些问题，特别是移动互联网技术的发展和应用使农民直接跨过固定互联网阶段，抛开价格昂贵、维护复杂的台式计算机，直接进入移动互联网时代，使用价格低廉、维护方便的移动电话。根据中国互联网络信息中心发布的第35次《中国互联网络发展状况统计报告》数据显示，截至 2014 年底，农村网民规模达 1.78 亿，较 2013 年底增加 188 万人。互联网电商的发展在减少城乡市场间的信息不对称，简化中间环节和降低交易成本的同时，还能促进农村居民留在当地工作，带动农村产业发展，缩小收入差距，促进社会公平。未来还可通过远程监控和互动，将城市部分简单的制造业生产，特别是手工生产为主的文化产品和工艺品等，分散在农户家庭中进行订单作业，既促进农民增收，又降低制造业生产成本，也可同时带动农业和手工制造业发展。在金融方面，互联网金融为农村金融市场带来了革命性的机遇。互联网金融可以实现跨地区、全时间、收费低、操作简便的运营模式，直接通过各类支付和网贷应用平台实现实时付款、存款、理财乃至贷款。未来的互联网金融在健全风险管控机制、完善相应管理制度的条件下，将充分地联通城乡，将农业生产三要素之一的资金，这个不断外流的生产要素，再输送回农村，实现城乡、贫富地区的资金交流。

"淘宝村"正是当今中国"互联网 +"时代浪潮席卷农村的产物。"淘宝村"指的是在农村大量网络商户以"淘宝"为主要交易平台，带动相关产业发展，所形成的具有一定规模的集群。阿里研究院发布的《中国淘宝村研究报告（2014）》显示，截至 2014 年 12 月，全国已有淘宝村 212 个，同时涌现了 19 个淘宝镇，以淘宝村为代表的农村电子商务正在深刻改变中国农村的面貌。淘宝村的出现，使农民离土不离乡，不仅提高了收入，还解决了就业和创业难题，有力推进了城镇化和城乡一体化进程。

在这样的前提下，需要大力发展农村地区互联网基础设施建设，普及互联网知识，通过资金扶持、技能培训，让农民能够轻松上网、购物、开店、使用网银等。在物流方面，除了民营和国营物流企业、电商企业及农民共同努力之外，政府主导的交通基础设施建设也应加强，并在政策方面扶持物流企业发展、减轻物流企业负担，切实解决物流业的"最后一公里"难题。

三、根植土地

农村文化建设是建设农村基层政治民主、促进社会和谐、维护国家安全、排除异端邪教和提高农民自身素质的重要手段。但是，当今农村文化在传统与现代、城市与农村、本土和外来文化之间面临着困境，出现了本土和传统文化弱势而城市和外来文化水土不服的问题。若要改变这一现状，需要重构农村文化，加强文化发展的农民主体性，从根本上构建当代中国农村根植于土地的田园文化发展方向，要让农村能记住“乡愁”，传承民俗，发扬传统文化。

具体来说，首先要正视和强化农村文化发展中农民的主体性地位。如前文所述，农民主体性是城乡人文经济顺利发展的核心因素。在当今“以人为本”的经济和社会发展中，脱离人本主义的发展都是不可持续的，文化发展亦然。农村文化发展的受众是广大农民，城市文化、外国文化、现代文化等短时间内是不大可能被农民迅速接受并被同化的。与其试图改变农民，不如努力了解农民，调整文化发展方向，让文化适应农民，发扬农村优良的传统文化和民俗，让文化真正为农民服务。

其次，在正视传统的基础上推进现代文化、现代文明，使之与传统文化结合、交融。在中国的现代化进程中如何正视传统一直是我们经济发展的重要课题，也是人文经济发展需要解决的主要问题。马克思认为传统是巨大的保守力量，然而无论传统中有多少落后的精神，想彻底与传统割裂都是不可能的，特别对农民来说，盲目的否定传统只能导致更多的盲从。在这种盲从中，如果农村基层组织无法发挥作用，其他邪教、反社会意识等就会快速占领农村。即便是在城市，尽管人们能够有意识地按个人理解区分传统中的精华和糟粕，然而在很多无法辨析的情况下，传统仍然在潜意识中左右我们的思想和行为。因此，在农村推进传统文化精华教育，主动帮助农民破除传统文化中的糟粕是农村文化发展的重中之重。在此过程中，政府部门需要注意对农民进行现代文明意识的培养和现代文化教育。

最后，从建设的层面上来看，还是以发动农村各阶层群体力量为主，配合大众媒体的宣传。在中国，农村基层组织在传统乡土社会中尚能起到发动群众的作用，这一点要比城市相对好一些。通过乡村治理精英和基层政府的协作，将政府资金投入到文化站建设、文化宣传、文化企业事业发展、文化和体育中心等建设中去；通过大众媒体和大学生村官的宣传和文化活动，将现代文明融入到传统的乡土生活中去，将本地的优良民俗和传统发扬起来，形成长期的农村文化活动。在宣传过程中要注意宣传农村的农民主体性思想，破除农村必将走向凋敝的西方工业化发展思路，注意传播适合农民和农村的文化内容。

四、发展城乡文化事业

人文经济的核心是“以人为本”。而正如前文所述，在当今社会，人们已经从传统的物质生活用品需求，逐渐转向实现人际互动的产品和服务的需求。而文化事业作为文化建设的重要基础，是新型城镇化建设过程中不可或缺的部分，更是人文经济发展的保障。这就要求政府不仅仅在财富分配、基础设施建设、促进就业等方面有所作为，更要关注人们精神文化生活的满足，关注文化民生，关注城镇文化事业发展，促进公共文化服务的普及化、便利化、均等化。

在欧洲，城镇文化事业发展相对比较成熟。以捷克为例，捷克十分重视公共文化事业的建设，尤其是中小城镇的文化事业建设更是发挥了重要的作用。首先，捷克政府从财政资金方面支持中小城镇公共文化事业的建设，在地方层面，各地政府对文化事业的投入占其财政支出的比重普遍较高；在国家层面，捷克文化部设有国家文化基金，各地可通过项目申请获得专项资助。此外，其文化事业建设资金还来自欧盟专项补贴、当地企业的活动赞助、场馆自主创收等多方支持。其次，各地的公共文化设施一应俱全，拥有博物馆、图书馆、美术馆、剧院、音乐厅以及具有综合性功能的文化馆等公共文化设施，并积极开展各类文化活动，提供丰富多样的公共文化服务。这些设施和服务不仅丰富了城镇居民的文化生活，同时也方便了周边的农村居民参与文化活动，辐射带动周边农村的发展。最后，公共文化场馆在日常工作中会定期征求居民的意见和建议，并进行讨论研究，制定相应对策，及时向居民反馈；同时，文化场馆受民众监督，居民可以对其提供的公共文化服务的满意度做出评论，使文化场馆能够更高质量地举办居民需要和满意的文化活动。[1]

相比之下，我国在城镇文化事业建设上还不尽完善，存在着不少问题和不足，捷克以及欧洲的先进经验值得我国借鉴和学习。

在资金投入方面，根据文化部发布的《中华人民共和国文化部2014年文化发展统计公报》中的数据显示，近三年，政府在文化事业上的资金投入总量持续快速增长，增长速度保持在10%以上的较高水平；同时，基层文化事业的费用投入也在不断提高，文化事业费用的投入结构也有一定程度的优化。然而，从总体上看，在文化事业上的投入依然明显偏低，文化事业支出占国家财政总支出的比重基本维持在0.38%左右，远远不能满足进一步发展的需要。我国文化建设起步晚、基础弱，在城镇文化事业的建设中，离不开政府的主导和支持，因而政府要不断加大对文化事业建设的资金投入力度。但由于政府的财力有限，其投入无法完全满足人民群众日益增长的文化需求。因此，政府要积极创新资金投入方式，鼓励和吸引社会力量参与文化事业的建设，不仅能弥补公共财政资金不足，更能为文化事业的发展增添新的活力。

在地域差异方面，由于地区经济水平的差异，在大城市与小城市之间、东部地区与西部地区之间、城镇与农村之间，文化事业的建设也产生了较大的差距，呈现出文化事业建设极不平衡的现状。在许多中小城镇，

1　俞国第．捷克中小城镇公共文化建设观察［N］．中国文化报，2012-8-22.

公共文化基础设施不健全，公共文化服务体系不完善，文化事业影响力不足，严重阻碍了城镇文化的发展。因而，政府要重视缩小地域间文化事业建设水平的差距，无论是资金投入还是政策红利方面都应相应向欠发达地区倾斜，统筹大小城市、东西部地区以及城乡之间的文化事业发展，促进文化事业建设均等化，打通文化事业建设的“最后一公里”。

在利用效率方面，文化事业的建设可以分为硬件和软件的建设，硬件主要指公共文化基础设施，而软件主要指公共文化服务。随着政府文化惠民工程大力推进，各地纷纷建起文化馆（站）、图书馆（室）、排练厅等，公共文化基础设施不断完善，然而，依然存在不少地方的文化设施形同虚设，乏人问津的现象。究其原因，是其提供的文化产品脱离实际、形式单一、不符合群众口味、没有满足其需求。如何提高公共文化服务的效率，丰富文化产品和服务的形式成为了亟待解决的课题。要改变这一状况，文化事业的建设不仅要抓好硬件设施的建设，还要丰富的软件形式，必须要“以人为本”，要切合实际，要创造更多贴合人们生活、受人们欢迎、为人们需要的文化产品和文化服务形式。要做到这一点，就要引导人们不但积极参与各种文化活动，更要参与到重大文化事务决策中去，真正体现人们的需求，从而引导文化事业建设的正确方向。

除此之外，在城镇文化事业的建设中，还要注重弘扬中华民族优秀的传统文化，传承民族特色和地方特色。要将现代文化事业的繁荣与传统文化的继承与发扬有机结合起来，让文化事业的建设植根于民族文化传统。可以通过博物馆、文化馆、图书馆、文化广场等公共文化设施，图书、电影、戏剧等文化产品，曲艺、舞蹈、音乐等文艺活动以及民俗节庆活动等，使人们学习传统民俗文化、特色民间工艺、传统曲艺等优秀传统文化，从而延续城镇传统文脉，塑造特色城市品牌，发展记得住“乡愁”的城镇人文经济。

五、人文城镇化纳入规划

新型城镇化首先是人的城镇化，而非土地的城镇化，应当是以人为本、文化为魂、生态健康、社会和谐的城镇化。然而当前的城镇化过程中却出现了许多问题。一方面，许多城镇对城镇化存在认识偏差，片面追求土地城镇化，热衷于“土地财政”，侧重于城镇规模的扩大和经济总量的增长，忽视了人文核心；另一方面，不少城镇在规划建设上，存在“闭着眼睛”规划，或者只有建筑规划、土地规划，甚至没有规划的情况，忽视城镇原本的生态环境和传统文脉，导致不少地方“千城一面”，甚至成为“空城”“鬼城”，出现了生态恶化、文化消失、人民幸福感下降等问题。

国务院印发的《国家新型城镇化规划（2014—2020年）》中明确提出了要走以人为本、四化同步、优化布局、生态文明、文化传承的中国特色新型城镇化道路。这就要求我们要把人文城镇化纳入规划中，以人文城镇化为核心。

首先，规划先行，在城镇化建设中做好规划非常重要。规划不能是空中楼阁，只有在调查研究的基础上了解城镇的现状、特点，明确发展目标，才能做出符合当地实际、定位明晰、科学可行的规划。要以城镇有形的生态地理环境、建筑形态、产业布局等，以及无形的风土人情、历史文化、民族特色等为基础来进行城镇化建设。规划要适应生态、传统，避免“千城一面”的出现。欧洲城市对城市规划建设的理念是“在城市上建造城市”，“在城市上复写城市”，强调的就是尊重城市的传统风貌。每一个城市或城镇都有着不同的生态地理条件、历史文化背景，在城镇规划中，要充分考虑每一个城镇的特色，保护生态环境，保护古村落，保护历史文化遗存，保护传统文脉，努力发掘有特色的人文内涵。

其次，在城镇规划中，要超越一般意义上的土地规划、建筑规划、设施规划等物质规划，更注重对于城镇人文精神内涵的发掘与规划，如文化规划、教育规划、产业规划等，以达到物质形态与人文精神的和谐统一，才能使城镇真正以人为本，留住“乡愁”，富有人文生命力。一方面，城市的土地开发、空间布局、建筑设施等物质规划始终要以服务居民、方便居民、提升居民生活品质为出发点；另一方面，要注重城镇人文精神内核的规划建设，在保护、继承和发扬城市历史文化遗产的同时，发展现代化文化事业和教育事业，规划建设图书馆、美术馆、艺术馆、博物馆、文化馆等公共文化基础设施，完善公共文化服务体系，促进义务教育、高等教育、职业教育、农村教育以及传统文化教育的全方位发展，最终实现居民精神生活的丰富和文化品位的提升。

云南省在人文城镇的规划建设上走在了全国前列。云南省提出了“四规合一”的规划理念，即经济社会发展总体规划、土地利用规划、生态和环保规划、城乡规划等的规划编制和管理机制合一。这种创新性的规划理念，使各种规划要素同步编制、清晰体现、相互衔接、协调统一，从而能科学合理地确定城镇发展的目标、方向以及相应政策措施。更重要的是，云南省在城镇规划建设中从本省实际情况出发，固守地域自然的特色，坚持田园城镇的理念，不“摊大饼”、蔓延式扩展，大小城镇坐落于高原山水间，探索出了一条“城镇上山”的城镇化建设路径。《关于推进云南特色新型城镇化发展的意见》提出，要依据各地自然地理环境和历史文化禀赋开展城镇建设，“体现区域差异性，提倡形态多样性，发展有历史记忆、文化脉络、地域风貌、民族特点的美丽城镇，形成文化脉络深厚、特色凸显的城镇体系”。[1]要加大对历史文化名城、名镇、名村和历史文化街区的保护，有效留住城镇历史记忆，打造一批历史底蕴厚重、民族风格凸显、时代特色鲜明的人文城镇；同时依托云南独特的气候、生态、地形、地貌等特点，打造城水相依、城乡相偎、人与自然相融合的山水田园城镇村

1　楚雄彝族自治州人民政府．中共楚雄州委　楚雄州人民政府关于推进特色新型城镇化发展的意见（试行）［J］．楚雄彝族自治州人民政府公报，2014（6）．

落。云南省人文城镇的发展思路，实现了生态格局的优化，人居环境的提升，地域特色的保留，历史传统的继承，人文内涵的彰显，达到了可持续发展的目标。

六、人文环境，推进经济

人文环境体现的是各地传统、文化、历史和价值观。塑造一个地区的人文环境，除了要有现代化的高楼大厦，也要有传统生活的小桥流水人家；既要拓展国际化的思维方式，也要捍卫本民族的正确价值观；不单要引进国际产业，也要发展民族产业；推广本地区区域文化建设的同时也要注重多元文化的融合；发展经济的同时也要注重教育进步和人才的储备。人文环境的建设是体现一个地区文化软实力和环境硬实力的主要方式，充分表现出区域特征、个性和价值取向，直接促进本区域的投资和经济发展。区域的人文环境决定了本地和外来投资的属性，决定了经济发展的可持续性。试想一个民风粗俗、产业单一、缺乏创新、空间规划不合理的城市如何能够吸引到长期的可持续性的投资和发展机会？在 2013 年，英国学术期刊《经济学人》认为中国正在进入后工业时代。美国新保守主义思想家贝尔认为，后工业社会的主要特征是：主要经济部门由产品经济转变为服务性经济；理论知识居于中心地位，成为社会革新和制定政策的源泉；中轴原理是理论知识的中心地位和指导作用，理论知识成为社会最重要的战略资源，决定了专业和技术人员阶级不断扩展，最终上升为社会上占主导位的阶级。不必讳言，在 2015 年的今天，中国已经显著地出现了上述特征，已经进入了后工业时代社会。这固然可喜，但同时也提出了严肃的问题，进入后工业社会的中国是否也会出现早期工业化国家和地区的城市衰败问题？在英国，著名的港口城市利物浦衰败了；在美国，世界顶尖的汽车城破产了；在中国台湾，曾经的港都基隆早已沉寂无闻。这些看来都是产业问题，但其背后还是城市的创造力不足，人文环境较差的缘故。

以近年来美国汽车之城底特律的衰败为例，一个城市究竟如何从一个世界顶尖的汽车城快速走向衰败和破产的？当然这座城市的衰败可以简单的归结于美国汽车产业衰退造成的，然而造成当地产业结构单一、转型升级停滞、市民素质低下、教育相对落后的原因是什么？究其根源，当地人文环境的恶化恐怕难逃其责。底特律这个城市在 1941 年和 1967 年经历了两次大规模的黑人种族暴乱后，大批白人迁离城市，城市包容性随之大幅度降低，直接造成了当地人口素质的下降。城市极力维护单一模式的产业结构，遇到行业衰退后，城市财政就会立刻陷入困境。从经济发展角度来看，底特律采用大工业和基础设施先行的模式，违反了城市多元化的特性，而多元化的特性是抵御产业风险的重要手段。

再看新加坡，经过从独立到现在的半个多世纪的发展，该国经济已经成功地将转口贸易型经济转向为以制造业和服务业为主体的综合多元化经济结构，同时注重环境科技和清洁能源等方面的绿色发展。这些经济发展和产业进步与新加坡重视发展人文环境是分不开的。新加坡以英语、华语、马来语、泰米尔语四种语言为官方语言。各主要族群均能发展自己的语言，并相互融合，种族歧视问题几乎没有。在教育方面，采用本地化和国际化相结合的教育模式，发展精英人才，将精英人才填充到政府各部门；在经济政策方面，新加坡政府不干预企业和市场行为，尽可能通过调整经济政策来促进企业更好的发展；在法制环境方面，新加坡法律体系健全缜密，从政府权力到民生几乎无所不包，详尽完整，刑严罚重，为规范社会秩序起到了促进作用；在政府部门公共服务方面，新加坡是世界上先进的“政务信息化”国家之一，以最方便高效的方式为公众提供服务，而公务员也能绝大部分做到廉洁守法、洁身自好。这些都构成了新加坡经济赖以发展的人文环境，也为亚洲国家，包括我国提供了良好的借鉴。

在塑造区域人文环境的同时，也需要与可持续经济的发展相结合，走出一条绿色发展道路，实现可持续绿色经济。当前中国在经济快速增长的同时，已经成为世界第一的能源消费国，尽管我们用了十几年的时间，大力推进能效的提高，但是能效的提高赶不上我们需求的增长。我国经济总量占世界的 1/10，但能源消耗却占了世界的 1/5。水资源短缺已经成为我国目前最严重的资源问题，已经威胁到我国传统主食大米的产量和正常居民生活用水。水污染、COD（化学需氧量）等，化学污染这一块，在 21 世纪到目前为止每年排放总量基本未变化，依然每年有大约 3500 万吨的 COD（化学需氧量）排放出去。[1] 如果继续按此方式发展，中国的资源和环境是难以为继的。事实上，环境保护与经济发展并不矛盾，通过发展绿色经济，应用可再生能源、减少污染排放、发展低消耗低排放的人文经济是实现低碳发展、绿色发展、可持续发展的重要手段。

1 马中．中国生态和能源保障能力远远滞后于经济发展［EB/OL］．（2014-9-23）［2015-10-15］. http://www.greeni.cn/html/article/article-3472.html.

第四节　本章小结

通过上述讨论，本章对人文经济的内涵进行了梳理，并给出相对明确的概念解析，以使读者更直观地理解人文经济及其未来可能对社会和经济发展带来的正向推动力。发展人文经济是当今中国解决工业化发展时期遗留下来的诸多问题的有效途径，也是缓解人地资源紧张、环境破坏加剧、乡村凋敝、文化衰退等的重要手段。

同时，本章通过对新型城镇化的特征和未来愿景的解读归纳出新型城镇化的以人为本，以农民为主体的发展内涵，实现党的十八大报告要求的以城乡统筹、城乡一体、产城互动、节约集约、生态宜居、和谐发展为基本特征的城镇化。而互联网的人际交互产品特征和强大的人力资本特征也对长期以来金融资本的话语霸权和主导的经济发展方式提出了有力的挑战，使人力资本作为生产三要素中的重要一环有可能成为拉动三要素投入的核心角色，改变了以往金融资本决定生产要素投入的导向，为乡镇人文经济的发展奠定了重要的基础。互联网技术的重点应用将为城镇化提供商业、物流、信息、和交通方面的重要支撑，真正的改变过去乡镇由于地理位置和交通等原因带来的物流、信息等与商业活动息息相关的障碍。使农民获得可以不出家门而完成所有商业活动的可能性，为新型城镇化发展提供了强有力的技术保障。

最后，本章提出了发展人文经济的六个重要途径：让利于民、不与民争利；推进乡镇互联网建设，突破物流瓶颈；根植于土地的文化发展方向；发展城镇文化事业；把人文城镇化纳入规划；塑造人文环境，推进绿色经济。我们要在此基础上推动城乡人文经济的发展。

第四章 “互联网 +”城市治理

如果说文化是城市的灵魂，那么如何治理（网络）文化，以及如何基于文化来进行文化治理，同样是我们思考“互联网 +”城市的核心命题。

城镇化建设的加速和人口等要素的快速聚集，使得近些年来国内的大城市和超过 1000 万人口的特大城市与日俱增。由此，国家层面也加快了对城市群和城市产业的规划和布局。这也带来了诸多新的问题：这么大的城市和城市群如何去规划、建设和治理？相信解决的方案有很多，但恰当地利用“互联网 +”所带来的技术、产业和发展优势，将有效而集约地帮助我们做好我国的新型城镇化建设。

相比较理论研究，实际上城市，包括中国城市早已经通过各种现代技术手段互联互通在了一起。我们分析，其中物联网、大数据和智能化是“互联网 +”背景下城市未来发展的主要方向。与之对应，城市管理、政府管理以及公共安全，也需要在各个层面不断创新，利用新的技术媒介和发展要素应对出现的新问题。如果说文化是城市的灵魂，那么如何治理（网络）文化以及如何基于文化来进行文化治理，同样是我们思考“互联网 +”城市的核心命题。

第一节 移动互联的城市

城市在互联网的协作下走上了智能化的发展方向。智能城市从本质上来说是以移动互联网平台作为基础，用信息通信技术跨界融于其他行业，助力相关产业转型升级，连续不断打造新产品、新业务和新的模式，构造连接一切的全新生态。互联网将城市中许多关乎民生的项目连接到一起，实现了数字一体化，这样既便利了百姓，也便利了相关的办事人员。作为移动互联重要因素的物联网与象征着信息快捷分享的大数据，同样为我们的城市建设带去了很多活力。

一、物联网联通城市

（一）何为物联网

物联网是继计算机、互联网以及移动通信之后，新一轮的信息技术发展阶段，它推动信息技术在各行各业掀起一波波新的信息化浪潮。物联网（Internet of Things, IoT）这一概念，最初见于1995年比尔·盖茨《未来之路》一书，当时并未引起学术界的充分重视。国际电信联盟（ITU）在2005年发表了名为《The Internet of Things（物联网）》的年度报告，正式提出“物联网”概念，向世界宣告物联网时代的到来。[1]

目前我们对物联网的定义是：把不同类型的信息传感设备，比如感应式的传感终端装置、生物传感装置、速度传感装置、液位传感装置、温度传感装置、气敏传感装置、位置传感装置、光敏传感装置等；卫星定位导航系统（GPS）；信息识别扫描设备等和互联网结合起来，构成一个巨大的网络，然后把涉及的所有“物品”都纳入这一网络，方便识别、管理、控制和预报警。物联网利用传感设备来采集“物品”信息（包括位置、状态和运行情况等），通过无线网络、有线网络以及互联网与信息管理中心的数据库系统，进行信息数据的交换。

可以说，物联网是一个比当前互联网更为复杂，包含的范围更为广泛的人与人、人与物以及物与物之间的网络联合体。同时，因为物联网传递的是实时信息，因此该信息数据对网络传输环境有了更高的要求，我们可

1 马士玲．物联网技术在智慧城市建设中的应用［J］．物联网技术，2012（2）．

以认为物联网就好似一个扩展版的、覆盖面更广泛的互联网。

物联网虽然已经存在相当长的一段时期，但人们有时还是把它称之为传感网，或嵌入式控制系统。比如工业生产中的自动控制系统加入数控传感设备以及动作装置，以便自动控制系统能根据所预先设定的参数对所加工对象进行精确定位和加工。在加工过程中，并不需要人工干涉。又比如农业生产中的大棚自动温控和浇灌系统，根据遍布大棚中的温度、湿度，实时采集棚内各项指标，并传送到管理系统里，管理系统再根据所设定的最适合该农作物生长的参数，启动、关闭或调整温度调节设备。同时，也可以依据相应的传感器测试土壤中的含肥量，进行自动喷施。物联网的应用还有仓库气候调节系统、自动售药系统等诸多功能，这些应用可以提高工农业生产效率，合理降低生产成本。

目前，随着电子芯片技术以及相关标准、硬件、软件系统的发展，物联网在多个领域展开了应用，比如物流、仓储和售卖系统，从早期到现在的许多物流仓储和售卖系统，依然采用条形码技术来实现。以往一般是利用人工手执固定式广电设备，进行物品及相关信息的读取，效率低下，成本高。而引入物联网技术后，通过在物品中嵌入无线射频芯片（RFID），芯片中存储了物品信息，再由非接触电子式设备进行信息读取，使物品在运转过程中就可以完成诸如信息读取、价格统计、物品分类管理等功能，极大地提高了工作效率，缩短工作时间。此外还有港口海关货物通关、报关系统；电力行业自动化抄表及监控系统；农产品加工生产和养殖管理系统等，都已不同程度地引入了物联网技术并加以实现。

（二）物联网——城市应用

城市基础设施、公共服务设施以及社会公共事务的运行，构建了城市经济社会发展的大环境。因而，城市管理在城市经济社会发展中，具有基础性的作用。随着我国城市化进程加快，城市管理对象和范围也更为复杂，比如水、电、气以及通讯的保障、城市交通系统的通达、卫生环境的保障、防火防灾防盗、突发性事件响应等无一不是复杂而又关联的系统。

在城市建设中引入物联网技术作为城市管理体系里的信息体系和技术支撑体系，并进一步结合地理信息系统，为整个系统提供多类型的感知终端数据，构建感知数据的传送通道，让实时感知数据可以快速、准确、安全而高效地传送到管理系统中。作为基础数据供应给管理系统中各应用子系统来使用，便于专家进行数据挖掘、分析和应用，进行风险评估和风险管理，并应用于城市管理系统当中，提升城市管理水平，实现数字化和智能化的城市管理。城市管理中采用物联网技术的应用子系统，主要有以下几个方面。

（1）重要地点的边界监控系统和城市视频监控系统。这一子系统用复合传感器以及智能视频相结合的方式，通过传输网络，对政府、军事单位等重要地点的周边边界和区域内的重要场所，进行全天候和全方位的监控。该子系统所具备的传感网监测系统前端由大量控制器节点构成，通过无线网络技术进行联网，并通过传感网关进行传感数据传送和控制信息接收，实现自主组网和无人值守，具有很强的适应性和智能性。

（2）危险源监控系统。这一子系统通过建立危险源数据采集及监控系统，来提高报警、监控、管理和执法的监管水平。比如针对城市日常生产生活中的易燃、易爆和有毒环境（地下燃气输送管道、加油站以及有毒气体存储运输等）以及当前高层楼房电梯运行的安全监控。通过将各类数据采集、探测终端部署在危险源附近，对危险源进行实时的数据采集，再通过有线、无线网络等方式传送至城市管理系统中进行汇总、分析和处理，从而实现预防和监控，并设置临界安全阀值进行报警，充分发挥公共安全监管系统的作用，消除安全隐患，提升公共安全。

（3）交通管理以及公交、环卫、救护、城管等特种车辆定位子系统。随着城市化的发展，交通拥堵成为城市管理中的难题，因此把物联网技术引入交通管理，形成智能交通管理，采用交通流信息实时监测、实时路况视频监测、可变交通信息标志发布等系统，智能化解决交通拥堵和停车问题，减少噪音和空气污染。

物联网应用于城市管理，还有很多方面，比如地面井盖自动监测系统、垃圾箱充满自动报警系统、城市户外广告牌管理系统、路灯自动控制及监测系统、食品安全跟踪监测系统等。[1]

二、大数据规划与治理城市

大数据（Big Data）是一个巨大的概念集合，指代各种规模大到无法通过人工处理来分析解读的海量数据。英国学者 Michael Batty 说过，无法在一张 Excel 表格上放置的数据就可以被视为大数据。这表明了大数据的双重内涵：1. 大数据的样本量足够大；2. 大数据并非一个新概念，而是传统小样本数据分析在样本数量上的扩展，基于样本数据就可以实现对分析空间的充分覆盖，从而直观地展现结果。换句话说，大数据能够极大地削弱以往研究对于传统抽样统计方法的依赖。

大数据由于自身具备数据海量、类型丰富、价值密度低及处理速度快等优点，正逐步运用到天文学、生物学和社会学等诸多领域。对于城市规划而言，目前的相关研究是基于社交网络、手机数据、浮动车数据和城市传感器数据等为代表的海量、多源数据，在城市地理学方向上的一些探索。随着网络数据挖掘、居民行为数据的采集分析，以及数据可视化技术的日渐成熟，人们可以以前所未有的精密度来认知和把握城市，最终规划并管理城市。虽然大数据的类型多样、用途各异，但从城市规划角度来说，可以将大数据简要界定为海量、多源的时空数据。应该说，大数据的使用必将给传统城市规划的编制及其实施，带来新的思路和方法。

1 邱向雪．物联网的发展及其在城市管理中的应用研究［J］．数字技术与应用，2010（9）．

（一）大数据如何规划城市

对于城市规划而言，大数据不仅意味着更丰富而全面的数据资源，还意味着基于海量并高精度数据所产生的规划与编制的变革。大数据时代的到来，城市规划编制的技术与方法逐步革新，相应的方法论也随之转变。具体来说，在大数据时代，城市规划编制的相关改变主要集中在以数据搜集和响应速度为特征的技术方法革新以及以编制方式、决策参考、编制策略为特征的方法论革新等方面。

1. 从小样本分析转变为海量、多源数据搜集

传统的城市规划定量分析依赖于各色统计年鉴、调查问卷以及研究文献等小样本的数据。在大数据时代，城市规划数据的搜集将实现从初期单纯依靠经验、理论以及模型进行数据分析的旧时代，跨越到依赖海量数据挖掘和分析来预测知识的时代。此外，在规划前期的数据搜集和分析阶段，挖掘海量数据的分析利用价值，并基于大数据分析技术对传统的数据进行重新分组和再利用，将成为未来城市规划管理发展的趋势。

2. 从滞后转变为实时化的响应速度

所谓滞后是指传统城市规划编制过程中使用的信息和数据，往往受到多种技术手段的限制，从基础数据抓取到数据分析，再到规划草拟阶段的数据利用，多数是以年甚至十年为基本单位。规划数据的搜集时间，与规划编制的实施时间，往往存在较长的时间间隔。在大数据时代，由于信息数据的搜集、处理和分析技术的进步，可以更加快捷地获取和分析城市规划所需要的各项基础数据。同时，新增的海量数据信息，也为城市规划提供了更实时化、直观化的数据展现方式。

3. 从专家领衔转变为公众参与的编制方式

虽然公众参与已经更多地参与到当前的城市规划当中，但现实中，专家领衔仍然是规划编制和评价的主导因素。这一现象固然有观念、体制和法规等多方面的原因，但公众、政府和规划工作者之间缺乏合适的互动渠道肯定是一个重要的原因。在大数据时代，信息传播与搜集的速度加快，

使得城市规划在公众参与程度上从现有的规划成果公示转变为规划编制与评价的全过程参与；根据不同的对象，海量个体数据搜集与分析的简易化，使城市规划在公众参与方式上可以有针对性并有重点地做出数据分析和信息回馈。具备这些特征的公众参与，才真正成为当代城市规划的重要组成部分。

4. 从人工化转变为智能化的决策辅助

相对于以往依赖人工判断和分析的规划编制方式来说，基于大数据的规划编制，能够轻松构建一个海量的案例数据库，通过信息程序来辅助城市规划编制中的各项决策。通过建立以海量案例为基础的数据库，规划编制人员可以高效查询以往的相似性案例来进行评价，并以此作为基础来进行相应的分析，进一步辅助规划的进行和最终决策。在整个分析过程中，使用不同内容和频次的指标，并基于既有的规划实施效果评价，最终实现科学决策。

5. 从分散化转变为协同化的编制策略

多源化和高精度大数据的出现，为整合当前分属不同管理部门的规划，并促进其走向协同，提供了技术层面的保障。通过技术手段来获取居民活动、交通流量以及生态环境等方面的数据，并将其与传统的人口、土地及经济社会等基础数据相结合，为城市相关规划提供更为全面、精准的基础数据来源和对接平台，实现信息共享、协作规划以及空间融合建设等，并最终实现统一的信息联动平台。建立各个部门在建设项目审批中的协同机制，有效统筹城乡空间资源配置，优化城市空间功能布局。[1]

（二）大数据如何治理城市

大数据技术的精髓不仅在于对庞大数据信息的掌握，也在于如何对这些复杂数据进行专业化处理，从而实现对城市的控制和管理。打个比方，

1 叶宇．大数据时代的城市规划响应［J］．规划师，2014（8）．

如果我们把大数据比作一种原材料，那么使这个原材料增值的关键，就在于不同方法的精细加工，我们需要通过各类加工来实现数据的增值。

大数据推动时代的前进，也逐步应用于各个领域，比如农业领域，硅谷有气候公司，从美国气象局等数据库中获取了过去几十年的天气数据，将各地降雨、气温和土壤状况与历年农作物产量的相关度做成精密图表，从而预测农场来年的产量，向农户出售个性化的保险。在商业领域，阿里集团根据淘宝网上中小企业的交易状况，筛选出财务健康并讲究诚信的企业，为他们发放无须担保的贷款，目前放贷超过 300 多亿，坏账率仅 0.3%。

信息化、网络化以及精细化，是目前我国城市管理的发展趋势。事实上，城市管理的发展趋势与大数据时代的技术更新密切相关。大数据技术为城市管理增添了巨大的能量，只有把握机遇、破解挑战，才能实现城市管理创新的宏伟蓝图。

大数据为城市治理带来的机遇，主要呈现在数据的收集、分析和加工之中。首先，大数据技术在数据收集层面能有效地在短时间内搜集各行业、各部门的数据，通过各种渠道形式撷取数据汇集并进入庞大的数据库，即使是超级大都市的管理也能够全方位地做到对城市状态进行很好的监控管理；其次，大数据技术在数据处理上为丰富多样的城市治理提供技术支持，使其可以在海量的数据中发掘和处理有效信息，在迅速分析和处理的基础上为科学有效的管理决策提供了保障。与此同时，能够灵活机动地应对城市管理的多变性，而城市应急管理也恰恰是当前城市治理的重中之重。再次，大数据技术在数据共享上是基于跨平台、跨数据类型以及跨数据库的思想发展而来的，大数据强调信息数据的共享以及部门的协同，这将有效地解决城市管理中行业与部门之间的条块分割、数据种类分化的问题。最后，大数据技术在数据加工上能够帮助政府更好地运用相关数据，为社会公众提供更好的公共服务，这将会大大提高城市居民的生活品质，改善城市治理的质量。[1]总的来说，在大数据技术的有力支撑下，政府的决策服务、城市的产业布局规划，以及城市的运营管理方式，都将实现决策与管理的数据化和智能化。

三、城市智能化

城市智能化创新了信息时代的城市形态构成方式，是全面网络化、高度智能化、应用普及化和产业高端化的城市，是城市信息化的高级阶段。它的内涵是以信息和知识作为核心资源，以新兴信息技术作为支撑手段，以高速信息网络为基础，通过广泛的信息搜索和对环境的科学预测以及精确有效的信息处理，创新城市管理方式、提高城市运行效率、改善城市公共服务水平，全面推进信息化和城市化、工业化、市场化和国际化的融合发展。[2]

（一）智能化的特大城市

从现阶段中国新型城镇化的发展来看，城市群和特大城市的智能化管理是未来可预期的发展方向。从理论上说，智能化的城市不仅仅应用于特大城市，也包含中小城市里的发展和应用，但从数字化与信息化管理的发展方向来看，特大城市一定应该是智能化的城市，只有这样才会让特大城市的管理更有效率。

经济学人智库在2007年发布《特大城市面临的挑战》报告指出，全球特大城市如今正共同面临经济、社会、环境和城市基础设施四大挑战。从国外智能化城市发展的实践来看，早在2006年，新加坡就开始启动“智

1 蔡若佳，易钢，李坚．“智慧城管”初探：大数据时代的城市管理创新［J］．学理论，2015（5）．

2 逄金玉．“智慧城市”——中国特大城市发展的必然选择［J］．经济与管理研究，2011（12）．

慧国家 2015”计划，希望通过包括物联网在内的信息技术，把新加坡建设成为经济、社会发展一流的国际化城市。如今，在电子政府、智慧城市以及互联互通等方面，新加坡所取得的成绩引人注目。

2009 年 9 月，美国爱荷华州的迪比克市联合 IBM 共同宣布，未来将建设美国第一个“智慧城市”——一个由高科技紧密连接的 6 万人社区。通过采用一系列信息技术连接的迪比克市将实现完全的数字化。通过城市信息资源的互联互通，实现城市管理信息的侦测、分析和整合，并智能化地做出有效响应，以更好服务于市民。日本在 2009 年 7 月也推出“I-Japan（智慧日本）战略 2015”，旨在把数字信息技术融入到生产、生活的每个角落，将目标聚焦于电子化的政府管理、医疗健康的信息服务以及教育人才培育三大公共事业。

理论上来说，建设智能化城市是特大城市公共服务供需流程的优化选择。早在 2007 年，中国城市人口（不包括市辖县）200 万以上的城市已达 36 个，比 1978 年增加 26 个；100 万至 200 万人口的城市数量达 83 个，比 1978 年增加 64 个。近些年来，中国特大城市在人口、饮用水、绿地、城市安全、生态环境、交通服务、垃圾处理等方面的问题正变得日益突出。因此，建设实施特大型智能化城市将更好发挥资源节约型以及环境友好型社会的示范作用；同时，特大型城市管理也变得日益复杂，全面提高信息化水平并完善城市化管理成为现代城市越来越强烈的需求。“以智能交通为例，目前国际上公认的智能交通系统由七个子系统组成，即交通信息服务系统、交通管理系统、公共交通系统、车辆控制系统、货运管理系统、电子收费系统和紧急救援系统。因此，智能化城市建设，通过利用先进适用的信息技术，能更好地提高特大城市建设与管理的精细化、智能化水平。”[1]

1 逄金玉.“智慧城市”——中国特大城市发展的必然选择[J].经济与管理研究，2011(12).

（二）智能交通连接城市

随着经济社会的发展，交通的需求日益增加，由于城市交通所引发的问题在世界各国也变得日益严峻。具体地说，交通拥堵问题已经让智能交通系统成为未来全球道路交通发展的方向和现代智能城市的重要标志之一。其核心是针对日益扩大的交通需求和交通资源压力，采用信息技术、通信技术和计算机技术等，对传统道路交通网络及其信息化建设进行深入的改造，以极大提高城市交通路网的使用效率，减少不必要的损失并很大程度上缓解城市交通问题。

城市是各种交通运输系统的结合点，城市交通是各种交通运输方式实现平滑衔接不可缺少的关键环节。各种交通运输系统的信息也需要在城市信息平台中进行整合、发布。只有建立城市智能交通系统，才能充分发挥我国智能交通系统的整体作用，有助于提高交通系统综合效率，积极有序地推进城市智能交通系统建设，提高交通运营管理水平，最大限度地提高道路交通设施的利用率，是缓解城市发展中急剧恶化的交通供需矛盾不可缺少的有效措施。

城市智能交通系统的发展，对建立以人为本的城市交通环境、增强城市交通的可持续发展能力、改善生态环境、提高资源的利用效率、推动整个城市社会走上生产发展、生活富裕、生态良好的文明发展道路，实现全面建设小康社会的目标具有重要的促进作用。

在停车诱导及收费系统方面，应着重研究开发与停车诱导相关的信息系统和设备。利用多种手段向道路使用者提供准确、连续和瞬时的有关停车场中停车位的利用情况。开发停车位预约系统，减少车辆为寻求停车位而占用道路的时间，提高停车泊位的利用率。

在交通信息综合利用方面，城市交通是一个复杂的综合系统，系统上运行着众多的有效出行和无效出行。通过交通信息的综合利用，可以大幅度降低无效出行，减少高峰期的交通拥挤。因此，必须研究和开发城市综合交通信息网，为交通使用者提供综合的交通信息服务，如城市道路拥挤路段、拥挤时间分布，公共交通线网查询和时刻表，出租车预约系统，城市货运配载服务信息，出行线路优化查询等等。

在交通控制技术方面，在综合考虑机动车、自行车和行人三者利益的基础上，研究和开发交通监测系统，道路交通状况预报系统，以及信号控制优化技术。

在交通拥挤的城市中心区，实施拥挤收费是交通需求管理的措施之一。因此，研究城市交通拥挤收费的机理和开发适合城市交通流特点的不停车收费技术，是城市智能交通系统亟待研究的重点之一。[1]

1 封喜波. 城市智能交通系统构建［J］. 黑龙江交通科技，2010（11）.

第二节 “互联网 +”政府治理

一、电子治理

一方面，信息时代社会瞬息万变，新事物、新问题层出不穷，经济社会的发展速度不断加快，对政府的管理模式提出了新的要求，传统的政府管理模式已经难以满足社会与经济发展的需要；另一方面，计算机信息技术的发展，很大程度上改变了人类的交往方式和时空理念，为城市公共管理和治理观念的实践提供了技术平台。信息技术通过提供在线讨论和提升弱势群体的传播效力等多种途径，促进了公民广泛参与到各级政府的治理过程当中。[1] 电子治理作为一种新的治理方式，对于适应“互联网 +”时代我国政府管理模式创新，具有十分重要的现实意义。

（一）电子治理：城市治理新方式

近年来，电子治理是国际上针对网络化与信息化时代的来临，而提出的一种先进的现代化社会治理理念，正在得到日益广泛的关注、认同和实

1　张艺华．电子治理：网络化时代政府管理创新的范式选择［J］．淮北师范大学学报（哲学社会科学版），2011（4）．

践。电子治理与相关治理理论一脉相承，一些组织将其直接定义为在治理中使用先进技术，尤其是对互联网和信息技术的应用。当然要引起注意的是，电子治理不仅仅是电子技术与治理理论的简单结合，它广泛涉及政府服务理念更新、组织结构优化、管理模式创新等政府运行机制和管理体制的各个方面。

电子治理不是信息技术在城市公共管理领域的简单应用，它更多地与政治权力和社会权力的组织与利用密切关联。电子治理广泛涉及公众如何影响政府和立法机关，并重建公共管理过程的一系列复杂活动。电子治理作为一种社会治理理念，它强调以人为本、公民集体参与、行政公开透明、公共部门与私营部门合作、政府与公民互动等等。总体来说，它是一种不同于传统管理体制和机制的全新治理模式。电子治理的发展将彻底改变过去的行政组织结构、行政方式和具体行政程序。行政组织将由传统的相对封闭的科层制，发展为相对透明的网状结构，所以能及时地为公民全面的发展提供优质和高效的服务。在这个意义上我们说，电子治理的本质是对行政流程的重建，也就是说，正确选用信息技术和其他现代技术，来构造更适应信息时代的政府结构及其运行方式，从而为实现政府职能转变和管理方式的重大创新提供强大的技术支持。

电子治理的目标，总的来说就是实现对电子政务的超越。电子政务是政府公共部门通由现代互联网技术来开发和应用信息网络资源，调动人力资源信息的潜能，去建立与互联网技术相适应的组织管理模式及其业务流程，从而从根本上推进政务管理现代化，并为公众提供贴近式的优质服务和全新的管理形式和运行机制。相比较电子政务，电子治理在政民关系、行为模式、政府职能、公民权利、制度框架等很多方面，都有着特定的目标定位。

首先，电子治理更多强调的是多中心的治理理念。虽然现阶段政府仍然是治理的核心和主体，但非政府组织以及社区自治组织等，在电子治理中的作用愈发重要。电子治理主张公民才是公共治理的真正参与者，公民参与的含义和内容更为丰富。除了在政治选举层面以外，还包括制定公共政策，并对此进行有效的执行和评估。此外，政府应该加大力度关注公众和治理机构的关联与互动。电子治理还强调政府与公民社会的互动合作：信息不再是简单的管理数据，对它的采集和分析带来了丰富的政治和政策的内容。

（二）电子治理创新

政府管理模式是与特定政治、经济、文化、社会环境相适应的政府管理体制及其制度安排。政府管理模式创新是现代政府的一项重要职能，是政府适应行政环境变化而保持自身生机与活力的重要途径。现代社会中，网络与信息技术塑造了一个全新的社会形态——网络化时代。在网络化时代，对政府改革提出了更为迫切的要求，并为之提供了坚实的技术支撑。电子治理的出现由此成为政府管理在网络化时代下创新的范式选择。公共性和服务性是现代政府管理的基本属性。

随着信息化的发展和时代的变革，服务职能将成为政府的主要职能，电子治理的实施将为政府提高公众服务能力提供有力的手段。电子治理作为一种全新的政府管理模式，它不是简单地将政府电子化和网络化，而是不断适应改革开放对政务工作的要求，要求政府决策的民主化与科学化，提高决策能力与决策水平；电子治理要求政府降低行政成本，提高行政效率；促进管理与服务理念的更新以及工作技能的提高，有效地提高政府工作人员与管理者的综合素质；电子治理要求建立政府与民众双向沟通机制，扩大公众进行民主监督和参政议政的渠道，促进管理型政府向服务型政府的转变。这是网络化和信息化时代下企业和社会公众对政府提出的新要求。因此，实行电子治理是适应网络化时代我国政府管理创新的范式选择。[1]

---

1 张艺华．电子治理：网络化时代政府管理创新的范式选择［J］．淮北师范大学学报（哲学社会科学版），2011（4）．

（三）电子治理路径

发展电子治理，实现政府管理模式的创新绝不是单纯的行政体制改革过程，而是一个从理念到制度再到方法的综合行政系统的创建过程。这个过程是在超越传统自上而下的政府管理模式、提高政府信息化管理水平、跨越数字鸿沟和提高公民的权利意识过程中实现的。因此，逐渐树立多中心的政府治理理念，不断提升政府信息化管理水平、进一步健全政务公开制度、促进公民社会的发育和成长是发展和完善电子治理，实现网络化时代政府管理创新的路径选择。

（1）逐渐梳理多中心的政府治理理念。现代化进程中，电子治理作为一种新的管理模式和管理理念，它反映的是政府管理由传统型向治理型的现代转化，从以个人权威为基础的集权管理体制向民主和法制并重的多元治理体制的转变。任何变革都是从理念层面或者说价值层面开始的，同样，任何不适应都是从理念层面或者说价值层面开始的。政府管理理念作为行政主体共同认同的信念和规范，是整个行政系统的灵魂，对政府的管理和服务活动的价值取向发挥着决定性的影响。因此，转变政府管理观念是实现电子治理的首要前提。

电子治理的实现，首先必须转变政府的管理观念。各级政府及其公务员要按照电子治理的基本目标，树立多中心治理理念，实现政府管理模式的创新。多中心治理的思想是相对于传统的一元或单中心权威秩序思维而言的，它意味着政府为了有效提供公共产品和服务，进行公共事务的管理，实现持续发展的绩效目标，由社会中多元的独立行为主体要素（个人、商业组织、公民组织、政党组织、利益团体、政府组织），基于一定的集体行为规则，通过互相博弈、相互调适、共同参与合作等组织模式。

与单一强势的政府管制相比，多元主体参与治理是社会进步、管理现代化的体现，并能积极推动电子治理的实现。政府不是全能的，如同市场一样存在缺陷。在各种不稳定因素凸显的今天，必须首先实现多元治理主体的角色转变，才能真正实现政府管理模式的创新。

多中心治理并不是摒弃政府的作用，而是强调政府仍然是电子治理中的重要环节而对资源和价值进行权威性分配，提供共同的行为规则，并将各个网络节点围绕一个共同的政策目标而整合集成起来，同时强化其整体行动的能力以发挥协同效应。同时利用企业型组织的优势，辅助政府提供某些公共产品和服务，还要把非营利性组织纳入到政府管理公共事务的有力补充中来，从而形成多元主体的互动。

（2）不断提升政府管理信息化水平。电子治理的实现首先必须依靠信息安全作为保障。在观念上，应重视加强对信息安全方面投资，建立信息安全管理系统。在技术上，政府应加强信息安全保护，做到网络防护和系统防护、外部防护和内部防护、硬件防护和软件防护都能全面具体地提高，实现有效的用户管理。整合各个部门信息安全保障系统，建立健全多层面、多方位的联合防御。研究各级各类网络之间的数据可信交换的方法，保障信息安全共享。

政府还应该有针对性地加强公务员队伍建设。作为政府职能的具体执行者，公务员的能力素质直接影响政府管理的信息化水平。公务员作为我国政策的主要执行者，其素质如何将直接关系到政府决策能否顺利施行。为此，应搞好公务员的政治理论、文化学习和业务培训，不断提高其整体素质和服务社会的本领；此外，还要建立和完善公务员考录机制、考核机制、流动机制、薪酬机制、晋升机制、激励机制、行政监督机制和问责机制，从而为电子治理，实现政府管理模式的创新提供精神动力和智力支持。[1]

二、电子政务

电子政务与行政改革和政府管理创新上的契合性，是一个崭新的命

1 张艺华．电子治理：网络化时代政府管理创新的范式选择［J］．淮北师范大学学报（哲学社会科学版），2011（4）．

题。在中央和地方政府机构改革中，一直得到相应的重视。其一，电子政务以其现代技术优势有力推动了各级政府和政府各部门之间的信息资源共享通道和沟通机制的建立，通过构建电子平台突破了不同部门之间交流合作的技术困境，为各部门之间建立系统化信息通道、常规化交流运作、高效化协同机制发挥了重要作用。其二，电子政务通过建立政府网站，架设统一的政务操作平台，建设基础信息数据等努力，在服务于新体制、节约行政成本、提高公共服务效率和质量、提升政府能力等方面都发挥了重要作用，彰显了可供开发的巨大潜能。为适应时代发展需求，应当从电子政务发展方式、体制机制、系统建设、资金项目管理等方面，推动电子政务的创新发展。

（一）电子政务加速部委整合

加快电子政务发展方式的转变才能使之成为推动大部门制改革的动力。目前迫切需要改变传统的离散型、工程建设式的发展方式，向集约化、效能型的发展方式改变。电子政务发展方式的转变，主要体现在建设重点、服务方式、管理方法、推进方式等方面。电子政务建设重点需要由传统的打字机、上网机、电子文件等办公自动化系统，转向民生服务、社会管理和决策支持类信息系统；服务方式需要从服务于部门内部科室、个别领导向服务于部门管理对象、行业管理对象乃至辖区内全体公民等转变；管理方法需要从传统的自建自管向统一规划统筹建设转变；推进方式需要从基本建设工程项目实施向政府预算基本支出和绩效评价转变。行政改革旨在整合提升政府公共服务和社会管理能力，利用部门内部的高效配合减缓跨部门协作的难度，这种行政环境的变化为电子政务发展方式的转变提供巨大的发展空间。加快转变电子政务发展方式的转变提供巨大的发展空间。加快转变电子政务发展方式，充分展现电子政务在整合提升政府公共管理和公共服务方面的价值，有助于落实大部门制改革的成果，推动大部门制改革的平稳实施，可以满足社会各界对大部门制改革的新期待。

近年来，地方政府行政体制改革不断提出新的挑战，如大部门制改革后整合的部门需要同时对应上级多个部门，各地新出现的行政服务中心、社会建设工作机构、政府效能建设部门等都没有对应的上级部门，在对上寻求业务指导和资源供给等方面也面临各种难题，新型电子政务完全可以在信息共享和业务协同等方面提供有力的支持，减少政府部门之间协调和上下工作对接的难度。电子政务发展方式转变与大部门制改革要做到互为因果，相互促进，反映出电子政府为人民，以人民为中心的政治价值，实现电子政务的科学发展，提高政府的管理和服务能力。

（二）电子政务优化决策体系

国家实施行政改革，其中一个重要的目的是强化公共服务，提高公共服务供给能力和水平，推进全民基本公共服务均等化，实现扩内需、促消费、调结构，加快电子政务系统的整合将有助于达成这些目标。

大部门制改革客观上对电子政务系统重复建设产生了一定的影响，一些部门在机构整合后，报废原有的系统，另建一套信息系统，尤其是经过多轮改革的部门，信息系统报废的可能性更高，给这些大部门有效开展正常工作造成了一些不利影响，也容易出现尴尬的局面，这就迫切需要加强实行大部门制改革的部门在原有同类电子政务系统的基础上进行水平整合，发挥既有功效，通过系统的整合来支撑大部门制改革的顺利实施。在整合基础上推进实施全民基本医疗保障制度、全国通用社保卡、保障房联合审批，这些重大民生服务内容都要求在一定时期内取得进展，它们经常涉及全国各地的公民，需要多个系统、多级政府的协同工作，要求公民的相关信息真实可信、完整一致，经过水平和纵向整合后的全国性跨部门跨层级电子政务系统正好可以担此重任。

在扩内需促消费调结构方面，任何宏观调控的政策如果没有微观信息为基础都将失效，无论是面向基层农民和市民的财政补贴资金的转移支付，还是对全国各地经济运行动态信息的检测和产业结构调整态势的把握，都需要对相关电子政务系统进行水平和垂直整合，实现服务信息的直递，中央和地方各级政府部门之间的业务协同与信息共享。

（三）电子政务提升服务效能

行政改革需要人民群众的支持和参与。政府网站是政府在网络空间的核心行政设施，是联系群众的重要窗口。但是一些地方政府网站仍然比较落后，有的处于爬坡阶段，有的还呈现倒退现象。

在国家信息中心发布的年度《中国信息社会发展报告》中，有 10 个省市的政府网站信息公开指数得分在近 5 年内出现了下降趋势，近两年出现得分倒退的省市数量则为 17 个。政府网站建设和管理迫切需要新思路，寻求突围。需要从自我公开政务信息转到网民参与网站建设，从政府办事服务和政民互动开始，稳步拓展政府网站的社会互动范围和层级。区县、乡镇等基层政府网站，更应该及时掌握群众对信息公开内容的需求，鼓励基层官员与辖区网民互动，全面推动基层政务信息按需公开，以公开来推动社会问题的解决，将主要矛盾化解在基层，预防基层官员贪污腐化和公共资源分配过程中产生的腐败。

（四）电子政务亟待技术结合

电子政务网络是新时期国家的重要基础设施，要按照全国统一、上下协同、调度有力、运行通畅的要求建立国家电子政务网络技术管理机构。在国家电子政务网络的技术保障和支持服务机构方面，不分内网和外网，不分党政等系统，国家层面统一指定一个技术支撑机构，全面负责国家电子政务内网、外网的技术支撑和服务保障。在全国各省成立国家电子政务网络管理机构的省分中心，形成完整统一的国家电子政务网络技术支撑体系。网络应用管理仍然由党委系统、人大系统、政府系统、政协系统、高检和高法系统各自负责。

国家电子政务网络管理机构从技术上为各大系统办公厅提供可靠、可信、安全的网络通信保障服务，各大系统办公厅会同发展改革部门、财政部门、工业和信息化部门建立国家电子政务网络建设和管理部际联席会议制度，加大部门之间、中央和地方之间的协调力度，从网络应用管理上对国家电子政务网络管理机构提出明确的要求，尽快扭转协调机制薄弱的局面。在国家电子政务网络管理机构和各省国家电子政务网络管理分中心之间，建立紧密的业务指导关系，加大协调力度，推行网络应用绩效考核，形成跨系统、跨地域、跨层级的国家电子政务网络纵向管理体系。[1]

三、协同治理

随着信息技术的发展和互联网应用的大量出现，信息传递大大提速，简化了行政运作的环节和程序，必将减少组织管理层次。政府的组织形态也将由传统的金字塔形和树状结构向扁平化的网状结构转变，并且更加具有灵活性、有机性和适应性。这种扁平化的网络型组织结构，强调信息共享、权力分散，重视横向的沟通与协作，把知识与目标联系起来，并注重人力资源的开发。网络信息技术还使执行层与决策层直接沟通，这不仅有助于提高信息传递的速度和效率，而且可帮助优化行政组织结构，降低行政运作成本，提高行政效能。

互联网崇尚的跨界、去中心化，使得信息不再沿着官僚制的等级进行传递，掌握多数信息的不再是高居金字塔尖的少数精英，处于网络任何一个节点的网民都可以获得等量的信息。网络及其无中心化趋势的加速发展，粉碎了传统社会信息垄断的格局，使社会控制由过去的单一支配关系演变为对话和协商。网络的发展从促使行政权力的分化开始，改变了传统的“命令 – 控制”方式。网络时代的政府管理方式体现着分权与民主的特质，在政府外部，普通公众获得了从政府内转移出的部分权力，这使得民

1 中国行政管理学会课题组．以电子政务创新推进行政改革和政府管理创新［J］．中国行政管理，2011（11）．

主政治不再是一种现代政体必不可少的装饰。[1]

（一）大数据提升社会治理能力

在互联网和大数据的时代，需要充分利用以网治网来实现互联网的公共治理。对于以网治网的理解，应该不是由政府再建一个网络来治理民间的网络，而是充分利用社会力量、平台、网商和网民自治来治理互联网；更进一步的，应该是政府充分利用互联网思维治理互联网，借鉴平台通过网规治理电子商务生态系统的做法和经验。如平等、分享、透明、诚信、快速更新、众包、系统治理等。

公共治理体系的构建意味着政府绝对权威，转变为政治国家和公民社会的合作、政府与非政府组织的合作、公共管理机构与私人运营机构的合作、强制与自愿的联合，自上而下的权力运行方式最终转变为上下互动的现代管理过程，通过合作和协商来确立认同，并实现共同的合作目标，最终实施对公共事务的完善管理。

合作于是成为公共治理的核心关键词。要完善互联网的公共治理，就应当建立治理的协调机制，明确政府、第三方交易平台经营者与行业协会三方治理主体各自的权限范围，理顺相互关系，平衡治理权重，调整合作模式。而在建立协调机制方面，政府显然发挥着关键性的作用，政府放权于社会的程度、政府如何调整与引导治理三方，都在很大程度上决定了治理协调机制能否完备有效。

大数据使参与型社会形成。大数据时代，政府将以更加开放的心态，把市民当作合作伙伴和城市问题的决策者，给市民提供广泛的参与机会，从而推动公众由象征性参与阶段迈向实质性参与阶段。

这种转变表现在以下三个方面：第一，公众参与的合法性增强。在大数据时代，社会成为一个社交平台，公众可以任意使用平台上的任何资源，

1　王彬彬．论网络时代的政府革新［J］．党政干部论坛，2010（5）；王彬彬．刍议网络时代政府再造的三项主题［J］．四川行政学院学报，2010（4）．

同时也会发表自己作为公民的意愿或建议。政府会主动或被动地听取公众的意愿或建议，公众的声音在社会响起。第二，参与渠道多元化，民主范围进一步扩展。政民互动渠道进一步拓展，以微博、微信等社交媒体为主的分布式信息发布技术，为公众参与提供了实时互动的全新信息空间，从而导致了信息的海量递增和传播渠道的极度多元化，加强了与公众的沟通。第三，公众参与的主动性增强。个人可以将数据转化为大众应用，提升公众在社会管理中的参与度。美国公众利用政府公开的相关数据开发出了多个实用性强的应用系统，如航班延误分析系统、商品回收验证系统等。[1]

（二）社会治理与监管创新

“互联网+”将驱动经济走向平台竞争新阶段。因此，各行各业“互联网+”、融入电子商务生态圈，形成依据互联网分布式的新商业生态系统，已经是大势所趋。政府应顺势而为，在监管思维、服务切入点和服务手段等方面做出相应的创新，增加政策供给，积极推动中国经济走向“互联网+”的科学发展之路。

1.“互联网+”的服务和监管新思维

第一，政府可以利用互联网的便利性，做到服务、监管的高效率与社会公众个性化主动参与的两手抓，致力于实践“互联网+”时代的群众观：与群众互动零距离、全流程群众参与。第二，政府要利用数字化，牢牢把握业态变化驱动空间布局变化、新经济结构影响城市演变进程的城市化新特点，推动城乡空间布局优化，实现重组流程、优化布局的网络效果。第三，政府可以根据互联网的特点，按照“屏上演绎、线下响应；实体递进、数字增强”16字方针，致力于提升政府的机动性与形象。第四，政府要在数字化的进程中，着力建设智慧城市，并以此作为重要数据源，善于用互联网感知群众需求，走在群众前面，实现用大数据治理社会的社会管

1 唐斯斯，刘叶婷．以“数据治理”推动政府治理创新［J］．中国发展观察，2014（5）．

理创新。第五，政府要致力于推动政府组织的扁平化、网状化，并按照移动互联的要求移动起来，实现以平台服务于平台的理念。

2015 年 2 月 6 日，国务院常务会议提出要运用互联网和大数据技术，加快建设投资项目在线审批监管平台，横向联通发展改革、城乡规划、国土资源、环境保护等部门，纵向贯通各级政府，推进网上受理、办理、监管一条龙服务，做到全透明、可核查，让信息多跑路、群众少跑腿。用制度 + 技术更好地巩固简政放权成果，释放更大改革红利。

2.“互联网 +”的政府政策创新

在“互联网 +”时代，政府集众多身份于一身，需要扮演好新商业生态系统的助推者、优秀商务环境的建设者、和谐宜居、生活环境优美的设计者与推动者、公民全面自由发展氛围的维护者等角色。因此，政府必须在管理理念、职能发挥方面与“互联网 +”的要求相符合。

实体企业、电子商务服务企业、政府三者构成中国经济“互联网 +”战略的三大主体。政府的职能与管理创新具有全新内容，要求其以商业生态系统构建原理，着力构建区域创新环境并以此助力电子商务生态圈建设。

尽管工业化与信息化深度融合表现为企业传统价值链和流程的拆除与重建，但这并不意味着要再重建一个垂直一体化的类传统行业，而是要重建一个能实现企业间网状协同的新商业生态系统。政府应在服务创新、监管创新过程中发展自己的职能与履职方式，如在数据开放、立法，与企业、社会互动式管理等方面展开创新，并以此来促进思想、信息、数据在更大范围、更快速度的流动，通过着力构建区域创新体系来助力“互联网 +”。[1]

1 阿里研究院.“互联网 +”：未来空间无限［M］. 北京：人民出版社，2015:149-167.

第三节 “互联网 +”文化治理

一、网络舆情的文化治理

互联网时代中，社会实情与网络舆情之间的互动格外明显，互联网已成为思想文化信息的集散地和社会舆论的放大器。中国社会正处于学者们称之为“发展陷阱”的阶段，各种矛盾凸显，网络舆情治理的任务十分艰巨。网络舆情及其治理关涉社会和谐稳定和国家长治久安，成为政府、社会和学界共同关注的焦点，而已有文献表明，它又是一个难点，由此激发人们对网络舆情治理的科学化进程充满期待。

网络舆情文化治理的涵义，可以形象地比喻为以文化之“药”，治疗网络舆情这个社会之“病”。它是以文化的强大功能和天赋柔性特质共同造就的文化力量，对网络舆情施以预防、梳理、引导、化解、调节的社会肌体、社会心理的调理与康复，形成网络舆情文化治理的独特模式与理念。

（一）网络舆情的治理有哪些内容

网络舆情文化治理是在已知网络舆情属性与类型和文化作用的前提和

基础下，对网络舆情以文化引导、化解、转化等主动干预，实现网络舆情的有效治理。这种模式，也可以称之为网络舆情的预期管理。

网络舆情预期管理是以预期目标和主动干预而形成的管理机制与管理模式实施的对网络舆情的管理。它的含义包括：第一，它以确定性为前提，以预期目标做驱动，以网络舆情已知规律、已有信息、管理经验和知识为基础；第二，它以主动干预的策略，依靠文化教化的作用，寓管于教，以确定性因素化解、引导、干预不确定性因素，牢牢把控舆情沿着预期方向变化；第三，它以“预”为纲，化为预测、预评、预警、预案、预期，分布预期管理各环节，各尽其能；第四，它以动态和过程兼顾的管理，动态调整预期和干预力度，以实现预期目标与现实的一致。可以说，网络舆情预期管理，是对网络舆情文化治理的本质把握、科学概括与理论表述，它反映了一种新的理念，即预期管理理念。

预期管理理念推动和指导网络舆情治理模式、思路、机制、方法上的升级或创新。它提示网络舆情治理综合化的不可逆发展趋势。网络舆情分类治理、动态治理、过程治理相结合的模式，是网络舆情治理的基本模式。舆情治理，事前治理是重点，主动干预是关键，舆情预防是基础。

在治理思路上，贯彻“预防为主，应急为辅，引导为主，治理为辅，建设为主，防治结合”的网络舆情治理思路，利于分清缓急轻重，兼顾当前与长远，利于建立和形成网络舆情治理的具体原则与策略，指导网络舆情治理实践。

在治理机制上，实现现实世界与网络世界的互通，消除现实世界中管理者对虚拟世界认识的种种隔膜，管理者以实名或匿名现身于网络，尽管实名或匿名在网民心理层面影响不同，但因为对话、交流、互动是平等的，淡化了身份，易于服理服管，这是人性化管理的细节要求和柔性化管理的优点所在。网络舆情文化治理是人性化和全员参与的治理机制雏形，在预期管理理念看来，它还需要发展和完善。

（二）如何做好治理保障

治理保障是网络舆情文化治理由虚拟走向现实的前提。这就需要做到：

（1）完善领导机制与工作机制。建立和完善党的统一领导、党委有关部门和行政部门参与、党的专门机构负责、属地与垂直治理相结合的网络舆情治理领导机制，中央设立专门机构领导和主持全国的舆情治理日常工作，制定国家舆情治理战略规划、治理指南、治理法规，领导和组织全国舆情研究机构、舆情管理队伍及舆情教学单位开展工作，整合、动员和协调全国舆情治理力量，指导地方舆情治理日常工作的开展和应急预案的制定。地方相应设立专门机构领导和主持地方舆情治理日常工作，履行地方舆情治理的职责和职能。建立值班制度，各级领导及网络舆情工作（监测、分析、预测、预警、上报、应对、善后）各岗位值班，使舆情随变化能动态显示、动态管理，给网络舆情处理预留时间，以保障网络舆情治理的及时性和有效性。

（2）确定治理的原则与方针。网络舆情治理的核心在“导”，基础在“建”，“导”在辩证性，“建”在全方位。化舆情之危于无形是“导”，制舆情信息为公共产品是“导”，将舆情纳入决策的参考也是“导”，后者是网络舆情治理希望达到的目的之一。网络舆情治理的基础在“建”，除了网络的文化建设，道德、法制、科技、政治心理与民族精神等均属在建范畴。此外，关于监控、分析、评估、决策的种种技术手段及模型，需与时俱进、升级换代、不断创新。这些不仅是“建”的若干内容，也是治理的必要手段。

（3）落实队伍建设。建立并形成一支由管、学、研为主体成分、与网络舆情治理繁重任务相适应的工作队伍，才能担当起网络舆情治理的重任。重视网络舆情治理队伍中承担网络舆情引导工作的岗位设置和人员配备，让舆情引导工作者成为专职网络政工师，把他们培养和锻造成党可以信赖、公众信任的新的“意见领袖”群体。加强网络舆情教学和网络舆情科研队伍建设，重视网络舆情基础理论与方法研究，鼓励理论的大胆探索与创新，积极推进已有成果的集成和系统化，倡导理论与实践的结合，使教学科研队伍成为网络舆情工作的重要力量。重视和发挥好新闻宣传战线工作者的尖刀和主力军作用，提高网络舆情工作的战斗力和协同效应。

（三）怎么去创新发展

（1）构建网络新秩序。建立和完善网络相关法规，规范管理各类网站，加强重点新闻网站建设，取缔和严厉打击黄、赌、毒、反站点，处理伪装、包装下的危害国家安全、文化安全、网络安全的各种文化品类与信息，倡导文明上网，净化网络环境，构建积极健康的网络新秩序和网络氛围。

（2）加强网络文化建设。网络作为新兴媒体，从舆论阵地的角度和高度，着力开展网络文化建设，鼓励开发具有中国特色和自主知识产权的数字文化产品，实现文化在网络的完整再现与同步，发展先进网络文化，推进数字图书馆等公益性文化信息基础设施建设，开发精品网络科普资源，完善公共文化信息服务体系，开发加工多样化的文化产品，以满足人民群众日益增长的精神文化需要，保障社会的和谐、安宁，促进社会经济、政治、文化的协调、健康发展。

（3）重视理论研究。国家层面上，将网络舆情研究列入社会综合管理重要专项，在重视高度、投入强度、组织力度和紧迫程度诸方面，保障和支撑网络舆情基础研究，深入展开文化与网络舆情、文化与网络舆情治理等相关性研究，推动跨学科、综合性研究，善于在实践中应用理论，在实践中完善和发展理论，推动网络舆情治理理论与实践的不断发展与创新。[1]

二、网络文化管理体制

对于网络文化的管理，从互联网在我国开始发展的时候就已经在不同

1　李鸣．网络舆情文化治理研究［J］．湖北社会科学，2013（12）．

部门不同层面开展起来，然而网络文化发展过程中一直都存在有害信息与不良文化泛滥的现象，表明我国的网络文化管理体制还不能完全适应网络时代的要求。对我国的网络文化管理问题进行全面梳理，特别是从管理体制层面进行梳理，研究其中存在的问题，提出相应的对策措施，对进一步加强和改进我国网络文化的管理具有十分重要的现实意义。

（一）网络文化管理现状如何

肇始于20世纪60年代的互联网技术，在20世纪90年代开始在我国发展并逐渐普及。1997年，我国第1次互联网调查上网用户数为62万，2011年第28次互联网调查显示我国网民数已达到4.85亿。网络的迅速发展在一定程度上为人们创造了一个全新的生存空间，对人们的生产、生活、学习和思想观念等产生了巨大影响，创造了一个全新的文化：网络文化。“网络文化”虽然并未成熟，但作为一种新的文化形态降临，已是不争的事实。狭义的网络文化是指在网络上生产、传播和流通的文化，具体表现为音乐、游戏、表演、动漫等文化产品。广义的网络文化是指由于网络技术的发展和广泛应用而逐渐形成的包括网络物质生产文化、网络行为精神和习惯以及保障网络健康发展的制度规范在内的一种现代人类文化，具体包括网络技术基础文化、网络制度文化、网络行为文化、网络心理文化、网络内容文化。

网络文化的发展，拓展了人们的公共空间，凭借它的便捷性、时效性、开放性和交互性等特点，极大地方便了人们的生产、生活、学习，对我国民主政治发展、科学知识传播和经济社会繁荣等产生了积极的影响。然而，“一个不争的事实是，网络让优秀文化黯然失色，却为不良文化大开绿灯，有害信息与不良文化同样盛行于网络文化的温床，特别是随着Web2.0技术的不断发展，淫秽色情、网络恶搞、恶意诽谤、网络暴力、炫富拜金等低俗甚至恶俗现象时有传播这些问题主要表现在以下几个方面：一是网络黑客文化威胁网络运行安全；二是低俗媚俗文化导致网络内容失范，“造成是非不分，荣辱颠倒，颠覆主流意识形态和核心价值观”；三是虚假信息和网络谣言随处可见，严重干扰了广大网民的视线，影响社会稳定团结和经济的繁荣发展；四是网络暴力与网络色情把网络文化推向黑暗深渊，严重败坏了社会良好风气，挑战社会道德和国家法律。

网络文化发展的各种负效应，主要在于其发展的自发性和无序化，因此，需要切实加强对网络文化的管理特别是加强体制建设，综合运用法律、行政、经济、行业自律等手段，不断建设和完善网络文化管理的法律法规体系，采用依法监管、行业自律、社会监督等方式。从制度建设和完善的层面，推进网络文化管理，不断规范网络行为，促进网络文化健康发展。

（二）网络文化管理体制的建设路径

建设我国网络文化管理体制，可以在借鉴国外有益经验基础上，进一步完善管理法制建设，理顺管理体系，建立多中心治理模式，掌握网络文化主导权。

（1）借鉴国外网络文化管理体制建设的典型经验。国外网络文化管理体制建设的经验，基本依靠完善的法律法规，严格的审查制度和管理，实行政府与协会共同管理。

美国网络文化发展的基本政策是：“促进互联网的发展；鼓励发展互联网用户并保证其最大限度地从互联网上获取信息；鼓励家庭和学校使用互联网过滤软件；拦截网上不适宜儿童的内容，严惩网络儿童色情犯罪；积极协调和建立互联网安全机制等”。在加强立法的同时，美国还特别注意采用信息过滤和内容分级的方式，加强对网络内容的监管，依靠国防部的网络部队，全天候监控网上舆论，引导利己报道。

英国网络管理方面的主要做法是行业自律和政府指导的多中心治理模式。网络文化管理工作主要由网络观察基金会负责，与由50家网络服务提供商组成的联盟组织、英国城市警察署和内政部等共同签署了《安全网络：分级、检举、责任协议》，制定相应的网络内容管理措施。新加坡对网络文化管理采取相对严格的态度，将网络文化纳入到广播体系中进行监管，在新闻与艺术部成立“全国互联网咨询委员会”，依据《网络管理办法》《网络行为准则》和《网络内容指导原则》，处理有关互联网络和电子信息服务的事务，对危害公共安全与国防(如危言耸听、破坏政府威信、误导公众等)、违反公共道德(如色情、猥亵、暴力、裸体等)的内容，处以重罚，此外，还实行严格的网络审查制度。

（2）完善网络文化管理法制建设。鉴于我国当前网络文化管理法制建设的不足，政府应该积极借鉴国内外网络文化立法具体实践的相关经验，进一步完善符合我国网络文化实际的法律。一方面要制定专门的网络法，规范网络文化管理。当前，宜于尽快制定出一部具有高度综合性、权威性的“网络文化管理方面的法规”，用于指导相关部门制定和完善网络文化管理的行政法规和部门规章，实现现有制度的一致性和有效性。在该法规中，“应规定所有网民，尤其是青少年网民必须接受有关法律的教育或培训，强化上网的法律意识和责任，解决网络中的种种违法问题，加强对网上信息的法律控制，强化网吧管理等。”这样一部法律，要充分考虑到实现网络自由(这是网络文化的根本)和个人网络安全，协调国家、社会和网民的各种利益关系，实现鼓励、支持和保护合法地参与网络文化的创造。另一方面要细化相关法律法规，提高可执行性。针对已经制定的法律法规，有关管理部门要重新检视，对法律法规中不适应网络文化发展的部分作出修改，将原来笼统的、不明确的、有争议和盲点的条款，及时作出修改。

（3）理顺政府网络文化管理体系。当前网络文化管理体系存在多头管理、职责不清等问题，因此，必须及时完善机构设置，明晰部门之间的管理职能，理顺管理体系，避免职能交叉、重复审批和相互推诿。

国家互联网信息办公室的成立，使我国网络文化“政出多门”的多头管理体制得到一定程度的整合，但还不够完善。为了更好地加强网络文化管理，应该把这方面的事务统一管理权限和部门，可以统一到国务院信息办、文化部和工业与信息化部，并进一步赋权于信息办公室，提高文化部网络文化处的管理权限，明确管理职能，明晰相关的责任权利。在注重发挥部门独立职能的同时，完善管理协调机制，理顺部门之间的管理体系。可以在国务院信息办公室下，本着机构简单、功能专一的原则，设立一个了解各部门网络管理职能的部门，专职负责部门之间对于网络文化管理相关问题的沟通，达到部门之间的步调一致，避免管理职能交叉和管理对象的重叠，避免重复审批和相互推诿。

（4）实行多中心治理模式。奥斯特罗姆提出多中心治理，认为多中心的社会管理模式要比官僚制好得多，更贴近管理对象和更有效率。网络文化的管理，可以借鉴英国的治理经验，加强网络社会的自律引导。充分利用非官方或半官方的组织、技术联盟和互联网文化行业协会，协助相关部门，开展网络文化的自我管理。一是要积极依靠中国互联网协会和部分省市成立的网络文化协会，开展网络文化管理。建立和完善相关的网络组织，提高其自我管理与自律能力，建立和优化政府部门与这些行业组织的互动关系，通过他们的号召和组织，推动网民在创造和发展网络文化的过程中自主自觉地遵守相关法律规范与道德要求，促进网络文化的健康发展。二是进一步提升网民参与管理的主动性。网络文化管理，也是对网民思想、行为的引导和治理，如果在这一过程中只是政府单方面的一厢情愿，便很难得到广大网民的信任和支持。只有广泛吸引网民共同参与网络文化管理，发挥广大网民的积极性和创造性，才能共同创造和建设符合社会主义核心价值体系的网络文化。

（5）掌握网络文化领导权。在网络文化管理体制中，政府机关要着重转变文化管理理念和手段，以世界的眼光和全球的视野，本着发扬本土和民族优秀文化的立场，加强网络文化价值观的引导，掌握我国网络文化的领导权。网络文化具有多样性和差异性的特征，在网络文化的管理过程中，要能够包容这些多样性和差异性，改变过往文化管理的强制灌输。管理部门应该转变管理理念，引导广大网民以平等的身份参与网络文化建设。网络文化管理，应该谨慎利用行政手段的强制作用，多利用法律手段的规范作用、经济手段的调节作用、技术手段的运行保障作用和道德手段的行为引导作用。最大限度地发挥和利用主流媒体的宣传功能和舆论引导作用，依靠主流媒体的发声来主导网络文化的发展方向，建设、发展和巩固积极向上的网络文化。[1]

三、“互联网 +”与文化治理机制创新

文化治理兴起于20世纪后半期，联合国、欧盟在文献中都有对文化治理理念的论述，其内涵是将政治领域的治理变革引入文化管理中，通过政府与非政府组织的合作，形成文化管理的治理格局。在国内研究中，基于“文化 + 治理”这一复合形式，人们对文化治理的理解有两种视角，一种是对文化的治理，另一种是基于文化的治理。对文化的治理是将治理引入文化，强调的是文化公共行政要从传统的管制模式转变为现代的治理模式。基于文化的治理是将文化引入治理，强调的是将文化功能纳入社会管理的视野，认为文化治理就是利用和借助文化的功能用以克服和解决国家发展中问题的工具。

文化治理不是简单指发挥文化的社会功能，而是具有特定的问题意识和政策指向，它是作为社会资本的文化要素在网络化治理中的应用，这一应用既体现在对文化的治理中，又体现在基于文化的治理中。[2] 所以，“互联网 +”时代的文化治理一定要关注特定城市和社会的发展实际，不断创新文化治理的体制和机制。

（一）新兴城市的文化治理机制

新型城镇化面临着对传统文化的破坏、乡村伦理的解体、市场化带来

1 龚成，李成刚．我国网络文化管理体制建设中的问题及对策分析［J］．新闻界，2012（4）．
2 廖胜华．文化治理分析的政策视角［J］．学术研究，2015（5）．

的道德沦丧等一系列冲突和社会问题。通过公共文化生活重新构建公共性，将发挥越来越重要的社会治理功能。我们需要反思以往城镇化过程中政府主导基础建设、大量拆迁、重复投资的行为以及忽视市场的真实需求与民间自主的能动性等缺失，重新评估文化在公共领域中的作用。

（1）促进公民积极的文化参与实践。公民文化参与既是民主的表现形式和公民文化权利的重要内容，又是公民实践民主、维护公民文化权益、培育公民责任的重要工具。未来，公共文化服务体系发展应该更多地思考：如何在公共文化领域中通过组织管理和制度设计破除公民文化参与方面物质或非物质性障碍，突出公民的主体性，增进对话与沟通，在交往实践中扩大每个人的文化机会和选择范围；如何建立多元渠道让公民有合法途径影响公共文化政策和公共文化生活，促进公共选择最优化。公民主动性参与公共文化领域中的交往活动，在于他人的关系和共同行为中，可以解放个人的潜能、建构有效能的公民；可以增进一个人的思想、情感及行动的力量；可以从消极的文化接受者变成积极的文化生产者。

在中国一些经济发达、生活创新度高的城市中，我们已经看到作为个体的公民以及由个体公民组成的民间文化团体组织在公共领域内发挥了不可忽视的影响。他们的文化实践领域已涉及社会的方方面面，体现了强烈的社会问题意识及对新生事物的敏锐感知。这类非政府组织因为立足社会基层，所以具有强大的生命力及对公众文化需求的快速反应能力。他们在专业领域内的积极作为可以成为公共文化部门所提供的综合性、同质化服务的必要补充。

（2）搭建开放的创意社群网络。城市文化的衰落来自于文化的创造者丧失了创造能力，从而导致整个社会丧失了新的解决问题的能力。与公共领域所强调的集体意识不同，一个社会的创新及创造力更倾向于张扬个体的独特价值和行动力。因此，创意氛围的营造一定是鼓励普通大众增长知识。建立以尊重社会个体的文化选择权、文化创造权为价值导向的创意社群网络，有利于将零散的个体创造力汇聚在一起发挥能量，活跃社会创新。同时，将权利、资源、机会放置于一个有效的网络中进行配置，这是多元文化治理结构形塑的重要基础。

创意社群网络的实际载体表现为各类动态、松散甚至虚拟的网络平台、主题活动和交流机制等。它的积极作用不在于一个实体文化设施、空间的建立，而在于可以把原子化的个体聚集起来，通过个体的能动和个体间的互动，有助于重构基于居住地域认同上的共同体的文化主体性价值，并在社群中获得情感和文化上的归属感。[1]

（二）创新文化治理体制机制

推进国家文化治理体系和治理能力现代化，要求文化治理由传统的文化管理向现代文化治理转变。现代文化治理与传统文化管理在组织结构、管理原则、管理手段、管理方式、管理主体以及绩效评估等方面，都有很大不同。我国现有的文化管理体制机制发轫于革命战争时期，还具有很浓厚的计划经济色彩，行政主导、分业管理、粗放管理等传统管理的特点比较鲜明，推进政府文化管理体制机制创新，实现从传统文化管理向现代文化管理转型可谓是一场深刻的变革。

从文化治理能力现代化来说，主要是实现四个转型：一是从主要依靠行政管理向主要依靠依法管理转型。目前，我国突出的问题是文化内容管理发展不健全，缺乏具有指导性、可操作性和效力层级高的法律法规。建设法治国家，坚持依法行政是我国基本的治国理念，文化领域也不应例外。在文化内容治理上禁止什么，反对什么，都必须做到有法可依，有章可循。

二是从粗放式管理向分类化、精细化管理转型。目前，我国文化内容管理存在着手段粗疏、单一等问题。突出表现在忽视文化产业自身的规律和特点，在管理手段上采取封堵等一刀切的方法，事前引导和事中把控不

1　任珺．文化的公共性与新兴城市文化治理机制探讨［J］．福建论坛（人文社会科学版），2015（2）．

足，基本上是头痛医头脚痛医脚方式。文化内容管理最需要对症下药，需要以精细化、差别化和个性化为管理原则。同时，在管理手段上不能仅仅依靠禁查堵，要加大管理方式的创新力度。

三是从政治挂帅向更加尊重艺术规律转型。文化既有意识形态属性，也有经济属性，更有艺术属性。发展文化产业，实施文化治理，必须把政治规律、经济规律和艺术规律有机结合起来。坚持以人民为中心的工作导向，就要鼓励学术民主、艺术民主，激发社会文化创造活力，做到百花齐放、百家争鸣。就要全面理解主旋律，不能仅仅将主旋律定义为唱赞歌、树典型。只要积极健康，反映人民实际生活的作品都是主旋律。要鼓励反思历史、针砭时弊、回应民众关切的文艺作品。特别是要鼓励艺术家把握时代脉搏，反映重大和敏感题材，发挥文学艺术的社会功能，实现文化在沟通感情、促进社会和谐中的积极作用。

四是从行业规制向融合规制转变。目前，我国文化领域在中央层面实行的还是分业管理，这种格局难以适应文化融合发展的潮流，不利于文化发展。以文化产业管理为例，我国文化产业是由宣传部门主抓，文化部门、新闻出版和广电系统等政府文化部门分业管理，其管理的文化产业门类包括文艺演出、新闻报刊出版、广播电影电视和互联网内容等。但国家统计局公布的文化产业十大门类远远超出了上述范围。文化产业的多头管理不利于文化资源的有效统筹。因此，必须强化大文化理念，稳步推进文化管理大部制，推动从行业规制到融合规制的转型。[1]

1 祁述裕，孙博．我国文化产业发展亟需完成七个转变[J]．探索与争鸣，2014(4)；祁述裕．推动文化管理向文化治理与善治的转变 [J]．人民论坛，2014 (11)．

第四节 本章小结

随着各种技术手段的飞跃式发展，当代城市已经通过包括互联网在内的各种手段，愈加紧密地互联互通在一起。其中物联网、大数据和智能化是“互联网 +”背景下城市未来发展的主要方向。与之对应，城市管理、政府管理以及公共安全，也需要在各个层面不断创新并利用新的技术媒介和发展要素，应对出现的新问题。如果说文化是城市的灵魂，那么基于互联网技术手段生产和创造的各类文化，正建构我们的城市以及居住于此的城市新人类。这给我们的城市文化治理提出了新的挑战。因此，我们要创新文化的治理模式和管理路径，以此来监管和引导网络舆情。在此基础上进一步创新网络文化的管理机制，引领建构中的城市网络文化与社会主义核心价值体系并行不悖。尤为重要的是要积极考察当代中国城市基于“互联网 +”所形成的特殊文化生产模式，推动建设中国特色的文化治理体制机制创新，实现新时代中华文化的伟大复兴。

第五章

大数据时代的城镇规划

大数据时代，城镇发展的主旨就是：释放城镇传统产业无穷潜能，将城镇经济形态从以要素驱动、投资规模驱动发展为主，转向以信息技术创新驱动发展为主，促进研发、生产、输出环节的提质增效和全面升级。

城镇规划是提高城镇综合治理能力的重要手段，是应对人文生态发展环境和社会经济发展变化而采取的战略选择，是在一定区域范围内对城镇发展的总体战略和发展路径进行的部署。因此，城镇规划整合了政治、经济、社会、环境、文化等方面的内容，以高度的集成性和系统的科学性为城镇可持续发展战略提供综合指导。

在大数据时代，城镇发展的主旨就是释放城镇传统产业无穷潜能，将城镇经济形态从以要素驱动、投资规模驱动发展为主，转向以信息技术创新驱动发展为主，促进研发、生产、输出环节的提质增效和全面升级。因此，大数据时代的城镇化意味着城镇的规划、建设和发展从现在的“两化”融合、“多化”融合，发展成为数据“融入”一切产业，[1]大数据时代的城镇规划，将从粗放城市走向集约城市，从平面城市走向立体城市，从视觉城市转向行为城市，从功能城市迈入文化城市。

第一节　大数据时代城镇规划的挑战和机遇

在快速的城镇化进程中，信息的孤岛效应一直是制约城镇发展的因素之一。要建造高效、和谐、可持续发展的城镇环境，需要合理的城镇规划；编制合理的城镇规划，需要了解城镇的发展历程，预见城镇的发展进

1　孙丕恕．激活中国特色的“数据经济”［N］．学习时报，2015-6-1.

程；了解城镇，需要掌握多方面的数据信息，并对信息进行汇聚和分析。然而，传统的数据分析方式已经无法获取数据的更大价值。通过分析处理城镇各子系统运行产生的所有数据，而不再依赖数据样本分析；通过对全部数据发掘分析，获取事物之间的关联关系；通过分析各行业领域的关联性获取新的价值，使城镇管理更加科学化、智慧化成为城镇规划建设的新需求。[1]

一、城镇化凸显的矛盾和面临的挑战

新型城镇化是以城乡统筹、城乡一体、产城互动、节约集约、生态宜居、和谐发展为基本特征的城镇化，是大中小城市、小城镇、新型农村社区协调发展、互促共进的城镇化。新型城镇化的核心在于“以人为本”。然而一些地方政府在城镇发展和管理的思路上，却基本背道而驰。显然，我国传统城镇化发展模式已不再适应现代城镇建设的发展要求。未来，如何提高城镇化的文化质量，优化文化空间，提升治理水平，是新型城镇化必须直面的现实问题，也是当前城镇化进程中文化发展面临的最大挑战。

（一）城镇化、规模化扩张与“人的素质”全面提升不匹配

人的素质问题是影响城镇化进程的最主要因素。虽然城镇化进程开展以来，随着经济发展和精神文明建设的深入开展而引起的城乡差别的逐渐缩小，广大农村居民的素质已经有了一定程度的提高，但总的来说，与精神文明建设的要求以及城镇化的目标仍有相当大的距离。随着新型城镇化的发展，一些经济发达地区率先实现了城镇化，并在经济发展上取得快速增长，但在精神生活上存在的问题，如封建迷信、陈规陋习、社会丑恶现象、破坏环境、享乐主义等，绝大部分都与人的素质不高有

1 林培．用数据信息支撑城市规划［N］．中国建设报，2014-5-6.

着直接的关系。科学文化素质不高，严重制约着人们对新思想与新观念的吸收、新知识和新方法的接受，新的道德准则也难以形成。如果以这样的素质去进行城镇化建设，其结果只能造成社会的畸形发展，这是对现代文明的莫大讽刺。

因此，在城镇化过程中，必须在抓好物质文明建设的同时大力加强精神文明建设。一手硬一手软的结果，必然是物欲横流而精神空虚。这种在西方国家继续上演的道德危机，正是我国的城镇化所要努力避免的。努力提高人的素质，应是新型城镇化进程中文化发展的当务之急，也是城镇精神文明建设的重中之重。当然也只有通过加强精神文明建设，大力开展科学文化和道德法制教育才能完成居民素质的转变，使他们成为真正意义上的社会主义现代化城镇的合格居民。这样以提高人的素质为重点的城镇化才符合社会主义现代化的要求。[1]

（二）城镇化大规模集中建设与文化传承间的矛盾凸显

传统城镇化以投资和廉价劳动力、土地、环境服务为主要驱动力，部分地区在“经营城镇”的理念下，大肆追求土地增值的收益，城镇空间布局的单一性、同质化与文化环境脆弱性、复杂性不相适应的问题逐渐暴露出来，许多历史文化名城、历史文化街区等遗产的保护与整治难免套用大规模、集中式的成片棚户区改造模式，对文化基因传承、文化遗产保护均造成了建设性的破坏。

一方面，在就地城镇化进程中，泯灭文化特色、淡化文化传统、消解文化基因的开发方式十分普遍。一些城市景观结构与所处区域的自然地理特征不协调，“建设性”破坏不断蔓延，城市的自然和文化个性被破坏；一些农村地区大拆大建，简单用城市元素与风格取代传统民居和田园风光，导致乡土特色和民俗文化流失。另一方面，在异地城镇化进程中，农

1　黄理稳，黄英．城镇化与精神文明建设［J］．精神文明导刊，2004（9）．

村人口外迁加速了传统古村落的消失。伴随着城镇化进程，一些传统民间文化的载体——古村落正一步步被逼进狭小的死胡同，部分甚至退出历史舞台。在濒危的古村落中，它们有的偏居深山不为人知，有的虽已引起关注和探究，但保护措施却遥遥无期。随着越来越多的人走出大山或者逐渐老去、死亡，很多古村落可能还等不及人们去发现、去保护，就因为无人居住，加速破败，直至自然消亡。其中，无人居住、背离乡土，成为加速古村落破败的主要原因之一。[1]

同时，破坏性开发导致城市文化记忆难以建立广泛的居民认同。一方面，旧城改造往往使历史城区、历史街区的整体环境日益恶化，本应成为城镇发展核心文化景观的历史城区、历史文化街区和历史建筑等遗产，难以发挥其文化价值而带动土地增值；另一方面，新城开发往往忽略文化空间营造，城市功能、城市环境与城市精神、城市文化难以有机地统一起来。[2]

（三）城镇化"文化评价"缺失使城镇发展缺少有效度量

城镇化是经济、文化、生态和社会等多元要素动态交互的过程，是人类生产和生活方式演进的过程，不仅体现了城镇化引领中国未来全面发展的战略作用，也彰显了一种特定的目标诉求。在以往城镇发展中"文化评价"的缺失，使城镇发展缺少有效度量，文化发展难以全面纳入城镇整体发展战略中，而新城镇建设中新人文环境必须与城镇新规划及布局相一致，对应解决城镇化中的文化硬件设施建设和软环境营造问题，在保护既有的文化基础上生发出适应新变化的文化服务就迫在眉睫。因此，制定基于"文化评价"的新型城镇化指标，一方面，结合区域内城镇规划和人口发展的具体情况提炼出影响文化资源保护和使用的指标，从而引导人们对

1 齐骥．文化治理视角下城镇化空间逻辑的反思与重构［J］．城市发展研究，2015（8）．
2 齐骥．文化治理视角下城镇化空间逻辑的反思与重构［J］．城市发展研究，2015（8）．

文化资源更为有效地利用。另一方面，综合考虑一、二、三产业对城镇经济结构和功能的影响，提炼出文化产业与其他产业实现内部协同一致的评价标准，从而引导城镇化进程中文化产业科学发展。制定出保障基本文化权益的指标体系，从而激发群众参与城镇文化建设的热情。

以上对文化发展的全面考量，必然带来文化评价指标研究的转变——从单一评价向复合评价转变，从建设数量型指标向功能质量型指标转变。文化评价指标体系应立足于新型城镇化背景，其核心诉求就是引导建立强调互动的新型城乡关系。为此，资源要素配置机制、行政管理体制、公共产品与服务提供机制、社会服务体制、共创共享机制、考核评价机制等都应纳入城乡一体的新型城乡关系中来考虑，以此实现城乡互补，推动城乡同发展共繁荣。[1]

二、大数据为城镇规划带来的机遇和创新

上述三个问题充分表明，我国传统城镇化发展模式已不再适应现代城镇建设的发展要求。如何提高城镇化发展质量，优化城镇拓展空间，提升城镇治理水平，是新型城镇化必须直面的现实问题，也是当前城镇规划亟需解决的问题。然而，我国城镇规划和城镇发展研究长期受制于数据的获取，规划工作的数据基础高度依赖官方的测绘数据、统计资料以及政府的行业主管部门的官方数据。作为一个日益依赖数据的综合学科，规划师一直都处于数据饥渴状态。以大数据为依托，城镇规划从数据“荒漠”进入了数据“沃土”，而数据驱动科学（Data-driven Science）的新范式对当前研究城市的假设、归纳和演绎方式等认知论创造新范式，这将为未来城镇科学、可持续发展提供有效的解决方案，大数据为城镇规划带来的与以往城市规划研究方法、工作方式的分野，将城镇规划带入新时代。

1　刘江红．文化发展：新型城镇化的“新指标”［N］．光明日报，2014-8-11.

（一）大数据推动城镇规划的精细化，并转向了复杂的模型模拟

利用大数据时代丰富的数据，城镇规划研究可以发现传统统计周期中更多的变化，研究城镇及城镇化在更短时间内的运作方式，而不再受制于数据统计周期，可以更多地研究城镇人口流动的运动方向和机动性，而不再限制于空间固定的土地使用场所。首先，城镇规划研究将从粗糙的集合转向精细的个体。[1] 在大数据时代之前，城镇规划更倾向于在宏观层面分析研究集合的集体行为，对研究对象做相对粗糙的集合，强调个体行为的同质性，避免因数据缺乏、计算能力有限而难以分析的个体复杂行为。大数据时代丰富的数据和新兴的数据处理技术，如智能手机的普及、车载 GPS 的推广和物联网的应用等，将为城镇规划在微观层面的研究提供基于个体的高精度的时间、空间数据，为深入挖掘个体行为差异及其对集合的影响提供可能。其次，城镇规划研究将从相对简单的观察转向更复杂的模型模拟。此前，受限于数据缺乏、计算能力低，传统的研究工作不得不从少量的观测数据中提取信息、寻找结论，[2] 并减少研究中应该关注的要素，采取少变量，甚至单一变量的研究方法。这导致在研究很多复杂的城镇现象时，难以描述诸多要素及其彼此间的相互关系，难以发掘这些要素的内在相关作用和由这些要素构成的城镇复杂系统的运作规律。利用大数据时代丰富的数据，城镇规划研究可以更充分地验证当前城镇研究中的假定，采用更为复杂的模型分析城镇系统、模拟多变量的结果，甚至发展新的理论。例如，分析企业名录中的文本数据所代表的空间位置、商务关系，研究城镇网络复杂性结构特征。[3]

---

1 张翔．大数据时代城市规划的机遇、挑战与思辨［J］．规划师，2014（8）．

2 MILLER H J . The Data Avalanche is Here.Shouldn't［J］. Journal of Regional Science，2010（1）．

3 赵渺希，朵朵．巨型城市区域的复杂网络特征［J］．华南理工大学学报（自然科学版），2013（6）．

（二）大数据推进城镇规划的民主化，并实现了规划的众包参与

基于大数据本身的特性，其提供了从“小样本分析”到“海量呈现”，从“滞后化”到“实时化”，从“专家领衔”到“公众参与”，从“人工化”到“智能化”，从“分散化”到“协同化”等多维转变的可能。“众包实践”的规划变革，更加有利于实现“以人为本”的城镇化，有助于推进新型城镇化进程中的基本公共文化服务均等化，促进社会进步和公平正义，让全体居民共享文化发展成果。

众包指的是一个公司或机构把过去由员工执行的工作任务，以自由自愿的形式外包给非特定的（而且通常是大型的）大众网络的做法。以互联网为代表的信息化正以惊人的速度改变人们的生活、学习、工作及思维方式，在此背景下产生的众包商业模式，与传统商业模式相比，具有开放性、参与性、无边界、创新性等特征，将成为经济增长的重要引擎。以互联网为平台的资源整合与协同创新模式将以往架设在不同学科之间的藩篱打破，集结了不同领域的学者协同合作解决难题。[1]

众包具有开放性，推动了城镇规划中资源共享的实现。传统企业经营管理受外包模式的影响，秉承社会专业化分工思想，将企业的非核心业务外包给第三方，而保留自身核心业务。而在众包时代，企业将会把其核心和非核心业务悉数众包出去，保留自身整合能力，利用开放的网络平台，吸取所有有价值的创意。众包所强调的参与性，突出了城镇规划中社会公民的地位。对于城镇规划的主体而言，城镇的消费者也是创造者。众包产生于上万人的非组织行为，形成了由专业人士、业余爱好者、兼职者、发烧友等组成的创新群体，他们具有较强的创新热情和能力，而且往往更加知道自己的需求。利用众包平台对这一群体加以引导，启发、鼓励其参与创新，实现以用户为中心的创新，这将比以传统制造商为中心的创新更有

1　张文建，柏波．基于众包的旅游咨询业创新研究［J］．旅游论坛，2012（5）．

价值。[1]众包所推崇的创新性，加速了城镇规划中工具创新的实现。对于城镇规划的主体而言，大众创新是未来的发展方向。传统企业的创新是内部的小众创新，创新水平的高低由内部专家、行家、技术人员的能力决定。而众包主张开放式创新，认为人人都有创新能力、都应该参与创新，创新不仅能给企业带来效益，也是参与者自我价值的实现。企业在日常经营活动中，通过众包平台引导大众的支持和参与，培育大众参与式创新文化，发挥大众的首创精神，实现双方价值最大化。[2]

1 张文建，柏波．基于众包的旅游咨询业创新研究旅游论坛，2012（5）．

2 张文建，柏波．基于众包的旅游咨询业创新研究旅游论坛，2012（5）．

第二节　大数据时代城镇规划的创新和发展

一、大数据时代城镇规划的创新演进

“大数据”在IT行业是指需要新处理模式才能具有更强的决策力、洞察发现力和流程优化能力的海量、高增长率和多样化的信息资产。大数据并非一个全新的或者可以严格定义的概念，在城镇规划中，通常我们可以将大数据理解为互联网和物联网产生的海量数据资源。与传统的以静态统计和抽样方法获得数据相比，依靠大数据分析技术可以实时对所有样本进行可视化和相关分析，可以更为全面客观地描述城镇的现状和问题，规划也获得了动态评估和调控城市空间的手段。

（一）大数据的创新应用不断提高城镇规划的实施效率

大数据技术的海量数据存储和高效数据处理能力，有利于提高规划编制的工作效率及服务能力。因此，对规划大数据的分析将为规划决策、规划管理和规划评估带来更有效的支持。

第一，大数据时代的城镇规划数据收集正逐渐从“小样本分析”向海量、多源、时空的数据收集的转变：传统城市规划的定量分析依赖于统计年鉴等小样本数据，在大数据时代，基于对海量、多源、时空数据，特别是对社交媒体数据、手机数据和传感器数据的分析，可以在时间与空间两个维度上对规划范围内的社会、经济和交通等活动展开研究，从而得到对于城市全貌的全景展现，如图 5-1 所示。[1]

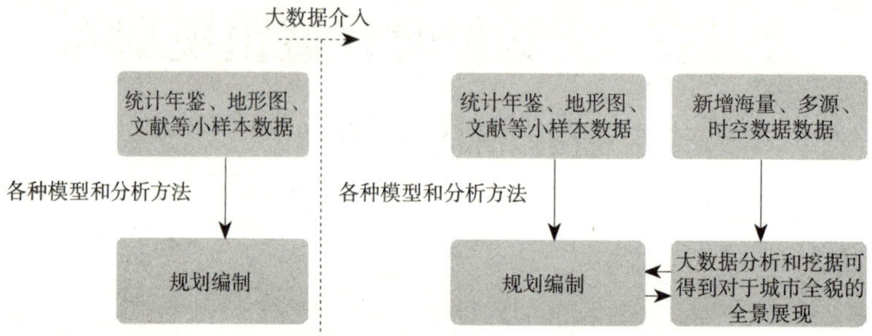

图 5-1 大数据时代的城镇规划模型及分析方法

第二，大数据时代的城镇规划反应速度正逐渐从“滞后化”向“实时化”转变：在大数据时代，城市规划所需要的各项基础数据有望以“月”“天”甚至是“小时”为单位而被获取、分析和呈现。由此，城市规划编制在数据使用方面可以做到近乎实时化的分析处理和响应，快速应对当前高速城市化进程中涌现的各种问题，如图 5-2 所示。[2]

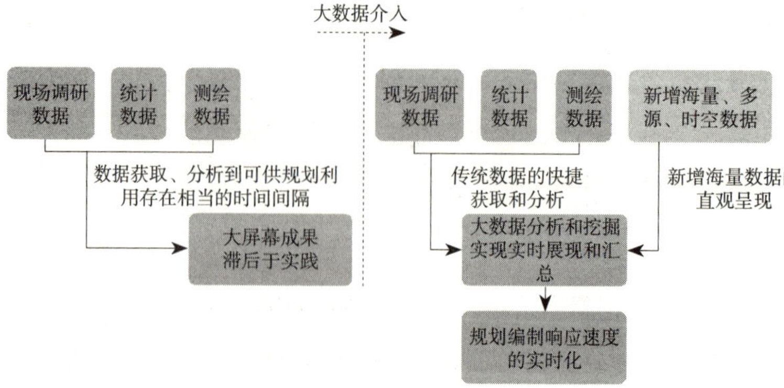

图 5-2 大数据介入在城镇规划数据处理中的应用

1 李刚，高相铎．大数据时代下的城市规划编制工作流程［J］．规划师，2014（8）．

2 叶宇，魏宗财，王海军．大数据时代的城市规划响应［J］．规划师，2014（8）．

第三，大数据时代的城镇规划正逐渐从“专家领衔”向“公众参与”的方式转变：海量个体数据搜集与挖掘的简易化，使得城市规划在公众参与方式上能够有针对性、有重点地根据不同的对象做出参与邀请和信息回馈，从而实现真正的公众参与规划全过程，如图 5–3 所示。

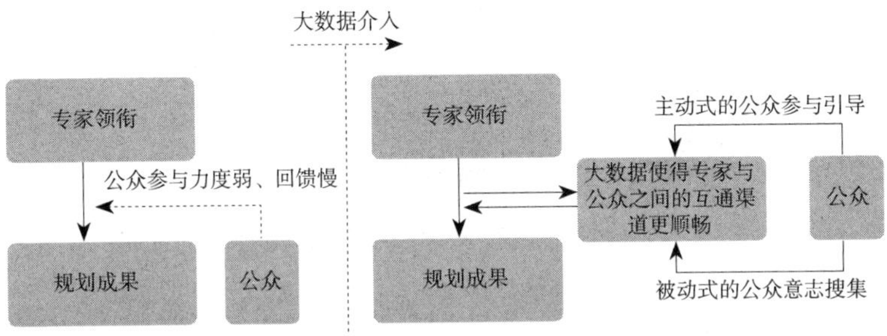

图 5–3　大数据介入在城镇规划公众参与中的应用

第四，大数据时代的城镇规划正逐渐从“人工化”向“智能化”的转变：基于大数据的规划编制可以轻松构建一个海量的案例数据集，来辅助城市规划编制过程中的各项决策制定，如图 5–4 所示。

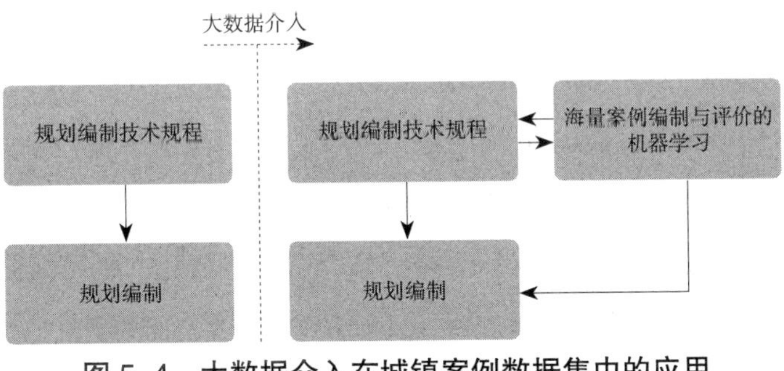

图 5–4　大数据介入在城镇案例数据集中的应用

第五，大数据时代的城镇编制策略正逐渐从“分散化”向“协同化”的转变：通过技术手段，获取居民活动、交通流量和生态环境等数据，并与传统的规划、土地及经济社会等基础数据相结合，为城市规划、土地规划和经济社会规划等提供更为统一、全面、精准的基础数据来源及对接平台，进一步协调数据统计口径，实现信息共享、不同主体协作规划和空间融合建设等，最终实现规划统一的信息联动平台——“一张图”管理，如图 5-5 所示。

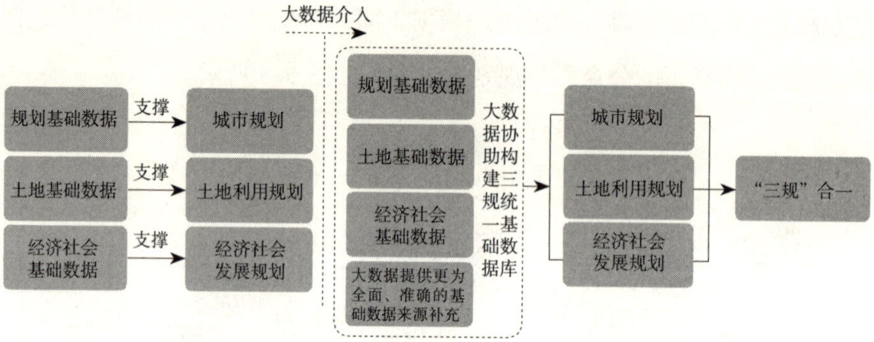

图 5-5　大数据介入在城镇编制策略转变中的应用

（二）大数据的创新应用不断提高城镇规划的评估效率

“大数据”表面看来是一系列静态的数据堆砌，但其实质是对数据进行复杂的分析之后得出一系列规律的动态过程，城市的运行体征就是通过这些数据进行量化表现出来的。现在，这些数据散落在各个职能部门中，“大数据”就是要收集这些有关城市运行体征的数据，帮助城市管理者进行数据汇总、分析，最终对城市体征的量化形态即各类数据进行管理，供城市规划决策者使用。[1]

第一，大数据时代的城镇规划关注要点正逐渐从“以空间为本”向“以人为本”转变：随着大数据时代的到来，基于居民个体的大量、多源数据的出现，为城镇规划提供了一条展示居民与城市互动的“捷径”。在城市研究上，通过大数据分析，对居民个体数据进行逐一处理，获得传统方法无法展现的实际整体图景，切实考虑人的活动，做到以人为本，如图 5-6 所示。

1　林培．用数据信息支撑城市规划［N］．中国建设报，2014-5-6.

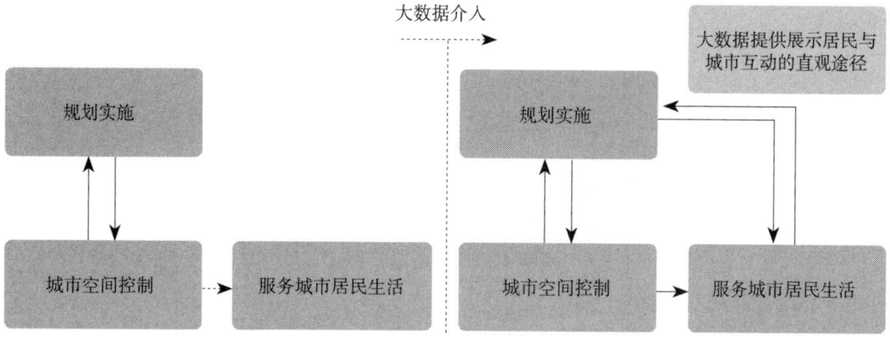

图 5-6　大数据介入在城镇“以人为本”规划思路中的应用

第二，大数据时代的城镇规划实施过程正逐渐从“静态、蓝图式”向“动态、过程式”转变：在大数据的支撑下，规划的编制实施过程将真正转变为“规划编制—规划实施—数据、信息反馈—规划修正(或修编)—规划实施”的良性循环，实现在整个规划期内，城市各子系统内及各子系统之间的快速、弹性互动，如图 5-7 所示。

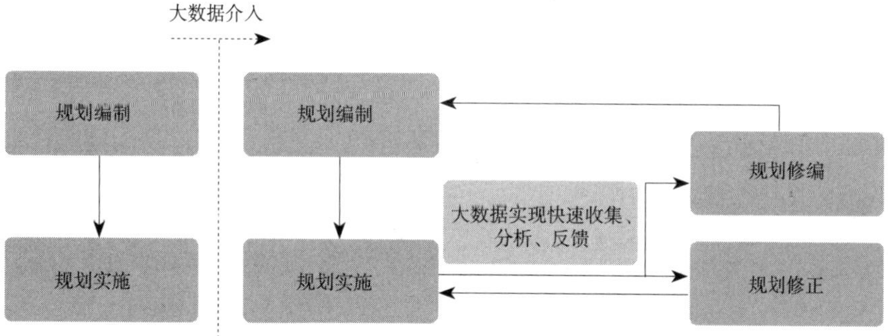

图 5-7　大数据介入在城镇规划实施和反馈中的应用

第三，大数据时代的城镇规划评价正逐渐从“粗放化”向“精细化”的转变：不同于以往的传统数据，大数据基于个体数据的海量特征，对极大数量样本进行呈现，城市规划工作者直接面对个体精细而整体完整的城市发展和运行态势，推动评价准确性的有效升级，如图 5-8 所示。[1]

1　叶宇，魏宗财，王海军．大数据时代的城市规划响应［J］．规划师，2014（8）．

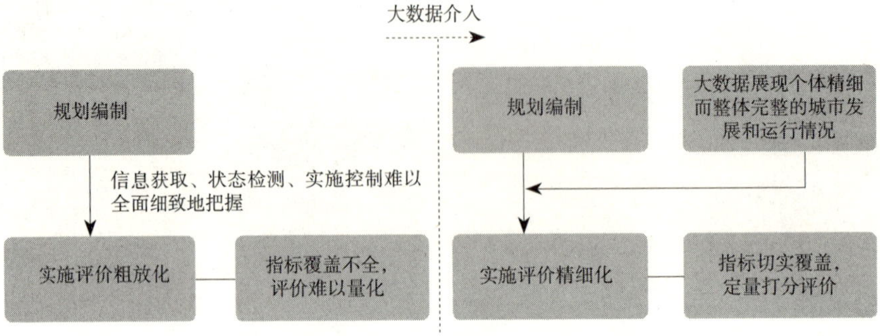

图 5–8　大数据介入在城镇规划评价中的应用

总体而言，基于大数据的规划信息挖掘、分析，将城市规划学与相关学科更好地关联起来，形成新的理念、模式和手段，为新型城镇化发展带来更加科学的顶层设计，为城镇可持续发展提供更微观的决策支持。可以说，基于大数据的规划分析（如表 5–1 所示）将给规划实践工作带来新的分析结果，完善城市规划理论。

表 5–1　传承城镇规划与大数据时代城镇规划的对比

传统城镇规划	大数据时代城镇规划
粗略的“区域科学”：城市经济学、社会物理学、中心地理论、交通工程学等	以大数据为依托、基于调研分析的新城镇复杂理论及网络科学
静态的、截面的、系统论的视角：模式化、自上而下	演进的、复杂科学的视角：离散性、自下而上
50 年前创立：集合层面的模型	20 年以来的新技术和新工具：分散的、离散的、个体层面的模型
调查、统计数据和较低计算需求	数据可获得性与计算机计算能力不再是制约城镇规划的主要问题
城镇发展的概况：宏观层面	城镇发展的细节：宏观、中观和微观层面兼具

二、大数据时代城镇规划的创新工具

城市规划是一项复杂的工程，需要多领域的数据信息作为规划编制的参考，包括土地利用、经济发展、能源利用、废弃物处理、交通、水资源利用、信息化建设和能力保障等多方面领域，涉及的政府部门和企业众多，如公安、城管、卫生、路政等分属不同的行政部门，这些给数据共享带来很大难度。在这一境况下，大数据在城镇规划中的创新应用迫在眉睫。

（一）新媒体成为协同规划及公众参与的最佳工具

随着新媒体技术的发展，社交网络、位置服务、移动终端等新媒体工具逐渐应用到城市规划实践。新媒体及其产生的“大数据”作为研究“人”的新工具，一方面形成了新的城市规划公众参与方式，另一方面为城市规划研究提供了新的分析工具。以社交媒体为例，社交媒体是信息技术发展的重要趋势，也是公众参与城市空间治理的重要渠道和最重要的大数据源头之一。

在以往的城镇规划中，公众参与渠道的不畅通和相关机制的不完善，限制了公众对城市和规划诉求的表达。我国的城市规划公众参与，更多地集中在政府发起的，“自上而下”的“公示”“意见征集”等，如南京市城市总体规划修编中的实践，[1]而“自下而上”的参与往往因公民社会体系发育不健全，难以实现。在政府、市民和规划师等主体之外，中立的第三方力量在公众参与中发挥了越来越大的作用，第三方在西方的城市规划理论中主要指非政府组织（NGO）和社区组织。

以首尔城市规划的制定为例。首尔城市规划一直注重技术创新和应用。早在 2003 年，韩国政府推出“U-Korea”发展战略，希望把韩国建设成智能社会。“U”是英文单词“Ubiquitous”（无所不在）的简写。这个发展战略以无线传感器为基础，把韩国所有的资源数字化、网络化、可视化、智能化，从而促进韩国的经济发展和社会变革。这一个国家级

1 徐明尧，陶德凯．新时期公众参与城市规划编制的探索与思考——以南京市城市总体规划修编为例［J］．城市规划，2012（2）．

宏观战略具体通过建设“U-City”来实现。“U-City”把信息技术包含在所有的城市元素中，使市民可以在任何时间、任何地点通过任何设备访问和使用城市元素。在建设“U-City”的基础上，2011年6月，首尔发布“智慧首尔2015”计划，向世界展示该市建设智慧城市的雄心。除了志在通过促进绿色交通达到节能减排以及通过促进信息通信产业发展达到产业形态和商业模式创新之外，首尔在促进市民生活方式变革方面也有宏伟目标。[1]

除了以大数据为城市升级和市民幸福指数提升的圭臬外，首尔城市规划中更加注重以新媒体和大数据的方式广泛汲取公众意见指导规划决策。例如，《2030年首尔城市基本规划（案）》制定过程中，首尔社会各界成员广泛参与，包括市民、专家和行政人员3个层面。值得肯定的是，本次规划更加尊重市民的观点，由原来的以行政人员与专家为主，变为市民实质性参与、加强规划程序的民主性。尤其是《2030年首尔城市基本规划（案）》的未来愿景——充满沟通和关怀的市民幸福城市，这是由市民建议后得出的。首尔依托大数据广泛汲取公众意见，将公众意见作为重要参照意见，有效提高了规划“以人为本”的尺度。[2]

在首尔城市规划的公众参与中，市民参与规划的整个过程分为五个阶段，如表5-2所示。

第一阶段为前期准备阶段：针对“首尔的现在与未来以及各领域主要问题”进行了两次问卷调查工作，共计2500人参与了调查（2009年1500人，2011年1000人）。与此同时，面向首尔市民开设了首尔规划网站及SNS，搭建了与市民互动的平台。这一阶段摸清了制定愿景的基础现状及焦点问题。

接下来，自2011年12月至2012年7月，组建由学术界、市民团体等

1 季统．云计算助推智慧城市发展［J］．中国国情国力，2013（10）．

2 季统．云计算助推智慧城市发展［J］．中国国情国力，2013（10）．

构成的33名专家顾问团，经过五次会议，商讨首尔规划的推动体系、制定方向以及市民参与方式等。

表5–2　2011年以后市民参与型首尔规划的制定过程

参与阶段	参与主体	参与方式	参与内容
前期准备	2500名市民	问卷调查	现状问题及2030年首尔愿景
	33名专家顾问团	召开5次协作讨论会	2030年首尔规划的推动体系、制定方向、市民参与方式等
确定愿景与规划课题	100名市民参与团（招募）	2次预备会，2天1夜的正式会议	确定愿景及规划课题
编写规划方案	108名首尔规划制定促进委员会	市民团，3次会议	愿景设定
		各分科（共5科）促进委员会，10次会议	按圈域构思各核心主题规划，空间规划以及土地利用规划
听证会	区厅、市议会以及所有市民	听证会，说明会	提出意见，补充修订
后续监督	所有市民	公示后反馈意见	规划的实施进程监督

第二阶段为确定愿景与规划课题：采用随机选择方式招募100名普通市民组建市民参与团。经过两次预备会和为期两天一夜的正式会议，最后确定2030年的首尔愿景与主要规划课题。2030年首尔的愿景确定为“充满沟通和关怀的市民幸福城市”，市民参与团选定了包括教育、福利、就业、沟通、历史文化与景观、气候变化及环境、城市开发以及维护等七大规划课题。

第三阶段为编写规划方案：2012年11月组建和运营“2020年首尔规划促进委员会”，负责重组城市基本规划的框架，并制定目标与战略。在促进委员会下设首尔规划市民参与团和各分科促进委员会，由市民参与团负责进行愿景设定，由各分科促进委员会负责制定核心主题规划。各分科由20名左右专家、首尔市公务员、市议员、市民团体、各领域市民群体、首尔研究院专家等构成，提出与核心主题相对应的目标与战略。

第四阶段为听证会：由市民、专家、政府官员等协作编制完成的首尔规划（案），经过市民听证会、各地区说明会等收集意见的法定程序，最终定稿。

第五阶段为后续监督：建立长期规划体系，设定各核心主题以及主要指标，对规划每年的实施程度进行监测，将结果公布于众，以鼓励更多市民持续参与和评价，同时，将市民反馈意见及时反映到后续规划中。

随着我国公民对社会理念认识的加深和社交网络的普及，近年在全国范围内已经发生了大量关于城市规划，尤其是历史街区保护的网络事件，其典型模式大都是在某个历史街区遭遇破坏威胁时，由保护志愿者或团队在 SNS 平台上宣传该街区的历史价值和所遭遇的破坏，经过传播和公众人物转发获得大量关注后，被主流媒体报道，继而引起管理部门重视，从而影响公共政策的制定，进而对城镇规划起到引导和辅助作用。如广州西湖路骑楼保护、北京钟鼓楼地区改造、梅州围龙屋拆除事件，都因为新媒体方式的传播而受到社会更大的关注。微信公众号的异军突起和特定微信群的建立，也加快了业内信息沟通与交流，促进了智慧的分享。

以广州西湖路骑楼改造事件为例。2011 年年底，广东省城乡规划设计研究院总工程师马向明在新浪微博上首发广州西湖路骑楼将拆的消息，被迅速转发了上 1000 次，成为广州的一项公共议题。在两周后引爆了广州报纸、电台和电视台对西湖路骑楼去留问题的热议，广州市规划局以前所未有的速度在 7 日做出了回应。最终有关部门重新论证、重做规划，未拆除的骑楼也得到暂保。这种“专业 + 微博 + 传统媒体”的模式，刷新了公民参与的方式，影响力倍增。由专业规划师引领的这场文化保卫战，已不仅仅是简单被动的保拆之争或者是你死我活的新旧较量，而是延伸到如何求取历史建筑与新建筑、街区文化与宗教文化的并存共融，以包容创新的智慧成就又一标志性城市景观的期待。

这也表明，依托新媒体的传播力，一方面，规划从业者可以更加有效传播城市规划的理念和知识；另一方面，所有市民和关注者都可以发出声音，借助网络平台形成有效的组织，表达对城市规划的诉求，维护自己的权利。比起以往的街头问卷等工具，微博可以更有针对性地大量获得特定群体的诉求。微博传播的内容主体也更容易被主流媒体报道，继而引起管理部门重视，从而影响到公共政策的制定。[1]

（二）云规划成为创新城镇规划技术和价值的新工具

伴随着中国经济发展进入新常态，大多数城市的发展也从快速生长期进入稳定成熟期。在新型城镇化的背景下，原有的宏大愿景式规划正在悄然改变。一方面，大量扩张型规划在向存量型规划转变，在旧城更新中倡导的微循环理念正在越来越多地被付诸实践，设计师们也在从大尺度的规划设计转向微胡同、微杂院、微公园的实践探索；另一方面，信息技术的发展促进了大数据、社交网络和自媒体的兴起，让每一个微小的个体变得不容忽视，微博、微信的迅速传播让我们看到了更多草根的力量。从微博、微信到云计算、云服务的技术革命，带动着整个社会的变革。与“微时代”相伴的是城镇规划方式的变革——云规划。

云规划从数据平台、智慧平台到动力平台的演进，正是规划转型过程中从技术理性到价值理性的回归。云规划并不仅仅是停留在技术层面的概念，技术只是基础，价值才是核心，实现话语权与实施动力机制的转变是云规划的价值所在。相对于传统规划，云规划更趋向于一个云平台，提供集合的技术服务与交互式体验，提供互动与共享的多专业协同，提供规划师与政府、市场及社会的沟通协作平台。

“微时代”的“云规划”首先体现在数据集合与数据分析的应用上。越来越多的规划及相关领域的学者关注利用大数据和开放数据开展定量城市研究，并以此来支持规划的编制和研究。我们规划的依据不再是特定的统计资料和现状调查，而是利用大数据来获取所需要的空间信息。

例如，开放街道地图（Open Street Map）等开放地理数据使我们可以在不具备官方测绘资料的情况下开展城市研究和规划工作。北京市城

1　王鹏．新媒体与城市规划公众参与［J］．上海城市规划，2014（5）．

市规划设计研究院（简称“北京市规划院”）曾开展了《多源社会数据的智能获取与规划应用》课题，对互联网上的主要开放和半开放数据资源——尤其是开放的地理信息资源进行了探索和分类，并针对不同网站特征收集和开发了若干抓取工具，进行了比较系统的数据获取工作，生产了一套由点、线、面和社会属性（来自于政府资源网、企业黄页和安居客等房地产信息网站）构成的新空间数据。这些数据成了北京市规划院开展诸多规划和研究项目的重要数据支撑。在具体应用上，利用公交刷卡记录研究北京的通勤出行、职住均衡关系，利用位置微博和签到信息研究北京的城市功能混合程度等，其研究结论都应用于北京总体规划实施评估及相关专题研究之中。

“微时代”的“云规划”还表现在实现规划众包与动力汇集的创新实践中。在这方面，小米模式给我们以启示：小米手机通过发动发烧友、粉丝共同优化和开发了基于用户体验的操作程序，形成了围绕发烧友用户群、粉丝及米粉节的互联网营销，让手机的使用者同时成为手机的生产者与销售者。城乡规划是否也可以尝试让更多的市民、志愿者、设计师来成为规划师或规划实践的推动者呢？实际上我们在国内外的许多规划实践案例中已经看到了这一趋势。从艺术家、学者参与的新乡村运动到建筑师、策展人推动的城市旧区更新，规划实施正由自上而下的模式向自下而上的模式转变，由原来的政府单一管理向多元城市治理转变，在这一过程中，市场的力量、社会公众的力量发挥着越来越大的作用。如何将多种动力集成为规划实施的推动力，云规划平台应该可以起到作用。

北京大栅栏更新计划就是具有代表性的项目之一，这一更新计划并没有只停留在规划方案层面，项目实施公司认为“我们想要的不是另一个计划方案，而是一个平台”。为此，成立了一个开放的多元主体共同参与的工作平台——大栅栏跨界中心，作为政府与市场的对接平台，通过与城市规划师、建筑师、艺术家、策展人以及商家合作，探索并实践历史文化街区城市有机更新的新模式。在这个平台上，依托北京国际设计周“大栅栏新街景”设计之旅活动，推出大栅栏领航员试点计划，通过邀请、征集建筑师、设计师、艺术家、在地居民及商家的方式，尝试解决在区域改造过程中的一系列公众难题，形成实践试点，用创造性思维和设计面对挑战，通过示范激活，以点带面，给大栅栏及内部社区带来直接积极的改变，推进本地居民及商家参与地区共建。目前，通过连续四年的北京国际设计周活动宣传和展示，已有十余个设计群体进入到长期的胡同保护工作中。

城市规划是城市管理的龙头，城市建设与运维是城市管理的龙身和龙尾，规划、建设、运维是所有城市发展的三大核心过程，这三大过程是在城市地理空间与时间的框架下发生与演进的，时空框架是规划、建设和运维的基本框架，时空信息云平台可以充分发挥其天然的优势，实现“一张图”的规划、建设、运维三大核心过程的多部门协同与信息共享的，在规划层面实现“三规合一”或“多规协同”，在建设层面实现项目立项、规划选址、土地供应、规划审批、建设监管到不动产登记的全过程管理，在运维层面实现网格化城市管理及社区管理，利用信息化和智能化手段实现龙头、龙身和龙尾的有机衔接，使城市发展更敏捷。[1]

三、大数据时代城镇规划的创新实践

（一）大数据成为提高城镇治理的有效引擎

随着网络数据挖掘、居民行为数据的采集和分析、数据可视化技术的日渐成熟，规划学界已经意识到大数据技术在现代城镇治理中的作用。对于城镇空间这个复杂的网络，大数据作为一种先进的技术手段，可以通过对其地理信息、社会、经济、人口、生态环境等信息的挖掘，为空间治理提供强大的决策支持，强化城市管理服务的科学性和前瞻性。

第一，大数据为城镇发展创造巨大的经济价值，并提高了城镇发展效

1　施卫良．微时代与云规划［J］．北京规划建设，2015（2）．

能。依托大数据建立城镇治理体系基础数据与案例库，可以有效为城镇治理体系和能力建设提供决策支持系统。同时，研发城镇治理体系和治理能力现代化数字仿真平台，可以有效为实施国家治理体系和能力建设提供菜单和模型。

以韩国首尔市政府依托大数据规范城市发展，提高城市治理效率为例。首尔市政府在“智慧首尔2015”计划中，提出“利用大数据解决市民小烦恼”的口号，下大力气构建智慧城市所需基础设施，促进信息技术和公共服务产业的进步与发展，努力打造以人为本、以信赖为基础的有创造力的智慧都市。在首尔智慧都市的构建中，大数据已成为具有社会和经济价值的重要国家资产。围绕大数据，首尔市以促进信息技术和公共服务产业的进步和发展为目的，着力打造“首尔开放数据广场”公共信息网络平台。这一平台目前共有33个数据库、880个数据集，为用户提供十大类的公共数据信息，包括育儿服务、公共交通路线、巴士到站时间、停车位、各地区天气预报及餐厅推荐等涵盖生活方方面面的信息，并配有图表、数据、地图和网络链接等。

首尔依托大数据汇集的公共信息不断创造着巨大的经济价值。首尔市政府下大力气构建智慧城市所需的基础设施。首尔市网络系统被称为U-Seoul，由正在普及的公共免费无线网络、连接市政府和各区政府的专用政务网络和监控探头网络三个部分组成。该系统使用的一个范例是保护中小学生免遭侵害的U-Seoul安全服务。通过移动终端，家长可以方便掌握孩子的位置。中小学生如果在路上遭到侵害，可以通过监视探头下的按钮报警，警察会根据探头位置第一时间到达。首尔市计划根据开放应用程序接口的利用情况和数据的再利用情况，向市民和企业进一步开放有用数据。首尔市预计，这些公开的公共信息产生的经济价值将达到1.2万亿韩元（1美元约合1119.6韩元），能够帮助私营企业创造多元化的商业模式和价值。

首尔依托大数据实现的终端应用提高了城市的治理效率。为了适应移动互联网发展，首尔市政府依托大数据建设，开发了一系列智能手机应用，其中以“智慧首尔地图”为代表，通过该应用可以查询残疾人设施、首尔市免费无线网络热点、健康餐饮店、图书馆、厕所的位置以及行政信息等，还可以向政府举报违章停车或道路破损问题。此外，首尔市正在推广建立在 NFC（近距离无线通信技术）基础上的支付系统。现在首尔大约有 700 万部有 NFC 功能的智能手机，可以在约 2.2 万家商户使用，涵盖了超市、便利店、加油站、咖啡厅及百货商场等。首尔一家大型超市还在地铁内开设了“智能虚拟商店”。在地铁内的展示板上，每一件商品都有自己唯一的二维码，顾客只需使用智能手机扫描想购买商品所对应的二维码，并用手机在线支付后，该商品就会被送到顾客的家门口，避免在拥挤的大型超市里购物的痛苦。[1]

第二，大数据为“职住平衡”提供了有效布局并提高了城镇交通管理效率。大数据技术及应用的发展为城市生产生活带来了深刻变革，特别是在公共服务、智慧交通、智慧医疗、智慧家居、智慧安防等方面有广泛的应用，对于城市而言，大数据是智慧引擎，能够提升城市智能水平，提高城市空间的治理能力，让居民享受智慧生活。

城市职住关系是影响城市空间的重要因素。随着大数据技术的兴起，对人类行为的探索进入了更深的层次，在这个基础上，城市规划可以引入大数据分析帮助确定符合城市居民时空行为的产业布局。在现阶段，大数据技术可以通过对人的活动方式、行为习惯进行分析，指导老城区功能置换以及在新城区建设中满足职住需求的功能布局。对城市居民行为现有的研究主要集中在对手机信令以及社交网络的大数据分析上。美国麻省理工大学基于对手机信号的研究，着力于找出人类活动的某些基本模式。他们的团队研究了 10 万匿名手机用户的位置及其六个月期间的生活轨迹，发现人的运动轨迹显示的时间和空间具有高度规律性，每一个单独的个体在

1　万宇，马菲．韩国首尔打造智慧都市 用大数据解决市民小烦恼［N］．人民日报，2013-4-24.

一定时间行动之后有显著概率返回到常去位置。通过校正不同活动距离和个体固有差异性之后，最终个人活动特征成为了一个单一的空间概率分布。这表明，尽管他们的活动特征具有多样性，但是人类遵循简单的重复性的活动模式，这种固有的相似性活动模式可能会影响人类流动性引起的一切现象，从防疫、应急响应到城市规划。对于人们出行方式的预测也为服务业及零售业带来了福音。

大数据交通管理主要是以“云计算”信息技术为依托，从较为宏观、全面和立体化的角度对城市交通进行前瞻性的分析预测，为缓解交通问题提供应对思路。其对传统城市交通管理的变革体现在以下几个方面：第一，大数据有助于建立综合性立体的交通信息网络平台。传统交通管理中，大量的交通数据被闲置，主要原因是计算技术的缺失。大数据技术如分布式数据挖掘、基于 MPP 的分布式数据库、分布式文件系统、分布式缓存以及云计算平台可以为城市交通信息的收集分析提供有力的技术支持。通过收集车辆的数量信息、交通与交通出行者有关的时间、空间、气候、地理、图像等信息，对这些信息进行数字化处理，建立城市的综合性立体的交通信息网络平台。第二，大数据变革了公共交通资源配置模式。对于城市公共交通运营调度问题，在传统模式中，人的经验与直觉起到了决定性的作用。即使是基于实地调研的数据分析也有较大局限性，不能铺开研究，这对大中城市日趋复杂的公共交通系统是杯水车薪。公共交通信息与路网数据互相分离，公共交通运营部门不能及时有效地了解路网状况。同时，不同的公共交通运营部门也未能实现数据共享，从而未能保证最佳的换乘服务。随着技术的不断发展，新的数据来源和传媒方式不断涌现，大数据技术能充分利用公共交通历史运行情况中产生的复杂而庞大的数字信息，有效地提高现行交通信息的采集和发布，并通过数字模型分析处理，对整个城市的公共交通系统调度做出恰当安排。第三，大数据能促进城市交通体系的集约化发展。现阶段，城镇化的推进带来了道路交通建设的高峰，但是这些建设大多没有进行有效的合理性分析，造成了土地资源的浪费。虽然很多城市使用 GIS 技术对土地利用与交通承载力进行分析来优化道路交通规划，但是数据处理能力的不足制约了其发展。通过优化交通模型和引入大数据处理技术，利用现有的物质交通设施，以交通结构优化为主、基础设施建设为辅，减少对诸如土地等外部资源的依赖，促进城市交通集约化发展。[1]

第三，大数据为城镇产业规划布局提供针对性建议。据统计，在大数据的信息获取与利用中，产业数据是仅次于政府信息数据的第二大数据来源。城镇产业本身就能够不断地产生或获得新的数据资源。如何有效利用这些庞大数据，提高对消费者需求和偏好的了解，生产出更符合目标人群的商品，实现价值提升，已成为城镇创新发展的新课题。

以大数据在文化旅游规划中的应用为例。为吸引更多的外国游客，法国蓝色海岸区域旅游委员会和法国移动运营商 Orange 联合在蓝色海岸进行调研，对本区游客的游览路线、住宿、游客数量等进行测量和分析。试验期内，Orange 对超过 100 万个在漫游状态下的用户进行了分析。用户电话的定位系统提供了他们在该地区停留的时间，也较为准确地构建出了游客的活动范围。同时，Orange 公司与地区内的数据共享运营商 IGN 合作，有效收集到了该地区游客游览最多的地方、游客偏好的住所、到达该地区及离开的时间等。这些微不足道的信息拼凑而成的大数据通过统计及图示的方式，为地区旅游发展提出了明确的修改方案，比如改善酒店位置、调整接待不同国籍外国游客的方式及地点、针对不同种类的旅游者制定相应类型的活动等。这些方案有效提高了当地的旅游服务质量。同样的，法国旅游发展署也通过委托专业公司或到外国社交网络进行数据收集进行大数据分析。由于中国、日本游客近年来是法国旅游的主力军，法国旅游发展署在中国和日本的社交网络开展了相应的数据收集。

1　大数据与城市空间治理［EB/OL］.（2014-11-12）［2015-10-17］. http://www.chanyeguihua.com/1435.html.

（二）大数据成为创新城镇文化的重要载体

随着互联网技术的渗透和社会的发展，世界变得日益扁平化，文化是保持这个世界纵深感的核心力量。文化资源是一部部厚重的史书、一本本鲜活的档案，记录着一个地区真实的发展历程，承载着当地丰富的社会文化信息，反映着当地特有历史风貌和人情世俗，体现着当地民众特有的思维方式和价值观念。城镇文化特色的形成和发展往往依存于文化遗产、文化生态和文化景观等文化资源，新型城镇化所建设的不仅仅是人们生产、生活必需的物理空间，更是人们赖以生存与发展的文化空间。对于城镇文化的有效传承、城市文明的有序延伸而言，大数据的意义在于重新定义了文化创造方式、扩展了文化资源内容、丰富了创意生成手段、创造出新的文化生态、改变了文化传承方式、丰富了文化哲学。随着大数据产业的发展以及对文化发展新路径的摸索，越来越多城镇文化领域的相关问题可以通过数据化来解决和优化。

随着各类数字化文化资源信息的不断产生，各类数字化文化资源库的不断建立与完善，在客观上为我们建立了一个庞大的、具有大数据特征的数据库和资源库。这为我们进一步利用大数据分析等先进的信息技术手段，实现对这些文化资源信息的整合、梳理、分析、凝练，提供了前所未有的条件。新型城镇化进程中文化传承与创新的基本原则是原真性、整体性、可读性和可持续性。如何利用大数据等先进的信息技术手段，进一步加深对中华民族几千年文明史的系统了解和认知，在更好地支撑我国文化发展的同时，促进城镇化进程中文化资源的保护、传统文化的延续，具有重要的意义和价值。

第一，文化资源数据化的时机已经成熟，但文化产业大数据开发却方兴未艾。第三次文物普查表明，我国现在不可移动文物总数已经达到了76.6722万件，可移动文物，预计在3亿件/组的规模。每年我国新增100个博物馆，平均三天就新增一个。目前，很多博物馆、图书馆、非物质文化遗产保护组织与部门，正在以不同方式、为不同的应用目的，开展对各类历史文化资源的数字化工作，客观上形成了一个前所未有的难得的中华文化资源大数据汇集。但由于这些数字化资源分散在不同的单位、部门，且基本没有统一的格式标准，形成了一系列新的“信息孤岛”。出于各种原因，各自独守一摊，各类数据如果无法汇集到一起，也就难以充分发挥其应有的作用。

文物遗产的保护和盘活是城镇文化规划的任务，也是文化规划的责任。城市文化特色的形成和发展往往依存于城市文化遗产，新型城镇化所建设的不仅仅是人们生产、生活必需的物理空间，更是人们赖以生存与发展的文化空间。所以说，文化遗产是新型城镇化传承的基因库，以丰富的文化遗产为依托，盘活传统资源存量，创造文化产业增量，可以更加有效地寻找到城镇化的文化肌理。文化遗产不是在时间和空间上凝固不变的对象。在新型城镇化建设过程中，文化遗产保护与传承不是时空上凝固不变的保护与传承，不是把文化遗产当作遗物和古董，而是把文化遗产融入人们的日常生活之中，使之具有日常生活的价值与意义。历史文化名村镇是文化遗产保护的重要载体。作为在历史长河中一点一滴地积累起来的历史文化名村镇，从文化景观到历史街区，从文物古迹到地方民居，从传统技能到社会习俗等，众多物质的与非物质的文化遗产，它们都是形成村镇记忆的有力物证，也是其文化价值的重要体现。[1] 从这一维度上看，文化遗产的保护与传承就是以新型城镇化为基点进行的保护与传承，保护传承文化遗产就是为了守护人们理想的精神家园，留住人们难以忘却的乡愁，这也是新型城镇化建设的有效方式和重要途径。当前，传统文化的原生形态正逐渐式微，非物质文化遗产的保存在大多数贫困地区步履维艰，而在全球化、现代化及经济一体化的挤压下，我们的传统文化已经几乎被“全都踏倒”了，文化遗产正面临着从来没有过的危险境地。从这一维度看，创新城镇规划工具，优化城镇发展的规划框架和技术体系，对于文化遗产的保

1　单霁翔．关于城市文化的几点思考［J］．群言》2007（6）．

护、传承和创新具有重要的意义。

第二，将大数据应用到文化产业开发中，可以为城镇化提供源源不断的动力。一方面，基于标准化和元素化的文化资源数据化以及在大数据背景下的产业化应用已经成为主导趋势。文化产业之丰富、巨大，多元化的信息和素材，对大数据式解决方案有必然需求。凭借大数据的处理及思考方式，梳理文化体系中历史、地理、人文、社会、艺术等方面的素材及信息，形成资源数据库，对文化产业发展大有裨益。另一方面，大数据能够促进文化产业价值链重塑和闭环价值系统形成，为文化资源活化利用提供了广阔空间。文化是一个民族生生不息、世代相传的基础，对文化资源的保护和有序梳理是一项复杂、艰难的任务。运用大数据方式，全方位收集、整合文化资源，不仅可以对现有文化资源进行梳理，更可以根据地理、历史、人文等方面文化资源信息，分析挖掘出鲜为人知甚至未有人知的文化资源。

文化及相关资源的发现和与文化产业的融合发展，是城镇文化规划在文化和经济上的双重突破，也是区域文化经济转型的突破。文化本身具有较强的融合力和吸纳力，将传统产业赋予文化的内涵，以市场化的运作方式进行产业开发，将使传统产业因为更高的附加值产生更大的经济价值。在依托文化资源禀赋进行文化规划的实践中，不乏将工业资源、农业资源中具有区域特色或文化特色的部分予以提炼、萃取和创意设计，将其转变为重要文化消费内容和文化消费产品的案例，许多富有区域产业代表性的产品，例如，云南的珠宝玉石和茶叶等，均通过科学的设计和规划，成为支撑区域发展的重要业态。从这一维度上看，区域文化资源禀赋的挖掘整理和分析，首先，要树立对文化发展观的新认识；其次，要赋予洞察力和前瞻性，对文化资源禀赋进行充分的认识，对文化产业经营路径和商业模式进行系统的了解，才能够规划和设计出符合区域发展实际和城镇发展境况的文化路径。

第三，将大数据应用到文化消费指数分析中，可以为城镇经济社会全面发展提供更具针对性的消费产品和服务。从城镇文化可持续发展的角度看，城镇规模对文化消费的作用显著，这也将成为城镇文化规划布局的重要参考系数。新型城镇化的重要指标和目的是农民市民化，使城镇常住人口——农民市民群体在生产收入、生活条件、文化水平等方面得到全方位的提升，从而使全社会素质得到大幅度提升，为构建和谐社会奠定了重要的人文保障。而城乡文化市场的不断扩张，又为城乡居民就业提供了重要渠道。新型城镇化是由产业结构非农化而引发的生产要素由农村向城市流动和集中，农村的生产方式、生活方式逐渐与城市接轨，最终实现城乡一体化的过程。在城镇化过程中，失去土地的农民如何就业将是未来城市发展要解决的重要问题。我国高度重视文化产业，不断出台的各类文化政策将形成一定的虹吸效应，吸引越来越多的有生力量投入到文化发展当中，产生了新的就业高地。

反过来，文化消费能力和消费水平的提升又对城镇规模化扩展起到了积极的促进作用，这也不断成为城镇文化规划空间设计和产业设计的坐标。文化消费是人们生活的重要组成部分，它如同一把尺子，能衡量出一个国家、一个地区、一个民族的进取精神和状态，同时也改变着人们的消费趋向。文化消费还是文化产业规划编制的重点因子，对当下文化消费能力的把握，对未来文化消费水平的判断，以及对城市圈内或更大范畴内文化消费能力的掌握和消费形式与内容的科学预测，决定了文化发展的方向、行业成长的方向、市场集聚的方向和项目设计的方向。我国居民的文化消费演变先后经历了“粗放型消费”阶段，“集约型消费”阶段，目前正在进入更加注重消费品质的“舒展型消费”阶段。文化消费占人均消费支出比重越来越大，这一阶段，文化规划的编制需要设计出充分利用文化资源，创新文化形式和内容，提供高质量、多类型的文化产品和服务，积极引导城市文化消费，丰富居民精神文化生活，使文化在新型城镇化进程中发挥更加重要的作用。

将大数据、云计算科技与移动互联网结合起来，中国的企业可以紧贴市场消费需求，与用户建立一种新型的互动关系，并且深入洞悉用户的产品和服务要求。这是因为大数据除了可以在创意产生阶段提供“源泉”，还可以在创意生成产品后，为其提供输出路径的参考。大数据将基于内容所产生的用户行为、用户数据、用户特征转化为数据资产，并加以挖掘和分析，增强用户获取信息的便利性，实现从产品价值导向到以客户体验价值为中心的导向的转换。大数据以一种科学化和结构化的思维来看待文化创意产业，在迎合新时代消费者心理需要和文化创意产业营销方面有独到之处。在分析消费者的前提下，大数据可以延伸文化创意的信息服务功能。把文化创意产品 App 化，可以形成直接收益与间接广告收益。推动 App 与玩具、教学的互动结合，进入幼儿园或中小学。可以制作健康养生、文化、幼教等关注度比较高的电视节目，提供给媒体行业。[1]

总之，随着大数据时代的到来，运用数据分析和数据挖掘实现文化产品创新和服务质量提升，将成为文化企业在信息时代的必然趋势。谁能够更为主动地拥抱大数据，谁能够更好地将对数据的敏感和专业的领悟结合起来，谁就更有可能在产业转型期占据先机，成为市场竞争的胜利者。[2]

1 陆小兔．大数据提高创意产品转化率 挖掘推动文化消费［N］．中国文化报，2013-12-23.

2 张宜春，蒋伟．大数据：助力文化产业转型升级［N］．中国文化报，2014-1-22.

第三节　大数据时代城镇规划的趋势和创新路径

一、大数据时代城镇规划的趋势

（一）大数据应用将加速智慧城市建设进程

智慧城市是医治城市病的新药方。2013 年，住房和城乡建设部等国家部委出台了智慧城市建设试点的相关政策。2014 年，《国家新型城镇化规划（2014—2020 年）》首次明确将智慧城市作为我国城市创新发展的基本形态之一，随后，国家发改委等八部委联合出台《关于促进智慧城市建设若干意见》，明确了我国智慧城市建设的基本理念、指导原则、支持政策等。智慧城市是“互联网 +”时代城镇发展的重要目标，也是大数据支撑下城镇转型的思路。

智慧城市是一个全新的理念，其核心特征是将信息资源作为重要的生产要素来推动经济转型升级，再创发展新优势。智慧城市就是运用信息和通信技术手段感测、分析、整合城市运行核心系统的各项关键信息，从而对包括民生、环保、公共安全、城市服务、工商业活动在内的各种需求做出智能响应。其实质是利用先进的信息技术，实现城市智慧式管理和运行，进而为城市中的人创造更美好的生活，促进城市的和谐、可持续成长。智慧城市是以互联网、物联网、电信网、广电网、无线宽带网等网络组合为基础，以智慧技术高度集成、智慧产业高端发展、智慧服务高效便民为主要特征的城市发展新模式。智慧化是继工业化、电气化、信息化之后，世界科技革命又一次新的突破。利用智慧技术，建设智慧城市，是当今世界城市发展的趋势和特征。

“智慧”是赋予精神的一种境界，智慧城市则是高于数字化城市、智能化城市，是让市民依托信息化基础建设的完善，充分享受城市信息化带来的智慧化城市生活。“智慧城市”的理念就是把城市本身看成一个生态系统，城市中的市民、交通、能源、商业、通信、水资源构成了一个个的子系统。这些子系统形成一个普遍联系、相互促进、彼此影响的整体。在过去的城市发展过程中，由于科技力量的不足，这些子系统之间的关系无法为城市发展提供整合的信息支持。而在未来，借助新一代的物联网、云计算、决策分析优化等信息技术，通过感知化、物联化、智能化的方式，可以将城市中的物理基础设施、信息基础设施、社会基础设施和商业基础设施连接起来，成为新一代的智慧化基础设施，使城市中各领域、各子系统之间的关系显现出来，就好像给城市装上网络神经系统，使之成为可以指挥决策、实时反应、协调运作的“系统之系统”。智慧的城市意味着在城市不同部门和系统之间实现信息共享和协同作业，更合理地利用资源、做出最好的城市发展和管理决策、及时预测和应对突发事件和灾害。智慧城市的规划维度及规划方法如表 5–3 所示。

从数据在城镇发展中的应用角度看，“智慧城市”规划的整体目标是，以科学发展观为指导，充分发挥城市智慧型产业优势，集成先进技术，推进信息网络综合化、宽带化、物联化、智能化，加快智慧型商务、文化教育、医药卫生、城市建设管理、城市交通、环境监控、公共服务、居家生活等领域建设，全面提高资源利用效率、城市管理水平和市民生活质量，努力改变传统落后的生产方式和生活方式。经过若干年的努力，将城市建成为一个基础设施先进、信息网络通畅、科技应用普及、生产生活便捷、城市管理高效、公共服务完备、生态环境优美、惠及全体市民的智慧城市。结合大数据的时代特征，大数据在城镇规划领域的应用将主要在以下几个方面发生转变。

表 5–3　智慧城市的规划维度及规划方法

维度	规 划 方 法
可持续的生态环境	要有良好的自然生态系统、较低的环境污染、良好的城市绿化和完善的自然资源可循环利用体系。
可持续的经济增长	合理的产业结构和布局、适当的增长速度；节约资源 / 能源的生产方式；低投入、高产出、低污染、高循环、高效运行的生产系统和控制系统。
可持续的社会生活	公众包括居民、企业以及政府机构，要有良好的环保意识并积极主动参与各种环保工作和活动，在全社会提倡一种节约资源和能源的消费方式。
可持续的基础设施	要有健全基础设施的相关法律和法规。整合的基础设施规划和建设资金投入计划。保证城市的安全和效率；还要有一个和城市运营相结合的实有效的制度保证。
可持续的城市形态	具有自然和文化特色的城市构架、街网和交通系统；具有空间标识性和地域特色；相对紧凑的空间布局和有秩序的城市中心区到乡村的空间序列。
可持续的文化精神	具有丰富的城市各个历史时期的文化遗产和文化场所；具有多元文化的包容性和再生能力；具有积极向上、充满活力的城市心态和城市精神。

第一，大数据将更广泛地应用到民生类智慧领域中。在智慧城市概念初期，人们多从整体性角度理解智慧城市，包括第一批、第二批智慧城市的试点都是以城市为主体进行申报。其实，智慧城市本身是个大体系，要建设成智慧城市并非一朝一夕就能完成，在智慧城市整体推进过程中还存在着诸多难题，如资金投入大、信息共享难、商业模式不清晰等，因此在经过了智慧城市亢奋期之后，大家意识到从行业做起、从小做起才是长久之计。因此不管是第三批试点申报要求还是各个地方政府，均从点面试点开始推进智慧城市的建设。预计未来，关乎民生类的智慧领域应用，如智慧交通、智慧医疗、智慧环保、智慧旅游、智慧教育等将进展明显。

第二，大数据将更深入地植入到城镇消费体验中。2014 年，诸多具有行业特点的新技术融入智慧城市建设中。2014 年是 4G 元年，4G 移动高速体验为智慧城市应用推广奠定了良好基础；而 IDC 建设原本就是智慧城市建设的底层基石，随着云技术的逐步成熟，各地的智慧城市数据中心建设均加入了云计算的概念，通过数据中心的云化建设，更大化地提升数据中心海量数据的支撑能力。除此之外，一些智慧城市产业链的成员，如IBM、阿里巴巴、银江股份等均开始在大数据方面加大投资，同时也将智慧城市平台作为大数据获取的来源。预计未来，在整合智慧城市平台建设中，通过大数据发掘等方式实现智慧城市体验提升和商业变现的成功案例将明显增多。

第三，以数据中心和公共 Wi-Fi 为代表的软硬环境建设将更加普遍。由于数据中心是智慧城市有效运行的基础，2014 年很多城市加强了数据中心建设工程。不仅作为数据中心建设的主要提供商——传统电信运营商，相继启动了内蒙古、贵州、黑龙江等地的大型数据中心建设，作为第三方提供商的阿里巴巴、世纪互联等企业也均加大了对数据中心建设的投资。从智慧城市数据中心来看，宁波政务云、贵州七朵云、西咸新区八朵云、重庆两江国际云等纷纷启动，为智慧城市建设奠定了良好基础。此外，公共 Wi-Fi 建设也成为政府智慧城市建设的一项重要部署，以海南为例，该省工信厅正督促和协调电信运营商与各区域业主参照海口美兰国际机场模式，通过商业化运作进行免费 Wi-Fi 建设，逐步实现在全省公共场所、景点景区和星级宾馆等区域开放免费 Wi-Fi。未来这一趋势仍将延续。

第四，以大数据应用为目的的城镇开发将从政府投资为主走向政企协同为主。智慧城市是城市信息化的高级形态，是包含全新要素和内容的城镇化发展模式。政府若既抓管理又管运营，将极易导致城市发展财政不足、可持续发展能力低、管理效率低下等诸多问题。而借助民间资本的力量，将市场机制和经营理念引入城市管理，则既可拓展城市管理的综合资源，又能提升城市管理的能力和质量。为此，2014 年各地政府陆续一些企业签订了一系列战略合作协议。例如，江苏省徐州市人民政府与神州数码、海南国际旅游岛先行试验区管理委员会与阿里巴巴集团、江苏省南通市政府与大唐电信科技股份有限公司、武汉经济技术开发区与华胜天成等，均在智慧城市领域签订战略合作协议，为智慧城市有效推进奠定资金和专业运营基础。事实已经证明，政企协同比政府投资为主的方式更有利于智慧城市建设实施，因此未来这种趋势将更明显。

（二）大数据应用将优化城镇特色产业布局

从城镇特色产业发展的角度而言，城镇规划的关键是“以文兴业，特色发展”。即加强对城乡文化资源的保护和开发，发展特色文化产业。充分发挥生态、历史、人文优势，体现区域差异性，提倡形态多样性，防止千城一面，发展有历史记忆、文化脉络、地域风貌的美丽城镇。推动城镇化进程中文化与旅游、体育、信息、物流、建筑等产业融合发展，提升品牌价值，增加物质产品和现代服务业的附加值和文化含量。

大数据时代，数据即资产。通过大数据技术，对大规模人群的喜好数据进行分析，能够明确目标受众的需求，创造出适销对路的文化产品；通过大数据技术，能够有效分析出用户的消费承受点，找到产品成本和运营收入之间的平衡点，从而在降低产品运营风险的前提下，覆盖最广的消费人群；文化企业通过搜集整理游客的情感体验数据，能够有效分析和提炼市场的时尚和审美发展趋势，这些数据有助于企业实现“产业文化化、产品文化化”。[1]

大数据时代，城镇特色产业的融合发展，尤其是以文化为驱动的传统产业的升级转型，成为优化城镇产业布局的重要引擎。以大数据在智慧旅游中的应用为例。依托大数据“海量信息”的存储、提炼和分析能力，可以更好地挖掘城镇特色文化旅游资源，进而极大地提高城镇文化旅游产品品牌价值。具体可表现为八个方面：

第一，借用大数据，我们可以知道游客在找哪儿，游客的兴趣点在哪

1 陈勇良．推动洛阳旅游进入大数据营销时代［Z］．作者在“大数据时代文化产业的机遇与挑战”高层论坛上的发言，2014-4-12.

儿。第二，通过借助大数据对游客手机信号的监测以及对手机卡归属地的分析，可以快速得出景区游客的来源，为游客群的疏散、引导、分流、安置提供了十分准确的信息。第三，通过借助大数据，智慧旅游浮出水面。智慧旅游是在新一代的信息技术指导下实现旅游供需时空的优化匹配，不断扩大旅游主体旅游自由度的可持续发展模式，其关键是智慧旅游信息平台与旅游者移动智能终端的巧妙对接。第四，借助大数据可以促进精准营销降低成本，以大数据为基础，旅行社可以对客户进行精准的分类。第五，借助大数据可以从海量数据中分出集群，满足特殊群体的个性化需求，提高旅游的性价比。第六，借助依赖于大数据的双向透明的数据平台，游客和旅游服务企业可平等交易实现双赢。第七，借助大数据，旅游业可联手金融业将企业做大做强。大数据可以使金融企业准确评估旅行社的资产和信誉，使旅游企业及时获得银行的贷款和优秀利率。第八，借助大数据，还可以创新很多新的旅游产品。[1]

（三）大数据应用将推进城镇规划“三化融合”

城镇规划的理论和实践不是一成不变的，随着文化科技的融合以及多学科参与城镇规划的日趋活跃，城镇规划的理论不断丰富，城镇规划的实践也不断创新，随着大数据在城镇规划领域的应用更为广泛和深入，以工业化、信息化、市场化和城镇化加速融合为典型趋势的城镇发展路径也将愈加清晰。

一是加速工业化与城镇化融合。改革开放 30 多年来，虽然我国工业化水平迅速提高，但是城镇化水平增长缓慢。由于城镇化发展滞后，导致第三产业比重过小、“三农”问题难以得到有效解决、社会有效需求不足，进而影响到国家宏观经济的运行。由于中国人口众多、地域差异大，城镇化进程将会是一项巨大而复杂的社会系统工程，不同地区因条件不同，也

---

1 岳颂东．实现大数据点金术 提高旅游品牌的价值［Z］．作者在“在第二届中国文化旅游品牌建设与发展峰会”上的发言，2014-4-12.

应有不同的城镇化模式，不能一概而论。城镇规划工作也应根据本地区的实际情况，具有自身的特点。

二是推进市场化与城镇化融合。市场化是指从传统的计划经济向市场经济过渡，这种过渡不仅涉及资源配置方式的变化和经济体制的转型，而且包括了社会经济、政治、法律、文化等各个方面的深刻变迁。市场一方面最大限度地调动了人类的潜能、激发了人类的创造力和经济社会生活的活力，为城镇规划和社会的发展开辟了广阔的前景；另一方面，也给城市和社会带来了前所未有的矛盾和挑战，如私人利益和公共利益、确定性和灵活性、效率和公平、竞争与协作、开发与保护、急功近利和可持续发展的冲突等，这些问题反映到我们的城镇规划中来，迫使我们必须认真思考。实现总体上的社会、经济与环境三大内部效益，使城市在未来不断变化的外部条件下获得可持续发展，是城镇规划工作今后的重要目标。

三是促进信息化与城镇化融合。人类社会正经历着一场空前深刻的转变，信息和知识开始成为最重要的生产力和社会资源。在发达国家，信息产业已经代替传统工业成为主要经济部门。在我国，虽然工业化和城镇化的过渡尚未完成，但信息化的浪潮已席卷而来。由信息化带来的社会生活的变化在一些发达城市已初见端倪。因此，我国的城镇规划不仅要适应工业化和市场化的要求，还要在信息化的浪潮中应进行有针对性的研究。

二、大数据时代城镇规划的创新路径

（一）突出大数据引导下的城镇顶层设计

随着我国大数据发展的宏观产业环境不断完善，城镇化国家战略的实施推进，地方政府也在陆续出台与城镇可持续发展相应的大数据的发展计划，大数据产业链正在加速形成，它们在优化城镇产业布局、提升城镇治理能力等方面发挥着越来越重要的作用。在这一前置条件下的城镇发展，要以大数据为引导，明确我国城镇发展的战略目标和战略重点，统筹谋划以大数据应用为支撑的城镇设计，使顶层设计更加科学、更具前瞻性。一方面，营造城镇规划与建设的“大数据管理环境”。在城镇规划中，加强对城镇特色资源管理的系统规划，提出由管理部门和相关机构共享共建的组织机制、技术框架与发展标准，引导全社会共同围绕城镇特色资源管理的发展战略和目标，开展各类城镇化大数据库的建设；另一方面，建设“大数据共享平台”。加快建立区域大数据公共基础信息平台，统筹建设三级大数据交换共享平台，打通信息横向和纵向的共享渠道，推进跨地区、跨部门信息资源共享和业务协同，促进城镇基础数据的开放共享。同时，围绕城镇大数据发展规划，推动大数据国际信息化交流合作平台建设。例如，在一些城市试点建立“城市数据资源管理中心”，运用公私合作的模式，以企业为建设和运营主体，将政府、社会的数据汇聚和管理，建立城市级开放数据的统一管理平台，为数据应用创造条件。此外，还应当充分利用“城市数据资源管理中心”的公益价值，鼓励创业者利用数据资源创新创业，支持传统行业利用数据资源转型升级，通过数据资源全社会（政府、企业、个人及社会组织）的共享共治，服务于创新国家治理体系建设的目标。[1]

（二）加强大数据引导下的城镇治理能力

城镇规划与建设的组织实施离不开强有力的政策支持。作为城镇发展的重要保障，城镇规划的编制离不开设计符合城镇产业发展路径的政策措施和契合城镇创新发展趋势的规制引导。而对于规划保障措施而言，最重要的目的之一便是通过有效的政策规制保障，提升城镇社会保障管理能力、服务能力和经办能力。大数据对提升城镇综合治理能力十分显著，有助于引导社会保险经办服务管理集约化和精细化。

1 李辉．做好顶层设计 推动大数据开放共享［N］．中国高新技术产业导报，2015-3-10.

同时，对大数据的利用将成为政府提升社会保障服务能力、增强社会保障管理效能的有效手段。首先，制定社会保障大数据研究与开发计划，在基于数据研究的社会保障预警机制方面，着力提升政府在社会保障资金征缴、待遇发放、基金运营、权益跟踪和处理分析的能力，保障公民实时掌握社会保险参保、缴费、受益的情况，及时跟踪由于身份变更、工作调整、户籍变更等所导致待遇调整的信息，寻求通过有效的技术与工具提前识别公民从参保到受益、政府从资金征缴到待遇计发各环节风险的预警与防范。其次，建立一套覆盖全部实有人口的动态信息管理体系，通过政府管理社会保障信息，加强对人口数量、结构、分布、就业、教育、流动迁徙等的综合分析，监测社会群体生产生活发展变化趋势，为社会管理提供基础数据支撑和决策支持服务，为公民提供个性化的服务，推动社会管理创新和公共服务均衡覆盖，以实现管理绩效的最大化。[1]

（三）推进大数据引导下的规划评价体系

我国的规划评估工作正在逐渐推开，但尚处于探索评估技术、积累经验的阶段。大数据为城镇规划的不断完善和与国际对接提供了工具和桥梁。大数据引导下的城镇规划评价体系（如表 5-4 所示）在实践中的应用主要通过收集大量资料数据，结合定性与定量技术提升评估的客观性和科学性，并增加评估工作的可操作性。其根据主体不同而方法不同，主要由三种方法构成：一是由政府部门通过大数据采集对城市发展指标进行监测；二是由政府部门或第三方机构通过专业规划决策支持软件进行评估；三是由公众参与评估城市规划效果和城市发展趋势。[2]

---

1 孙洁．加快社会保障信息资源整合［EB/OL］．（2015-5-26）［2015-10-17］．http://www.rmzxb.com.cn/sy/ztjh/2014/05/26/329743_2.shtml.

2 宋彦，黄斌，陈燕萍，刘志丹，江志勇．城市规划实施效果评估经验及启示［J］．国际城市规划，2014（5）．

表 5-4　大数据支持的城镇评价方法[1]

序号	主要方法	主要手段	具体案例
方法一	建立数据库监测城市发展	使用调研数据客观评价城市发展效果	西雅图政府通过各种途径调研收集到各年数据，其中包括公共共享数据，来自其他政府部门的数据，也有规划局自己持续收集的数据，从而对城市发展进行监测
方法二	利用规划专业软件进行评估	利用规划专业软件如地理信息系统 (GIS) 和规划支持系统 (PSS) 进行评估	波特兰城市总体规划效果评估中的一项评估内容为波特兰是否实现其“建立更紧凑的城市空间结构，推动城市精明增长”的规划目标，即城市社区开发形态是否朝可持续性方向发展，该项评估指标计算借助了 GIS 手段
方法三	公众参与规划效果评估	在公众了解规划成果的基础上，通过收集意见反馈进行公众满意度调查，从而对规划评估成果进行检视	温哥华政府委托第三方咨询公司通过网上和电话抽样调查方式调查公众对环境、居住、贫富差距、人口特征变化、文化、健康、教育、安全等问题（这些问题基于总体规划目标设定），将公众反映结果分为 A、B、C、D、E 五个等级进行综合评定。并通过每年持续对公众进行满意度调查，得出历年公众满意度变化趋势

（四）加强适应大数据的复合型人才培养

大数据时代，对城镇规划人才提出了新的要求，以大数据应用能力为市场需求的人才缺口愈加凸显。美国大数据及商业智能软体公司 SiSense 调查研究指出，目前市场数据资讯分析相关人才起薪约为年薪 5.5 万美元，相较美国大学毕业生平均年薪 4.76 万美元，高出 7400 美元，而最高薪的数据科学家，平均年薪为 13.2 万美元，打败一大票科技公司的高阶工程师，而且这个差距还在继续拉大中。市场对大数据人才有着旺盛的需求量，大数据人才培养问题就显得愈发重要。大数据的相关职位需要的是复合型人才，要能够综合掌握数学、统计学、数据分析和自然语言处理等多方面知识，但目前国内还没有高校能培养出这样的大数据人才。为了适应大数据时代城镇规划的创新，需要通过跨学科的方式、产学研结合的手段

1　宋彦，黄斌，陈燕萍，刘志丹，江志勇．城市规划实施效果评估经验及启示［J］．国际城市规划，2014（5）．

进行城镇规划和数据应用以及相关学科资源的整合，一方面，启动“大数据研究计划”，系统规划大数据产学研合作，支持文化大数据技术的开发、研究和应用示范，提升各类文化资源抢救、修复、复原、记录的相关技术，提高各类形式媒介注录效能的相关技术。通过吸收数字化、智能化、网络化的成果，以自主创意和创新的成果发展新兴业态，成为推动产业和城镇双转型的动力。另一方面，加快城镇规划的“大数据专业人才培养”。例如，加强区域大数据产业联盟建设，鼓励院校增设大数据分析、挖掘与应用相关课程，确保毕业生获得必备的专业知识和技能，帮助在校学生及在职人员提升职业技能。

第四节 本章小结

城镇规划是以国家和区域国民经济和社会发展规划为指导，以区域内经济资源、社会资源、文化资源、生态资源为基础，综合考虑城镇发展，确定城镇可持续发展方向、规模和结构，合理配置资源，以获得最佳经济效益、社会效益和生态效益的整体布局。在区域社会发展中，城镇规划是一种工具，旨在通过倡导一种容纳文化建设、经济发展、城市设计、区域开发的思想，使其贯穿在区域－城市总体详细规划的各个阶段层次，从而对城镇未来发展进行决策指导。作为城镇发展的“顶层设计”，大数据时代的城镇规划旨在借助大数据的特性和优势，更好地对城镇资源和资产战略性及整体性的运用，从而提供一种全面优化城镇发展空间和提升城镇产业发展层次的路径设计。

以广阔的视角、全球化的眼光、战略性的思维规划城镇发展路径，设计城镇经济成长模式，是城镇规划成功与否的重要维度。必须认识到，城镇发展是一个动态的过程，区域经济发展的变化、城市规划的调整，各类经济、社会发展和文化变迁，以及区域经济社会发展的连续性和受到经济发展水平制约等因素，均对城镇规划的实施和推进，起到重要作用或反作用。因此，在大数据时代，城镇规划需要逐渐从以“经济活动和建设用地”为核心的物质空间规划转向以“个体日常行为活动”为核心的社会空间规划。显然，以海量化、多源化和高精度数据为表征的大数据时代的到来，为精确认知和掌握城市居民时空行为特点及进行科学的模拟预测提供了丰富的土壤。虽然大数据时代对城市规划的技术方法、内容及实施评价等带来了诸多方面的影响，但城镇化归根到底是人的城镇化，即城市规划需要“以人为本”，关注个体的生活品质。因此，大数据的发展需要满足人本主义的诉求，并与技术主义相结合，协同推进规划设计、规划思路与方法创新，而非技术主义至上，过分夸大其对城市规划的影响。只有这样，才能将大数据转变为促进城市功能品质和市民生活需求的切实提升，为新型城镇化背景下的城镇建设提供重要支撑。[1]

在关注大数据时代城镇规划的同时，还必须认识到，城镇并不是单一存在的区域主体，而是在城市圈分工中协同创新的单元。全球经济一体化下，城市圈是国际交流、分工和竞争的基本单位。构建城市圈与全国、全球各城市圈之间进行交流、分工的广域交通体系，是强化城市圈国际竞争力的关键所在。[2]随着区域之间的竞争逐渐演化为城市群与经济圈之间的竞争，区域之间的竞争合作更加密切，广域经济社会发展的联系愈加紧密，以经济比较发达并具有较强城市功能的中心城市为核心，同其有经济内在联系和地域相邻的若干周边城镇所覆盖的区域组成具有更大经济吸引和经济辐射能力，并能够达到并能促进相应地区经济发展的城市圈，[3]成为经济发展战略的重要部分。

从上述角度看，城镇发展与区域经济发展关联紧密，城镇发展各要素之间的流通和市场资源的配置，常常超越区域范畴，跳出行政区划，形成活跃的现代市场体系。在推进城镇化建设过程中不能囿于一地之隅，而应

1　叶宇，魏宗财，王海军．大数据时代的城市规划响应［J］．规划师，2014（8）．

2　周牧之．要小城镇，也要大城市圈——关于我国城市化发展的另一种思考［J］．中外交流，2002（10）．

3　罗明义．论城市圈域经济的形成规律及特点［J］．思想战线，1998（4）．

“高瞻远瞩”，及早谋划，主动融入大城市体系中，为城镇发展开辟和预留下更大的空间。随着新型城镇化背景下城市群战略的逐步推进，城市圈内一个或多个经济发达的功能性城市，将成为区域经济的增长极。在这一背景下，城镇规划的制定，在借助大数据进行本土经济社会发展分析的同时，更应当以大数据的无边界性为参照系，考虑城市群和经济圈协同发展背景下，跨区域的竞合及同质化竞争的有效规避、稀缺性项目的策划和设计，而且应当充分利用城市群和经济圈在通勤上的密切关系，利用中心城市和周边城市在经济中较强的融合性与互补性，形成文化经济一体化背景下，具有独特吸引力、竞争力和辐射力的文化经济体。

城市群与经济圈协同发展背景下城镇规划的制定，必须考虑到围绕大数据海量信息处理能力而进行资源的有效配置。城市圈域经济内具有一体化和发达的基础设施网络，为大数据应用提供了有利条件，它们形成了圈域内产业结构互补和多元性发展，具有不断创新和向高级化演进的能力，并能从空间上不断地向外扩散和延伸，具有较强的外向型经济功能，并参与国际分工和国际经济循环的能力。[1] 从这一维度上看，大数据时代的城镇规划既要融入城市群总体规划，又要在区域格局中保持相对独立和具有特色；既要以城市群为消费市场，建立面向全球的特色城镇发展体系，又要以强大的杠杆性驱动本土社会经济的全面发展，以全面、综合的协同创新能力驱动城镇经济社会发展。

1 罗明义．论城市圈域经济的形成规律及特点［J］．思想战线，1998（4）．

第六章

电商村未来怎么发展

中国淘宝村的出现，不仅破解了农村信息化难题，有效提高了农民可支配收入，提升了农民生活幸福指数，也成为拉动农村经济发展、促进农村创业和就业、缩小城乡数字鸿沟的新型渠道。

自 1995 年中国互联网商业元年至今，电子商务这种新兴经济形态逐步扎根繁盛，已经成为当下影响中国经济增长和发展方式的重要力量。这种成长威力自然也波及了占地最广、人口最多的中国农村。当古老的传统村落遇上现代的电子商务，催生了巨大的核聚变效应。以“淘宝村”为代表的电商村，便是中国农村经济和电子商务发生核聚变的典型产物。中国淘宝村的出现，不仅破解了农村信息化难题，有效提高了农民可支配收入，提升了农民生活幸福指数，也成为拉动农村经济发展、促进农村创业和就业、缩小城乡数字鸿沟的新型渠道。从全球范围来看，这都是独一无二的经济现象，值得高度关注与深入研究。

第一节　“淘宝村”的发展现状

一、“淘宝村”的界定

“淘宝村”这一概念最早见诸媒体约在 2009 年，当时媒体关于江苏徐州市睢宁县沙集镇东风村的报道引起了各界关注。和东风村同期崛起的淘宝村还包括河北清河县东高庄、浙江义乌市青岩刘村。这一最早由媒体创造的新概念后由阿里巴巴集团旗下阿里研究院不断理论化、体系化，目前已经成为研究当代中国农村经济发展问题的新焦点。

根据阿里研究院最新界定，“淘宝村”是指大量网商聚集在农村，以淘宝为主要交易平台，形成规模效应和协同效应的电子商务生态现象。具体来看，判定“淘宝村”可以遵循三个原则[1]：①交易场所，经营场所在农村地区，以行政村为单元；②交易规模，电子商务年交易规模达到1000万元以上；③网商规模：本村活跃网店数量达到100家以上或活跃网商数量达到当地家庭户数10%以上。

二、“淘宝村”的发展历程

从2009年媒体开始关注沙集镇东风村起至今，“淘宝村”已经从少数原发阶段进化到了大量井喷、快速复制的阶段。2013年以前，被媒体关注的“淘宝村”寥寥无几，江苏徐州市睢宁县沙集镇东风村、河北清河县东高庄、浙江义乌市青岩刘村是最早的案例。截至2013年年底，全国发现各类“淘宝村”20个，涵盖网店约1.5万家。而截至2014年年底，全国共发现各类“淘宝村”211个，分布在福建、广东、河北、河南、湖北、江苏、山东、四川、天津、浙江等10个省市，覆盖活跃卖家超过7万家，按照店均4人从业计算，已经带动直接就业约28万人以上。短短数年间，从3个到超过200个，“淘宝村”成长速度惊人，已然成为影响中国农村经济发展的重要新兴力量。

回顾国内“淘宝村”的发展历程，时间并不长，也缺乏权威的阶段划分定论，但从中亦能看到不同发展时期内显著的推力差异。

首先是农村草根网商自发形成“淘宝村”的萌芽阶段。“淘宝村”的出现最早始于个别带头农民的自发行为。他们敢为人先，率先试水，并取得良好的经营业绩，从而带动亲戚朋友与周边农户开始加入。此后，在良

1 注：阿里研究院对“淘宝村”的界定原则本身已随产业发展而有所调整。在2013年12月发布的《淘宝村研究微报告》中，阿里研究院对“淘宝村”的界定还强调“农村草根网商自发形成”这一点，而在2014年发布的《中国淘宝村研究报告（2014）》及相关报告中已经不再强调这一点，而转向对交易场所所在地为农村的界定了。

好效益的引导下，村庄农户普遍加入网店经营行列，网店数量、经营规模大幅攀升，形成淘宝村雏形。2013 年及之前出现的“淘宝村”基本是以农村草根网商自发创业模式为主的。

进入 2014 年，先期被发现的“淘宝村”获得了大量媒体曝光机会，并成为先行政策的受惠者，同时也成为后来者的学习对象。这一时期，农民的自下而上的自发创富行为完成了淘宝村早期成长的星星点火，而当网店经营到一定规模的时候，原来需要各个电商经营主体自主完成的若干运营环节，逐渐呈现专业化趋势，政府与协会组织的作用日益凸显。政府的大规模介入帮助地方“淘宝村”得以快速发展，“淘宝村”数量快速增加，地方政府重视升级，并在县域这个层级上树立了一批如“遂昌模式”“武功模式”“成县模式”“通榆模式”等典型模式。从“淘宝村”的快速大量复制到电商引爆县域经济，农村电商发展如火如荼。

在国家政策支持和引导下，电商巨头们大举推进起电商下乡和渠道下沉，将农村电商发展推进至新的阶段。2014 年 10 月，阿里巴巴集团宣布启动“千县万村”计划，即在三至五年内投资 100 亿元，建立 1000 个县级运营中心和 10 万个村级服务站——这也是后来被称为“村淘 1.0”的“农村淘宝”模式。2015 年 5 月，阿里巴巴集团再推“村淘合伙人”，即“村淘 2.0”模式。

与此同时，京东商城也凭借自建物流和自采优势拓展农村 O2O 市场。继 2014 年启动星火试点之后，又在 2015 年启动全国范围内的“千县燎原计划”。苏宁云商 2015 年计划建成 1500 家苏宁易购服务站，并计划在 5 年内建立 10000 家，覆盖全国 1/4 的乡镇。除了电商平台的大举发力，顺丰、“四通一达”等快递巨头也纷纷渠道下沉，布局县级城市乃至乡镇网络。

可见，农村电商已经由当初草根农户自发经营形成的“淘宝村”所燃起的“星星之火”，燎原发展到国家农村经济政策大力帮扶、政府协会统一规划、电商物流巨头合力投入的战略必争高地了。

三、“淘宝村”的现状特征

从最新现状看来，2014 年，“淘宝村”已经进入了空前的快速发展期。在阿里研究院发现的 211 个“淘宝村”中，浙江、广东、福建、河北、江苏五省已发现的“淘宝村”数量在全国总数中所占比超过 90%。其中，浙江 62 个、广东 54 个、福建 28 个、河北 25 个、江苏 25 个。2014 年，中西部“淘宝村”也浮出水面，来自四川郫县的 2 个淘宝村，来自河南、湖北、天津的各 1 个淘宝村进入了中国淘宝村大名单。

具体情况如图 6–1 所示。

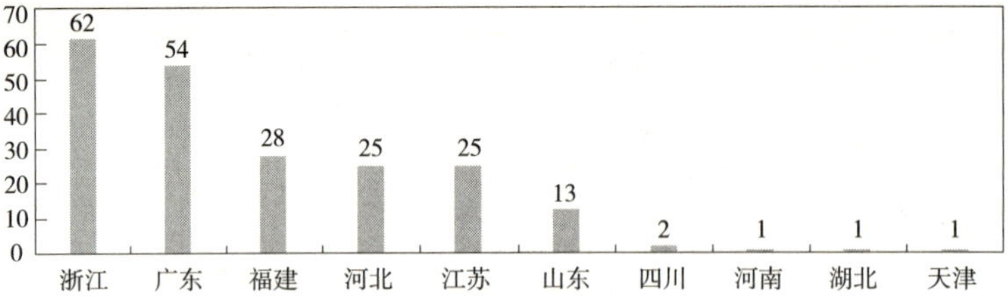

图 6–1　2014 年我国“淘宝村”分布情况

从 2014 年中国“淘宝村”分布可看出，沿海发达地区具有形成“淘宝村”的天然优势：成熟的产业基础，完善的产业配套，开放的思维模式，便利的交通区位等，这些条件的具备为淘宝村在农村的破土生长提供了基础。反观西部的农村，则在上述基础条件方面逊色很多，也有年轻人返乡创业，但并不能改变薄弱的产业基础。这也预示着，当东部的农村再次借助信息化和优势的产业基础率先突破时，西部的农村更需要政府的积极作为，努力弥补农村电商发展上的天然劣势，否则如果一味地等待产业的梯次转移，则东西部农村发展的差距只会越来越大，形成又一次的发展鸿沟，并有可能形成愈演愈烈的马太效应，这无疑是让人不愿想象的未来。

纵观 2014 年“淘宝村”破茧成蝶的过程，地方政府介入与政策推动、产业集群效应与单品制胜策略是非常突出的现状特征。首先，由于“淘宝村”身处“互联网 +”农村的核心地带，受益于各级政府对农村经济工作的持续关注与电商行业地位的不断上升，“淘宝村”普遍得到了各项政策的关注，为此，政府的各类扶植政策也相应出台。其次，浙江、广东、江苏、福建、河北等“淘宝村”较早呈现出产业集群化发展特征，多个地理临近、产业相似的村落抱团发展，如江苏沙集镇多个以家具为主的淘宝村、浙江湖州织里镇以童装为主的淘宝村等（如表 6–1 所示）。“淘宝村”发展过程中凸显的集群效应，一方面说明了传统产业基础对“淘宝村”的有效支撑，也从另一方面印证了新兴经济模式对传统产业转型升级的促进效应。若从“淘宝村”的实际经营策略来看，单品制胜可谓“不二法宝”，大部分“淘宝村”的一种支柱产品就能占到所有销售额的半壁江山，而这些拳头产品往往本身就是当地特色产品。阿里研究院通过抽样数据研究发现：“淘宝村”网店销售额最高的商品都是网购消费常见商品（如表 6–2 所示），其所销售的农产品金额并未进入前 10 位。

表 6–1　“淘宝村”与特色产业集群

特色产业集群	“淘宝村”举例
鞋	晋江市陈埭镇的仙石村和高坑村、磁灶镇的张林村等
	温岭市泽国镇的牧屿村、双峰村、长大村等
箱包	保定市白沟新城的白五村、来远村、王庄村、小营村、许庄村等
	广州市太和镇的南岭村和石湖村、狮岭镇的合成村、新扬村、益群村等
服装	增城市新塘镇的白江村、白石村、东洲村、甘涌村、久裕村、坭紫村、上邵村、新何村、瑶田村等
	广州市太和镇大源村、南村、夏良村
家具	睢宁县沙集镇丁陈村、东风村、夏圩村、兴国村、朱庙村以及紧邻的宿迁市耿车镇大众村
	安溪县尚卿乡翰卿村、翰苑村、新楼村、灶坑村、灶美村
汽车用品	南宫市垂杨镇的宋都水村、段芦头镇的段四村
	天台县坦头镇的东陈村、湖岸村、五百村、鱼山村
床上用品	南通市川姜镇三合口村、义成村、志南村、张芝山镇塘坊村
羊绒制品	清河县葛仙庄镇黄金庄村、许二庄村、杨二庄村、郎吕坡村、张二庄村、西高庄村、杨二庄镇东高庄村

资料来源：阿里研究院：《中国淘宝村研究报告（2014）》

表 6–2 “淘宝村”网店销售额最高的十类商品

排序	商品	排序	商品
1	服装	6	手机
2	家具	7	床上用品
3	鞋	8	玩具
4	箱包皮具	9	服饰配件
5	汽车用品	10	生活电器

资料来源：阿里研究院：《中国淘宝村研究报告（2014）》。

随着“淘宝村”在全国多个区域规模化涌现和集群化发展，“淘宝镇”[1]应运而生，成为一种更高层次的农村电子商务生态现象。基于已发现“淘宝村”的分布情况，阿里研究院在全国发现了19个淘宝镇，如表6–3所示。

表 6–3 “淘宝镇”分布情况

编号	省	市	区 / 县	镇 / 乡 / 街道	淘宝村数量
1	广东省	广州市	增城市	新塘镇	9
2	广东省	广州市	白云区	太和镇	7
3	山东省	菏泽市	曹县	大集乡	6
4	河北省	邢台市	清河县	葛仙庄镇	6
5	山东省	滨州市	博兴县	锦秋街道	5
6	浙江省	温州市	永嘉县	桥下镇	5
7	江苏省	徐州市	睢宁县	沙集镇	5
8	河北省	保定市	高碑店市	白沟新城	5
9	福建省	泉州市	安溪县	尚卿乡	5
10	浙江省	金华市	义乌市	江东街道	4
11	浙江省	台州市	天台县	坦头镇	4
12	浙江省	台州市	温岭市	泽国镇	4
13	广东省	揭阳市	普宁市	占陇镇	4
14	福建省	莆田市	仙游县	榜头镇	3
15	江苏省	南通市	通州区	川姜镇	3
16	广东省	广州市	番禺区	南村镇	3
17	浙江省	杭州市	临安市	清凉峰镇	3
18	广东省	广州市	花都区	狮岭镇	3
19	浙江省	湖州市	吴兴区	织里镇	3

资料来源：阿里研究院：《中国淘宝村研究报告（2014）》

1 注：阿里研究院对“淘宝镇”的定义为一个镇、乡或接到出现的淘宝村大于等于3个，即为淘宝镇。

整体而观，凭借进入门槛低、技术难度小、初始资金需求量少等优势，淘宝网等电商平台成为当下农民参与电子商务的主要阵地。“淘宝村”村民创业的规模效应吸引物流公司、网络服务商等配套服务企业入驻村庄，政府部门与社会组织也加强扶持和引导，电子商务的发展环境不断改善，整个村落走上了依托淘宝网和自身的资源禀赋，创业脱贫、奔向共同富裕的康庄大道。在这一过程中，外出打工的农民以及大学毕业生等中青年群体纷纷返乡创业就业。[1]

短短六年间，“淘宝村”的数量从个位数到三位数，呈现出一派生机勃勃、和谐安定的新气象。而随着电商行业的发展，“淘宝村”也从单一淘宝平台拓展到了腾讯、京东、亚马逊等多个平台，这些村落也从“淘宝村”进化到了“电商村”。媒体数据显示，目前国内江苏、河北、浙江、广东等省份已经形成了 14 个“电商村”，年营业额从数千万至近 20 亿不等。未来，在“淘宝村”自然复制和政府推动的双重作用之下，以“淘宝村”为代表的电商村将常态化，成为中国农村经济发展的必要生产力要素。

---

1 崔丽丽，王骊静，王井泉．社会创新因素促进“淘宝村”电子商务发展的实证分析——以浙江丽水为例［J］．中国农村经济，2014（12）．

第二节　农村电商的发展模式

与城市电子商务发展相比，农村电商发展所依存的基础设施与经济文化条件等方面存在巨大的天然差异，这也导致了农村电商产业结构的特殊性。目前，农村电商的发展还面临诸多难题——第一，农村互联网基础设施建设相对滞后，农村网络覆盖率不高；第二，农村物流配送体系的健全程度与当地经济发展的程度成正相关性，整体上看，农村物流体系建设比较滞后，直接到达乡村更是非常困难；第三，农民购物习惯短期难以改变，目前乡间小卖部与传统集市是农民购物的两大渠道，同时一手交钱一手交货、赊账等习惯根深蒂固，要想改变，绝非一日之功。此外，农民整体互联网应用水平并不高，能用电脑打字就已经非常不容易，更别提利用互联网支付工具了。这些因素都阻碍着农村电商的发展。

长期以来，在上述背景之下，我国农村电子商务是在政府主导下推进的。国家投资兴办了许多涉农网站和电子商务应用系统，政府多采用公司化运作、典型示范加上在农户端培训、组织引导的方式来推动。这种农村电子商务发展方式是自上而下的。近年来，随着以淘宝网为代表的市场化电子商务平台和电子商务服务业的迅速发展，越来越多的农户和其他市场主体在此类第三方网络平台上，依靠自己和社会资源投入开展电子商务，探索出新型的自下而上式的农村电子商务路径。[1] 目前已被发现并认定的“淘宝村”大多都属于后者。

它们与传统农村电子商务路径显著不同，这些“淘宝村”在从无到有的 1.0 阶段都表现出了明显的自组织性。在“淘宝村”农村电商产业链条中，出现了各种各样极具中国农村特色的新角色与解决思路。例如，网商经纪人，他们能利用自身掌握的知识去帮助完全不懂互联网的草根农民去对接大市场；再如，网店协会等行业组织，即依托协会组织去完成大电商平台与零散农户的对接，以形成协会引领和整合优势资源。“淘宝村”农村电商产业链条如图 6–2 所示。

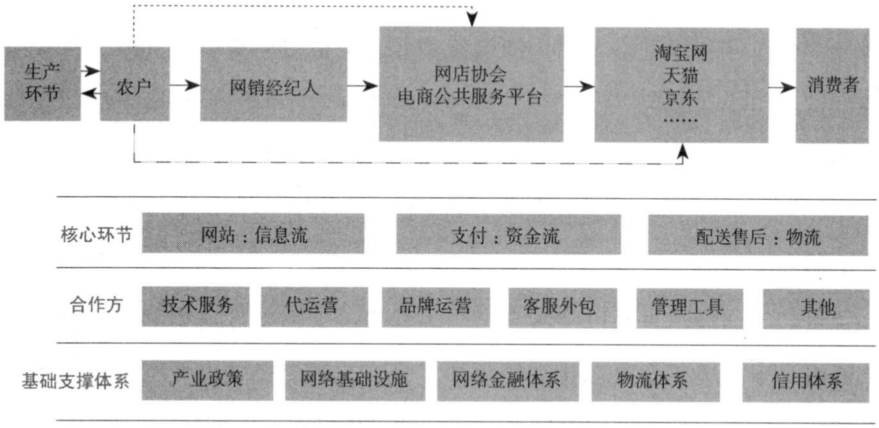

图 6–2　“淘宝村”农村电商产业链条示意图

从最早的“淘宝村”三个案例——江苏徐州市睢宁县沙集镇东风村、河北清河县东高庄、浙江义乌市青岩刘村开始，这种区别于传统的自下而上式农村电子商务发展模式不断涌现与加速进化。

在河北清河，农村网商基于线下已有的羊绒产业优势拓展网上销售，形成加工制造业驱动、先工业化后网销的东高庄模式；在浙江义乌，大量外地人和本地人依托国际驰名的义乌小商品市场开展网上营销，形成依托

1　汪向东 . 沙集模式的特点与可复制性［J］. 国家电子商务工作动态，2013（3）.

线下市场，网上网下互动创新的青岩刘村模式，[1]目前已经发展成为李克强总理都亲自前往视察的“中国网商第一村”；在江苏沭阳，当地花农在网上销售苗木花卉，形成助力特色农业，线上补充线下的堰下村模式；在四川青川、河南辉县等更多地方，新一代返乡知青在网上开店，作为网络经纪人帮助当地山民卖山货，哪怕山民完全不懂互联网也一样可以通过网络经纪人去借助电商平台获得收益，从而形成网销经纪人驱动农户的模式；在福建安溪，草根茶农利用电子商务实现快速发展，形成以网销打造知名品牌、以专业合作社整合资源的中闽弘泰模式；在浙江缙云，返乡农民企业家借助互联网创业专营户外用品，形成“加盟网店代销 + 代工厂生产”“品牌 + 渠道”经营的北山村模式；在浙江遂昌，网店协会依托农村专业合作社利用网络营销当地名优产品，形成以协会引领和整合优势资源，打造出了“赶街”模式——以县域组团在电子商务大平台上整体营销的模式；在福建农村，全省大力推广应用世纪之村开发的农村信息化综合应用平台，形成由农村龙头企业驱动、以线下商流组织创新支撑信息化线上应用的兰田模式。[2]

目前，涌现出来的以“淘宝村”为代表的农村电商典型的规模已经非常可观，下文以其中最具代表性的沙集模式、遂昌模式以及阿里巴巴集团村淘模式为例，详细说明农村电商发展的具体思路。

一、沙集模式

在我国涉农电子商务领域，沙集模式是起步最早，同时也是知名度最高、影响力最为广泛的典型案例之一。沙集是江苏睢宁县下属的一个镇，有 66 平方公里，6 万人。2006 年年末，时年 24 岁的沙集村民孙寒在好友

1 汪向东．沙集模式的特点与可复制性［J］．国家电子商务工作动态，2013（3）．

2 汪向东．沙集模式的特点与可复制性［J］．国家电子商务工作动态，2013（3）．

相助下开始在淘宝上销售简易拼装家具，拉开了沙集对接电商大平台的序幕。2010 年，沙集在阿里巴巴全球网商大会上斩获“最佳网商沃土奖”。2010 年年底，“农村电子商务暨‘沙集模式’高层研讨会”在睢宁县召开。2011 年春节期间，时任总理的温家宝充分肯定了沙集经验；随后 2 月，中国社科院信息化研究中心与阿里研究中心联合发布《“沙集模式”调研报告》，引起各界关注，媒体传播形成热潮；5 月，江苏省政府授牌，选定沙集为全省农村信息化示范基地；2011 年年底，沙集模式入选联合国信息峰会大奖“电子共融与参与”组中国在亚太区的唯一提名奖。2011 年以来，沙集模式通过简单复制快速成长，推动沙集电子商务由从无到有、从少到多的第一阶段（沙集模式 1.0），向从小到大、从弱到强的第二阶段（沙集模式 2.0）发展。[1]

中国社会科学院信息化研究中心与阿里研究中心（阿里研究院前身）的联合研究让“沙集模式”得到了各界关注。按照他们的定义，“沙集模式”指的是这样一种模式，即农户自发地使用市场化的电子商务交易平台变身为网商，直接对接市场；网销细胞裂变式复制扩张，带动制造及其他配套产业发展，各种市场元素不断跟进，塑造出以公司为主体、多物种并存共生的新商业生态；这个新生态又促进了农户网商的进一步创新乃至农民本身的全面发展。“农户 + 网络 + 公司”相互作用、滚动发展，形成信息网络时代农民的创业致富新路。

与其他农村电子商务模式比较起来，“沙集模式”有着明显的差异性与代表性特点。中国社会科学院信息化研究中心主任、商务部电子商务专家组成员汪向东曾将“沙集模式”的特点精辟地归纳为以下几点。

第一，信息化引领工业化的发展路径。从沙集电子商务的发展轨迹来看，其所依托的产业载体——家具制造业在沙集的农民网商起步之前，还是局限于本地市场的传统小手工业，这与电子商务发展所形成的面向大市

1　汪向东，梁春晓. 沙集模式引发的思考［N］. 企业家日报，2014-6-21.

场的大家具产业相差甚远。但随着家具的网络热销，却拉动起了当地的生产制造，刺激了其他产业元素的跟进，沙集家具制造业的产业链条也因此得到了进一步拓展，销售规模开始迅速扩张，从而带动了当地经济和社会生活的大发展。沙集的这一模式与东高庄、青岩刘村、堰下村等在原有产业基础之上发展起来的农村电子商务相比，具有先信息化后工业化，以信息化带动工业化发展的典型特征。

第二，以农民网商为主体、发挥主导作用。从电子商务发展的驱动主体上看，区别于常见的由网商经纪人驱动的模式，[1] 沙集模式中的农户作为网商直接对接市场，主导了当地农村电子商务的发展。此外，沙集模式中的农户网商在各自独立对接市场的过程中，尚未形成具有足够影响力和一定号召力的龙头企业，而当地电子商务协会的组织协调作用也相对有限，这也明显地有别于由网商协会驱动的遂昌模式和以农村龙头企业驱动的兰田模式。

第三，突出的草根特质。从产业成长来看，沙集模式的产业载体——家具产业起步于简易拼装家具，这一具有劳动密集、中间投入小、进入门槛低、面向最终消费等技术经济特性的产品，比较适合农户以小微企业和家族企业的形式进入市场开展经营。这种突出的草根创业特质，让沙集模式拥有起步容易、包容性强和便于复制等特点，但是草根创业的弱点也很明显，草根网商掌握的自有资源和可以整合的外部资源有限，一旦市场环境发生重大变化，他们抵御市场波动的抗风险能力差的脆弱性便显露无遗，受农户家庭经营习惯的负面影响，草根网商普遍欠缺经营管理和服务能力，在从家庭作坊向现代企业的转型过程中往往遭遇发展瓶颈。因此，相比浙江缙云县北山村以品牌和渠道经营为核心的模式以及福建中闽弘泰基于专业合作社迅速形成品牌优势的模式，沙集的众多网商中缺乏知名的整体或个人品牌。

第四，模仿式的快速复制。农民需要脱贫致富这一共同的内在动力成

1 注：常见的网商经纪人模式中，农户通过网商经纪人对接最终买家，实现交易，农户并不扮演网商的角色。

就了农村电子商务自下而上式的发展，然而其快速崛起的背后不同发展模式之间在技术和商业模式的扩散上却存在着区别。在沙集模式中，当地网销业早期的规模扩张主要依靠的是农户网商间的简单复制，得益于农村“熟人社会”的社会属性，一个农户网商发展起来之后，便会形成涟漪效应，向周边的亲友、邻居扩散，这些村民被勇于尝试的农户网商增收的实际成效所吸引，进而效仿先行者的做法，自己也经营起网店开始创业，二者之间形成了一种既相互学习又相互竞争的关系。但是不同于网商协会或龙头企业驱动的模式中，由于驱动者为后来者提供了指导、服务或掌握着后来者生产经营所需的关键要素，使得其对后来者乃至当地电子商务发展过程产生了较多的控制力，从而可以有效地避免简单复制以及同质化竞争带来的负面影响。沙集模式中的先行者对于后来者一般不具有控制力，由于互相效仿和简单复制形成的同质化竞争，也成为制约当地电子商务进一步发展的不利因素。

第五，市场生态形成中的自组织特征。从沙集电子商务的发展环境来看，沙集的农村网商从无到有的前期发展过程中，当地市场主体具有较强的自组织水平，初步催生出适应农村网商这一阶段生长发育的市场生态。在此过程中，农户们创业致富的内在需求是主要的发展动力，从而推动着当地农户变身为网商，网商规模从无到有、由少到多发展起来。虽然没有政府和平台的主动介入，通过农户网商的简单复制、外延式地扩大产业规模，也驱动了物流等服务支撑体系的发展，各服务主体也因此受益。

二、遂昌模式

遂昌县隶属浙江省丽水市，位于钱塘江、瓯江上游，仙霞岭山脉横贯全境，全县总面积2539平方公里，山地面积占全县总面积的88.83%，总人口23万。独特的自然环境造就了遂昌优质的农特产品，从2005年开始，遂昌就有网商自发做淘宝，主要经营竹炭、烤薯、山茶油、菊米等农特产品，但比较零散。直到2010年3月，遂昌网店协会成立，吹响了遂昌网商集群式发展的号角。

遂昌网店协会是由遂昌县团县委、县工商局、县经贸局、碧岩竹炭、维康竹炭、纵横遂昌网等多家机构共同发起成立的非营利性组织，截至2013年6月底，协会共有会员1473多家，其中网商会员1268家，供应商会员164家，服务商会员几十家（包括物流、快递、银行、运营商，以及摄影、网页设计等服务商），在遂昌逐渐形成了较完备的电子商务生态体系，为城乡中青年群体提供了近5000个就业岗位。协会下设的“遂网电子商务有限公司”负责对上游货源进行统一整合并拟定采购标准，统一线上运营管理，统一线下包装、配送、售后等服务，为上下游企业提供农产品供应链管理服务和资源对接服务。

2013年1月，由遂昌网店协会运营的淘宝网遂昌馆上线，这也是淘宝“特色中国”的第一个县级馆。除了销售烤薯、竹炭花生、即食笋、菊米等遂昌本土美食，还销售遂昌金矿国家矿山公园、南尖岩、神龙谷等景点的门票、酒店等旅游产品，有效地推动了当地农产品的网络销售。2013年遂昌共完成电子商务交易约1.8亿元。至此，以农特产品为特色，多品类协同发展的县域电子商务中的“遂昌现象”初步形成。

2013年10月，中国社会科学院信息化研究中心与阿里研究中心基于对“遂昌现象”的梳理研究，联合发布《遂昌模式研究报告》，报告中指出所谓“遂昌模式”，即以本地化电子商务综合服务商作为驱动，带动县域电子商务生态发展，促进地方传统产业，尤其是农业及农产品加工业实现电子商务化，“电子商务综合服务商+网商+传统产业”相互作用，在政策环境的催化下，形成信息时代的县域经济发展道路。这其中，本地化电子商务综合服务商是遂昌模式的核心，网商是遂昌模式的基础，传统产业是遂昌模式的动力，而政策环境则是遂昌模式的催化剂。

2013年，遂昌网商协会旗下的另一致力于“网货下乡”业务的“赶街网”上线，其旨在为农村居民在购物、售物、缴费、创业、出行、娱乐、资讯等方面提供“一站式办理”服务。赶街网以浙江为主建立起 2000 多个农村站点，并在辽宁、广西、四川等全国 8 个省份落地。“赶街网”的成立进一步完善了农村电商的“遂昌模式”（如图 6-3 所示）。至此，“遂昌模式”下的农村电商不再只是着眼于把农村的东西通过网络卖出去，还通过电商渠道把农民需要的生产生活物资输送到乡村。“赶街网”的成功也引起了电商大鳄马云的关注，他在 2014 年 7 月考察完遂昌的赶街网后，阿里集团便于 10 月份在淘宝网上线了针对农村市场的二级频道“农村淘宝”，不仅提供日常用品，还有农资农具产品，同时宣布启动“千县万村”计划。

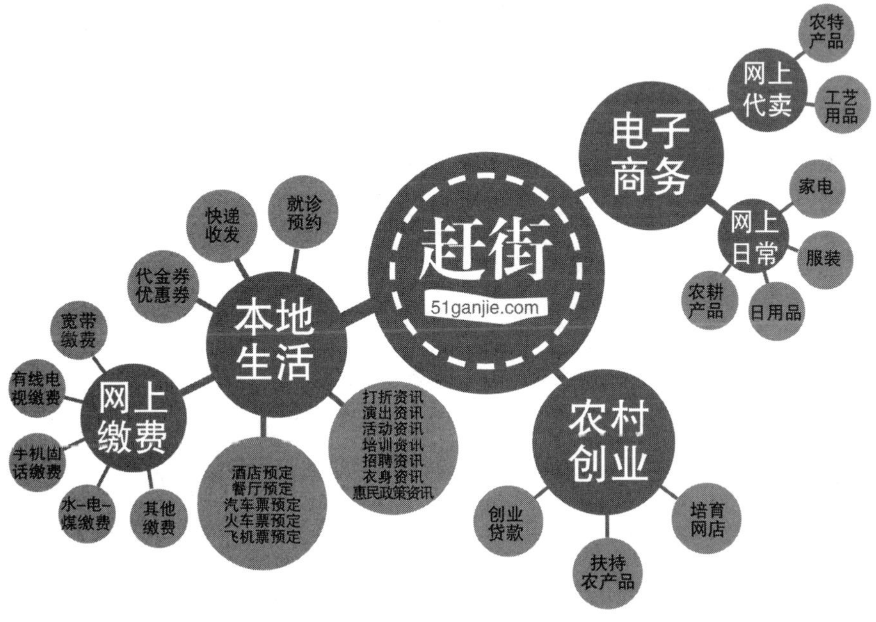

图 6-3　赶街模式

不同于沙集模式中依靠激发农民的动力实现快速发展，遂昌模式依靠服务商与平台、网商、传统产业、政府的有效互动，构建了新型的农村电子商务生态。这破解了政府与市场主体在农村电商领域中各自为战的难题，形成了政府和市场主体“上下结合”共建本地农村电子商务的运作机制，尤其是两股力量在服务上形成合力，扫清了农村电商进一步发展的障碍，为县域经济发展提供了有益的启示。

此外，遂昌在农村电商标准化、品牌化，以及通过网络销售农特产品特别是生鲜农产品方面进行了持续探索，积累了丰富的、具有前沿意义的经验，这种通过本地电商协会整合内外部资源，依托公司作为运营主体构建线上线下一体化的服务平台，提供标准化、品牌化服务的模式，对于全国其他县域开展农产品电子商务，促进农业升级，具有重要的参考价值；通过赶街网解决农村网络购物难的痛点，不仅拓展了农村电子商务的内涵，也激发了电商巨头的渠道下沉。

三、阿里巴巴“村淘”模式

当“淘宝村”遍地开花的同时，国内电商巨头阿里巴巴集团也开始了面向农村电商市场的战略布局。2014 年 10 月，阿里巴巴集团宣布启动“千县万村”计划，宣布将在未来 3~5 年内投入 100 亿元人民币，建立 1000 个县级运营中心和 10 万个村级服务站。经过八个多月推进，阿里巴巴农村淘宝业务再度升级，正式进入“村淘 2.0”时代。阿里巴巴这种极富想象力的农村电商布局也被外界视为自 IPO 之后最为庞大的战略布局之一。

所谓“村淘 2.0”，对应“千县万村”计划启动之初的农村淘宝模式，其可以用“五个一”来概括：一个村庄中心点、一条专用网线、一台电脑、一个超大屏幕、一帮经过培训的技术人员。这“五个一”的主要任务是用互联网的方式帮助村民解决日常的购物需求问题。

2015 年 5 月，阿里巴巴农村电商业务升级所成的“村淘 2.0”模式，将以选址为中心的模式变成以选人为中心的模式。通过招募“村淘合伙人”专职从事农村淘宝项目，吸引更多年轻人返乡创业，在“农村淘宝”平台上为村民提供代购、代销、生活类电商服务等，合伙人每单平均能获得 8% 的佣金。目前，村淘已经涉足 15 个省份，所涉省市 50% 以上的县域都已经报名参加。到阿里巴巴 2015 年年底，参与村淘的省份预计会增加到23个左右。

而“村淘2.0”模式相较于1.0的代购模式，其最大特点是模式变“轻”了。在人员配置方面，2.0模式采用村淘特种兵（小二）+农村合伙人的组合形式，一方面精简小二的数量，另一方面也让社会上的每个人都参与到农村淘宝的建设中来，形成大众创新、万众创业的社会新风貌。

阿里巴巴集团副总裁、农村淘宝事业部总经理孙利军表示：“村淘的背后只有两个意义，只解决两件事情。”第一件事，村淘希望用互联网方式推动城乡一体化进程，这当中包括两个步骤：①打通到村的物流和信息通道，让农民在家中零成本就可以享受到和城市居民一样的生活便利；②让农民足不出户就可以通过电子商务平台买到价廉物美的日用品、农资产品等。第二件事，创造更多的农村创业、就业机会。充分利用农村当地的媒体和各种宣传手段营造回家创业浓烈氛围，搭建创业舞台，提供创业扶植，让更多年轻人返乡扎根农村。从而解决留守儿童、空巢老人等农村的民生问题。

为了实现上述愿景，农村淘宝规划了“四步走”战略。[1]

首先，“建通道，造闭环”，解决农村基础建设问题。所谓“建通道”，即通过在县、村分别建立仓库，疏通由县到村的物流通道。同时，为每个村淘点配置电脑和大屏幕，将农村淘宝上的商品信息以显性方式展示给农民，打通农民接触电商的信息通道。而所谓“造闭环”，即依托支付宝打造安全的交易闭环。在支付宝的支持下，村淘1.0版本为每个村级服务站建立了1万到3万元的资金池，而村淘2.0版本则将其升级为“村淘花呗掌柜金”，让村淘合伙人代购商品时不用自己垫付资金，通过支付宝的消费信用服务“花呗”购物即可享受30天的免息还款期，方便村淘合伙人的资金周转，支持其后续创业。

第二，“松土壤，建平台”，吸引人才回乡，促进城乡一体化。村淘2.0

1　刘婧.村淘特种兵+合伙人形式农村淘宝走进万众创业时代［EB/OL］.（2015-7-3）［2015-10-18］. http://maijia.taobao.com/detail/analyse/20150617/73766.htm.

版本中的“村淘合伙人”不同于村淘1.0版本中的兼职代购员，它为农民创造了一种可以把农村淘宝当成一份全职工作，甚至是一份事业来做的可能性，这有助于吸引有想象力和创造力，且具备计算机技能，熟悉电商业务的年轻人回乡发展，为农村地区的老百姓服务。同时，政府能够凭借农村电商的东风，搭建起电商配套设施，欢迎进城务工的年轻人回乡创业。

第三，建立生态服务中心，打造农村生活服务综合体。阿里巴巴集团对于村淘服务站的定位是融合并涵盖农村生活方方面面的生态服务中心，而非简单的买卖中心。为此，农村淘宝将联合阿里巴巴多个事业部，包括小微金融、特色中国馆、淘宝大学、阿里巴巴产业带、阿里旅行等，一站式解决农村生活的多方面的刚需问题，以抱团姿态服务于农村地区的老百姓。

第四，完善农村电商平台，为农民打造平台。虽然淘宝、天猫已经是功能强大的平台，但是商品和服务并不完全适合农村。因此，需要依托淘宝的体系和架构，围绕农村用户的需求打造新的拥有独立域名（cun.taobao.com）的农村淘宝平台，并依照农村用户的需求去设计活动和招商。

在我国网购市场规模突破一万亿，城市网购市场增速日渐放缓的今天，农村市场无疑成为电商领域下一轮增长的新引擎，这也是阿里发力涉农电商的原因所在。根据阿里研究院发布的数字，过去三年，淘宝农村消费占比不断提升，从2012年第二季度的7.11%上升到了2014年第一季度的9.11%，预计2016年农村网购市场将突破4600亿，继续缩小与城市网购规模之间的差距。

事实上，农村地区的消费者也用极高的购买热情和令人震惊的采购能力回应了这样的判断。早在2014年“双11”期间，浙江省桐庐县下的一个村就曾通过淘宝购入1.2吨肥皂，而2015年“6·18”电商年中大促期间，农村淘宝将农民最爱的家电产品作为大促活动的主打商品，并和TCL、海尔等11个品牌签署战略协议，推出了价格最低的承诺以及完善物流和后续服务保障，在6月18日当天，通过全国1000余个农村淘宝点卖出 12000 多台大家电，平均每个村淘点卖出了 12 台。

对于阿里巴巴集团而言，农村淘宝的意义重大而深远。阿里巴巴董事局主席马云在评价“村淘 2.0”模式的时候曾表示 :“互联网是一种生态，生态就是要让社会上每个人都参与进来。村淘今天的成功不是阿里巴巴的成功，而是整个社会的成功 ; 村淘今天的成功不是我们有多努力，而是让整个社会创造了多少机会，让多少人来参与这件事，这是村淘的成功所在。”当深入村一级的农村淘宝服务站打通了信息流、商品流和物流问题后，企业不仅可以将自己的商品直接渗透到中国经济最基础的单元中去，而且可以利用大数据了解农村居民的消费需求和喜好，调整自己的产品设计和生产。

第三节　农村电商的未来发展

一、现在及未来的政策设计

“农业的发展，一靠政策二靠科学”，这是邓小平在 1982 年 10 月 14 日同国家计委负责人谈话时提出的关于农业发展的重要论断，直到今天，政策依旧是我国农村经济发展最为有力的助推器。随着以“淘宝村”为代表的电子商务村落成为我国农村经济发展和社会转型的新途径、新模式，农村电商也成为各级政府农村经济工作的焦点，并享受到各项政策的惠及。

除了国务院、农业部、商务部、交通运输部、工信部、国家邮政局出台的涉及农村信息化、农业现代化、电子商务下乡、快递向西向下等内容的指导意见之外，各地也陆续制定了一些扶持农村电商发展的地方政策，例如，福建省龙岩市工商局专门出台了针对培斜村的电子商务服务监管示范点支持政策，包括建立淘宝村服务于监管示范点领导小组、工商联络站和消费维权站等；山东博兴湾头村政府批准了专门用于兴建农民网商产业园的用地，解决了困扰农村网商已久的发展空间难题；广东揭阳政府为军埔村创业青年提供了 1000 万元的贴息贷款。

但是由于各地发展农村电子商务的相关标准并不统一，信息共享和互联互通难以实现，因此，需要将农村电子商务作为农村信息化建设的核心，立足国家高度，进行规划统筹。对于农村电子商务发展中遇到的现实问题，加强政策研究，出台有针对性的扶持政策，以期解决农村电子商务发展中的共性问题，例如，如何具体实施农村土地流转政策以解决农村电子商务面临的用地问题；农民从事电子商务创业的资金问题，相关税收问题等。

此外，地方政府在发展农村电子商务过程中，需要摒弃传统县域经济模式中“招大引强”的招商思路，不以招商引资的数量和规模作为考核指标，而应着力于解决农民电商创业中所面临的现实问题，诸如贷款难、人才匮乏、配套服务不健全等，地方的农业、供销、扶贫、金融、商务等涉农部门也应在地方政府的统筹协调下重视和加强出台明确的农产品电商扶持政策，提供电商所需的公共服务，比如在电商进乡镇进农村、电商融资担保、电子商务村建设、农村青年创业点建设、农业电商企业建设、电商产业园建设、农村电商人才培训、新型业态电商化建设、生鲜电商建设、农村物流快递业建设和农村电商推广等方面，组织推进、培育完善的农村电商生态系统，营造良好的发展环境，让农户的电商创业更容易，更轻松，更便捷。[1]

二、农村地区基础设施的配套完善

农村电商的经营和交易场所所在的农村地区，既有极其低廉的创业成本，也有着明显的发展短板亟待解决。

首先，农村地区的道路、电力、网络等发展电子商务的基础设施条件不健全。例如，山东省菏泽市大集乡的乡、村道路是在1998年修建的，由

1　魏延安．淘宝村正在发生的改变——《中国淘宝村》札记之四［EB/OL］.（2015-3-31）［2015-10-18］. www.aliresearch.com.

于年久失修，道路毁损严重，不仅影响群众的出行，也影响淘宝表演服饰加工产业的发展；当地的供电条件也限制了农民对于缝纫机、锁边机、电剪刀、电熨斗、电脑等大功率电器的使用；农村地区的网络运营商单一，速度慢、信号差、资费贵更是普遍存在的问题。对于这些问题，需要当地政府牵头，引入社会力量和竞争机制，加快对农村地区道路、电力、网络等基础设施的升级和改造。

其次，农村地区物流网络覆盖不足，配送难度较大。目前快递公司的物流配送网络一般只延伸到县城，部分地区可达乡镇，对于绝大部分在乡镇以下的村域从事电商经营的农民网商来说，物流配送是制约他们发展的主要原因。为了解决农村电商“最后一公里”的问题，快递公司可以通过整合外部资源向乡镇市场渗透：一是与邮政牵手，通过模式创新打破农村物流障碍；二是与当地便利店、超市等进行合作，对乡镇市场进行深度覆盖；三是以农村综合服务站、农家书屋、村委会等公共服务平台为基础，通过委托代办，向农村居民提供快递服务。

最后，农村地区可供经营的土地空间有限。随着农村电子商务产业所涉及的生产、加工、包装、经营、仓储、物流等环节的专业化、专门化发展，农村电商在客观上需要更大的空间布局，以适应物流集散、仓储安全，以及发展配套产业的需要。从各地的实践探索来看，有三种可行路径供参考：第一种是在村庄周边形成产业集中地，如商品交易市场、物流中心、配套产业园区等，像江苏沙集的东风村，围绕网上家具销售，开始形成相关产业集中区；同样在江苏从事花木电商的颜集镇，各个淘宝村其实就围靠在花木交易市场周边。第二种是在乡镇进行聚焦，形成淘宝镇现象，把配套产业大部分集中于镇域范围，各个农户在家中经营网店，配套服务在乡镇完成，像河北清河的羊毛产品销售，已经形成淘宝镇现象，在镇上形成了为网店供货的网批中心和相关包装物流产业中心；山东曹县的草柳编产业，在几个淘宝村成型之后，也在所在镇开始建设电商产业园区。第三种是直接将生产要素向县域转移或聚集，特别是一些已经做大了的网店经营户，进驻县城，以利业务开展，村庄更像是一个产业基地了，像杭州临安白牛村等淘宝村的山核桃产业，支撑临安市形成了山货产业走廊和电商园区。

三、创新农村电商的金融配套服务

随着以“淘宝村”为代表的农村电商产业规模的日益壮大，其对物流和电商服务配套需求加大的同时，也对资金和金融产品服务有着更加强烈的需求。但是当前农村信贷市场的信贷主体仅仅以农村信用社一家为主，信贷产品还停留在农户贷款等低层次配套上，商业银行出于对农村电商的经营主体——农户普遍存在的信息不对称、抵押物不足、信用意识不强、经营不规范、账务信息披露不充分等问题的考虑，不愿涉足此类开发成本较高、贷款风险较大的边缘信贷市场，以“淘宝村”为代表的农村电商的资金来源只好依靠自身积累和民间借贷。

例如，在山东菏泽，大部分“淘宝村”还处于起步发展阶段，除厂房建设、机器购置外，30 家演出服饰加工企业流动资金缺口在 1500 万元人民币以上。但是由于农户无法出具银行贷款所需的土地证、房产证、抵押物等凭证。从而使得一个年销售额超过 100 万元人民币，销售利润高达 40%~50%，一年纯利润 10 多万元人民币的网店，无法从银行借贷 10 万~20 万元人民币。

这种传统金融与新型农村产业之间的匹配不足，严重地制约了以“淘宝村”为代表的农村电商产业做大做强。因此，金融主管机构、政府、银行应依据国家支持现代农业、开展普惠金融的政策，找到支持农村电商发展的切入点和着力点，合力制定切实可行的措施，加强金融基础设施建设、完善支付环境等，引导银行加大对“淘宝村”的支持力度，为“淘宝村”的信贷市场开发助力。

案例：菏泽“淘宝村”的金融基础设施建设[1]

山东省菏泽市辖区内的曹县大集乡丁楼、张庄两村是阿里巴巴集团认定的“淘宝村”。但是，长期以来传统信贷服务无法满足“淘宝村”经营发展的资金需要。为解决“淘宝村”发展亟须资金和银行金融产品层次较低的矛盾，中国人民银行菏泽市中心支行召开了专题研讨会，研究并决定以金融支持现代农业、发展普惠金融为切入点，大力推动“淘宝村”新型农业经营主体的信贷市场开发，解决金融资源错配的问题，具体措施如下。

一是牵头组织召开金融支持淘宝村联席会议，协调政府职能部门和利益相关企业制定优化政策，推动当地政府出台《关于支持特色农村经济发展的几点意见》，明确对淘宝店铺实行工商注册、光缆入户的费用减免，税收方面采取低标准定额征税措施，营造特色农村电商产业发展的良好环境。

二是制定出台《金融支持农村淘宝产业发展的指导意见》，加大资金引导力度，对农村淘宝行业实行定期调度以及通报制度。

三是组织各县域银行机构赴“淘宝村”围绕金融产品和服务创新开展实地调研，针对青年淘宝店主缺少土地证、房产证等有效抵押物等问题，引导金融机构创新信贷产品。

四是发挥农村信用社作为支农主力军的作用。以农村青年信用示范户授信为基础，农村信用社开发了农村青年创业小额贷款、应收账款质押贷款、“便快捷”小微企业贷款、信用贷款、中小企业信用共同体贷款、企业网上银行、富农卡等信贷产品，贷款额度在1万~500万元人民币之间不等；对淘宝商户、加工户贷款利率实行9折优惠，根据担保方式、借款人结算业务量及交息、还款及时性等情况对淘宝企业实行不同优惠利率；针对淘宝业务所需资金短、急、快的运作特点，开通绿色信贷服务，限时

---

1 陈刚．菏泽“淘宝村”的金融基础设施建设［J］．金融发展研究，2014（8）．

5 天办结贷款，简化淘宝村贷款审批流程，推行淘宝户贷款证定向授信模式，对 10 万 ~30 万元人民币之间的贷款额度实行一次审批，3 年内随用随贷的制度。

五是通过增设取款点和基础设施、布放 POS 机、协助办理银行卡、开通网银等方式提高资金结算便利，提高资金结算便利；协调银联机构将 POS 机线下收单手续费收取标准从儿童服装类的 0.78% 下调为便民类的 0.38%，提高惠民力度；同时推进手机支付业务。

截至 2014 年 4 月末，曹县邮储银行累计拓展淘宝村手机支付“汇易达”业务商户 126 家，办理相关业务 2168 笔，金额 716 万元人民币。曹县农村信用社累计为“淘宝村”商户及服饰加工农户授信 676 户，授信金额 6500 万元人民币，贷款余额 3296 万元人民币，累计投放金额 5290 万元人民币；曹县中银富登村镇银行累计发放“快活贷”“无忧贷”小额创业贷款 26 笔，金额 280 万元人民币。

在中国人民银行菏泽市中心支行、当地政府、银行金融机构和淘宝企业的共同努力下，菏泽“淘宝村”难贷款的问题得到了解决，贷款利率平均下降 1 个百分点，“淘宝村”融资成本进一步降低。随着金融支持的不断加大，“淘宝村”集群效应也被进一步放大，包装、配件、物流快递、餐饮、培训、代运营等服务业也随之兴起，形成由电子商务驱动的地方特色产业新生态。

四、加大人才培训促进就业本地化

当淘宝村从农民的草根创业变身为农村经济发展的新常态，人才的瓶颈因素就会展露无遗——发展起步靠人才来率先示范，发展加速靠大量人才参与，提升转型更要靠人才来引领。[1]

1　魏延安．淘宝村：给农村电商带来的启示——《中国淘宝村》札记之五［EB/OL］．（2015-3-31）［2015-10-18］．www.alivesearch.com.

目前，全国电商人才缺口在150万人，农村电商人才基础更是异常薄弱。2015年9月24日，阿里研究院与淘宝商学院联合发布了《县域电子商务人才研究微报告》，报告显示，未来两年县域网商对电商人才的需求量超过200万人，其中，运营推广、美工设计和数据分析三类人才属于最为紧缺的人才。同时，对于农村电商的从业者来说，他们的文化素质相对较低，并且缺乏经营知识和管理经验，当经营规模扩大之后，他们就会显得力不从心，有调查显示20%的农户认为自己缺少开店知识，另有14%反映不会设计网店，31%认为当前最大的困难是经营管理和发展问题。

因此，发展农村电商，人才培养是重中之重。一方面，地方政府需要通过出台优惠政策吸引知识青年和电商精英返乡从事电商创业。例如，列出专项资金，实施青年电商创业培养计划，以高级人才引领农村电商的发展；另一方面，村庄是一个低成本创业的跳板，难以留得住人，所以农村电商发展不能一味地寄望于人才引进，而是需要通过建立培训基地、电商孵化基地来培养本地人才，通过健全完善的金融政策扶持农村网商的发展，实现农村地区电商人才的自我培养，而当农村电商规模发展到一定程度，也一定会吸引外来的智力人才，参与产业发展，与本土人才共同推动农村电商的产业升级与转型。

第四节　本章小结

从2009年3个淘宝村，到2013年进入统计视野的20个，再到2014年的200多个，以及正在形成的电商村，短短6年时间，无论从村落数量、涉及的网店总数还是就业人数来看，农村电子商务都在步入“大繁荣时代”，根据阿里研究院的预测，基于淘宝村的自我复制和政府推动的双重因素，未来5~10年，淘宝村的数量还将继续快速增长，规模也将进一步扩张，并最终实现常态化发展。电子商务将成为中国农村经济的常规生产力要素，从而完成农村经济竞争力的一次重要升级。[1]

农村电子商务的快速崛起，不仅提供了一条农民“离土不离乡”的“就业本地化”新路径——其以市场化方式引导农民加入电子商务网络，通过互联网连接大市场发展特色产业，形成繁荣的商品交易，从而扩大本地就业，带动多元化服务业的发展，帮助农民增收致富；[2]而且农村电子商务的发展，让农村及经济欠发达地区有机会以较低的成本加入大规模协同价值网络，直接对接全国和全球大市场，发展商业、制造业和服务业，形成由电子商务驱动的地方特色产业的新生态，带来大量就业机会，这给农村地区的经济发展和社会形态带来了巨大改变，出现了农民非农职业化、村庄生活城镇化的趋势，具备了以产业为支撑的城镇化动力，使得一些传统乡村显现出农村新型社区与小城镇的雏形。例如，江苏的沙集镇，俨然成为一个以家具业为基础产业的现代化城镇，而河北高碑店市的白沟镇因

1　阿里研究院．中国淘宝村研究报告（2014）［J］．2014-12-29.

2　阿里研究院．中国淘宝村研究报告（2014）［J］．2014-12-29.

为箱包电商形成的产业集群，催生着“白沟新城”的诞生。[1]

这种由电子商务带动的乡村小城现象也符合当前新型城镇化建设由以中心城市为核心的集中式城镇化路径与模式向以小城镇为中心的分布式城镇化路径与模式转换的趋势。相比传统城镇化发展思路以物质聚集的方式实现资源的集中配置，通过在城市聚集资源让生活更美好，电子商务则通过信息聚集的思路，去中心化地配置资源，让商品实物不必绕道大城市这个中心，而是通过物流配送，[2] 从工厂大门直抵百姓家门。因此小城镇甚至农村，也可以在去中心化模式下，让生活更美好。可以预计，未来将有更多的人愿意离开交通、污染、就业问题突出、幸福感低的大城市，回归农村创业和就业。这将是未来我国新型城镇化的一个亮点图景。

1 魏延安．淘宝村正在发生的改变——《中国淘宝村》札记之四［EB/OL］．（2015-3-31）［2015-10-18］．www.aliresearch.com.

2 王慧．以电子商务为驱动力促进区域经济发展途径研究［Z］．江苏商论，2013-7-20.

第七章

智慧城市

不管是信息技术的“智慧”，亦或是人们自身的“智慧”，我们都可以发现，在诸多层面上，“智能城市”被大家赋予了对未来生活的期待与向往。

谈到“智慧城市”，大多数人都会联想到动画电影中那些数字化、自动化、高科技化的居家配备，例如：可保持恒温的按摩浴缸、可遥控的家电设备，或者是贴心周到的家务机器人等，这些过去被我们视为天马行空的创作题材，在21世纪的科技生活发展中，完全都是可实现的。

智慧城市的“智慧”二字，具有两层意义，其一代表的是凭完善的信息技术，推进城市智能式管理、城市运行，为城市中的居民打造可持续的、便利的、适居的生活空间，促进城市的和谐与可持续发展；其二则代表在信息大爆炸的时代下，人们如何利用互联网与信息技术解决人际关系、贫富差距、公共服务等城市化问题。不管是信息技术的“智慧”亦或是人们自身的“智慧”，我们都可以发现，在诸多层面上，“智能城市”被大家赋予了对未来生活的期待与向往。

本章我们将深入探究我国“智慧城市”的发展进程与举措，并纵览世界上多个国家建设智慧城市的典型案例，期待大家能够在我国特色城镇化的发展基础上，对“智慧城市”的概念与作用有更鲜明的理解。

第一节　我国的智慧城市

在我国，“智慧城市”的概念提出已久，但真正大幅度落实是从2014年才开始的。

从2009年“感知中国”概念的提出，将所有大智慧化领域汇集成为“物联网”，到2014年3月发布的《国家新型城镇化规划(2014—2020年)》才更具体地提出目标与愿景，计划将整合现有国家智能化资源，大力推进智慧化落地建设。此政策无疑为我国智慧城市的发展开启一路绿灯。

智能城市建设的核心是极致的用户体验和群众支持，将智能城市概念从制度层面落实到各个具备发展条件的城市中，才能更有力地促成智慧城市被大众认知、认可。因此，地方城市的实体化建设是将智慧城市从在半空飘的状态拉到实地，而数据平台、网络、智能终端等基础设施建设是智慧城市建设发展运行的最基础保障。

以下将探讨数据平台、网络、智能终端等基础建设推进“智慧城市”发展的具体举措，探究城市如何融合新技术、移动互联网、大数据与云服务平台，提供创新研发、落实应用、城市规划、产业融合与服务创新。

一、以智能制造支撑城市转型升级——“两化融合”

（一）我国工业信息化的发展态势

两化融合的概念源于2002年，在中国共产党第十六次全国代表大会上，江泽民总书记率先提出“以信息化带动工业化，以工业化促进信息化”的新型工业化道路指导思想。而后，经过5年的发展和完善，胡锦涛总书记在中国共产党第十七次全国代表大会上完善了“发展现代产业体系，大力推进信息化与工业化融合”的新科学发展观。

在我国工业化发展的道路上，制造业大多还处在从传统工业化向现代产业化转型的历史阶段，产业升级不仅要表现在设备、工艺技术的提升，更需体现在以“两化融合”为核心，以自主创新能力为目标上，通过信息化和工业化的深度结合追求两化的可持续发展，促进技术融合、产品融合、业务融合、产业融合，进而以创新驱动城市发展，打造更高层次的产业生态圈，作为推动智慧城市持续发展的有力引擎。另外，工信部于2014年提出“中国制造2025”的长期发展目标，其中提到单一的制造和生产已经无法满足时代需求，唯有将信息化和工业化融合发展，才能提高效率、加强创新研发，真正将中国制造转向“中国智造”。

（二）德国“工业4.0”的转型升级

在工业发展转型升级的路线上，德国于2011年提出的“工业4.0”战略概念就是一个很好的借鉴方向，其目标旨在奠定德国工业领域革命性技术的研发与创新，以巩固其国际领先地位、提高德国竞争力，确保在新一轮工业革命中占领先机。反观德国，“中国制造2025”就是我国工业化发展的长期战略，为国内工业应对世界性技术变革的举措之一，也是国内推动产业升级、改变产业结构的重要步骤。

综上所述，新的科技革命正在孕育兴起，两化融合已是世界发展趋势，更是全球技术创新的时代特征，而智能城市发展也是在这样的全球化背景下应运而生的。

二、推进智能城市发展的重要引擎——三网融合

（一）何谓“三网”

“三网融合”作为智慧城市发展的基础动力，指的是电信网、广播电视网、互联网透过技术升级，使其技术、功能与业务范围渐趋相同，使得网络能够互联、互通，进行资源共享，能为用户提供语音、数据、广播电视、视频等各项服务的业务应用融合。三网融合后的应用十分广泛，可以运用在生活中的每个部分，例如：环境保护、智能交通、政府工作、平安家居、智慧生活、公共安全等多个领域，形成你中有我、我中有你的格局。

（二）信息化技术的全方位融合

站在构建智慧城市的角度，我们可以将三网当成是建设智慧城市的主要素材。当今城市居民对高品质生活的诉求越来越强烈，城市现有运作体系无法解决市民需求与城市管理的难题。而三网的功能可分为功能性基础设施和信息性基础设施，人们可以透过应用信息和通信技术来感测、分析与整合城市运行核心系统的多种关键信息，这些信息的收集与分析将对包括民生需求、绿色环保、公共安全、城市服务、工商业活动在内的各种服务做出智能反应，降低市民消费成本，使社会福利最大化。

（三）促进内容产业的开疆辟土

同时，三网融合的数字技术迅速发展和全面采用最大的受益者为内容产业，因其运营条件和运营能力接近，能提供更具有吸引力的节目内容和服务，加上三网融合将打破电信运营商和广电运营商长期的恶性竞争状态，借合作促进融合，让消费者看电视、上网、打电话资费一起打包下调，有助于社会全面建设发展，成为发展智慧城市最重要的基础要素。

三、用大数据助力城市基础设施建设——五化并举

（一）大数据时代

“五化并举”的提出，是源于2014年国家颁布的《国家新型城镇化规划(2014—2020年)》。其主要内容是大数据为我国城镇化发展的重要支撑力量、是发展智慧城市必不可少的核心技术，加上大数据应用市场近年快速增长，各种数据应用进入平常百姓家，“食衣住行育乐”无一不包，已然成为人们生活不可或缺的应用资源。与此同时，《国家新型城镇化规划(2014—2020年)》中也明确了大数据应用的五化指针，即信息网络宽带化、公共服务便捷化、规划管理信息化、社会治理精细化、产业发展现代化及

基础设施智能化，以上每一指针都与大数据应用息息相关。

（二）用大数据抓紧社会脉动

由此来看，我们可以通过信息网络宽带的建设，发展数字化城市管理，并推动云平台构建拓展信息功能，进一步搭建城市统一的地理空间信息平台及建筑物数据库，建设智慧城市公共信息平台，由规划管理信息化统筹推进城市发展，同时，也能运用智能化技术发展智能交通、智能电网、智能水务、智能管网、智能建筑等，让基础设施建设智能化。另外，还能利用大数据消除信息障碍，配合政府部门的透明化数据，共建完整的公共服务与信息服务体系，让公共服务便捷化。最后，亦能借大数据全面支撑产业现代化转型发展，促进新型业态融合与传统产业信息化改造，让城市往数字化、网络化、智能化、服务化转变，并进一步促进社会治理精细化。

第二节 智慧城市的主要发展举措

一、网络新文化——搭建公众化公共信息平台

谈到智慧城市的发展举措，就要回归到“智慧城市”的本质定义进行探讨：智慧城市旨在透过完善的信息技术，推进城市智能化管理运行，为城市中的居民打造可持续的、便利的、适居的生活空间，促进城市的和谐与可持续发展。综观智慧城市的定义与第一章所谈论的智慧城市发展态势，信息化、数据化、云计算及移动互联网等科技手段毋庸置疑是推动智慧城市发展的核心要素，这些技术无疑会大幅度推动城市生活智能化、服务信息化和产业现代化。

（一）信息化是智慧城市的灵魂

既然智慧城市的本质是透过信息技术进行点与点、人与人之间的共建共享，那么完善的公共信息平台搭建即城市中的数据化基础设施建设则必不可少；中国社会科学院城市发展与环境研究所城市经济室主任刘治彦在采访中曾表示：“智慧城市就像是给传统城市增加了中枢神经系统一样，让城市能够成为良性发展的有机体。三网、电子政务、云计算

等都是‘智慧城市’发展的必要条件，未来要在提高对数据采集、分析、处理的能力等基础上，提高收集反馈信息的能力，使城市生活更加便捷。”那么，如何打破条块分割的“信息孤岛”，让城市管理与服务“智慧”起来？

（二）大数据下的城市公共信息服务平台

1. 国内首个城市公共信息服务平台——神州数码

2013 年 10 月，我国最大的整合 IT 服务提供商“神州数码”发布了自主研发的国内首个城市公共信息服务平台，即在其城市网域数据资源中心下设三个服务平台：市民融合服务平台、城市综合信息管理平台及企业融合服务平台。该中心以大数据挖掘和应用为出发点，制定全市信息资源数据标准规范，全面整合城市中有关人口、法人、宏观经济、信用信息等独立、分散的应用系统内数据，建立包括人口发展、经济运行、市场监管、社会管理、公共服务等经济社会发展动态信息以及城市各类设施和生态环境信息在内的、统一的政务信息资源管理与服务平台，充分挖掘和提升数据资源的价值，促进政务信息资源的充分共享利用，满足市民公共服务、企业公共服务、城市运行管理三大平台的应用需要，为科学预测、正确决策和快捷处理提供支撑。同时，基于城市网域数据资源中心，可以建设完善的全市统一的数据共享交换开放平台，支持企业、公众和政府部门利用公共数据开发新应用和新服务。

2. 城市公共信息服务平台的核心理念——资源整合

深入其平台内部，我们可以发现“市民融合服务平台”的具体服务内容是以市民对政务和公共事业服务的需求为核心，以市民网页、市民卡、市民服务号、市民服务站为载体和渠道，依托云计算、移动互联网和 SNS 的技术架构，在交通、健康、旅游、教育、养老、气象、文化、社区服务、就业等公众关注度较高的民生领域，全面聚合政府服务资源、社会公共服务资源和商业便民服务资源，为市民提供全方位的服务内容和资源；

“城市综合信息管理平台”是以提高城市管理效率为出发点，通过对城市应急、规划、交通、公安、水务、环保、疾控、安监、城管、气象等委办局业务信息和实时数据进行整合，打通各部门的工作边界，建立城市统一的实时运行态势和体征监测系统，结合仪表盘等展示技术，为城市最高管理者提供综合决策支持及城市中长期发展的宏观决策依据，让他们随时随地掌控城市运行情况，全面提升城市综合管理水平和应急处置效率。“企业融合服务平台”则以企业的直接商业诉求、事项办理诉求、经营管理诉求为核心，整合企业所需的市场信息、政策服务、人力资源服务、金融服务、互联网服务构筑中小微企业的线上创业、经营、成长的虚拟孵化器，构建企业生存发展所需要的完整外部环境、内部能力和业务模式的生态活动链条，最终打造智慧企业生态系统，构建完整的企业虚拟社会，推动产业链的形成和聚集。

3. 城市公共信息服务平台的特色与优势

就整体情况来看，神州数码借城市网域数据资源中心，建设完善的全市统一的数据共享交换开放平台，支持企业、公众和政府部门利用公共数据开发新应用和新服务，构建一个城市居民在生活和工作上都能依赖的平台，而这样一个由信息搜集与数据演算搭建而成的庞大后台，具有以下几点特色：

①运营空间虚拟化；

②创业资源整合化；

③服务体系开放化；

④沟通体系社交化；

⑤服务模式融合化。

如此基于市民感知、服务运营、服务治理形成的市民融合服务平台，也具有以下优势：

①政府和商业服务结合，提供全面的市民服务；

②以云服务支撑政府服务资源、社会公共服务资源以及市场专业服务

资源；

③提供用户全面的个性化信息服务；

④网页、移动终端、服务热线和政务大厅等多渠道融合，实现一体化访问；

⑤降低政府公共化服务运营成本；

⑥改善以往公共服务不彰、供需不平衡等问题。

4. “在重庆”——城市公共信息服务平台的应用案例

在社会各界的广泛期待下，神州数码终于在 2015 年 6 月隆重推出首个直辖市级智慧城市市民融合服务平台——“在重庆”。目前，两千多万山城市民正式步入了“互联网 +”城市公共服务的新时代；山城市民可通过手机、电脑、电视等多种渠道试用共计上百项公共服务，包括水、电、气、通信、宽带、有线电视查询缴费、ETC 缴费记录查询、汽车票务、网上办证及全市 38 家重点医院网上预约挂号等多项便捷服务。另一方面，在平台首页的搜索界面里输入关键词就可以了解包括办事流程、办事信息、政策法规、办理进度等全部信息与服务接口，高度契合智慧城市的愿景与目标，让智能化、信息化生活从半空飘的状态真正落实到地面上来。

从城市运营角度看，“在重庆”的上线无疑是政府转型升级的成功案例，经济和信息化工作委员会主任在“在重庆”的发布仪式上曾表示：“在重庆”的上线，标志着重庆的“互联网 +”城市公共服务时代正式开启，一个等同于政府直接提供的城市居民公共服务平台正式上线。相对于过去政府所提供的公共服务，由各个部委纵向管理，缺少彼此的互联互通，相当程度上无法完全满足市民的需求，使得运营效度低且消耗成本高，现在，“在重庆”就如同一个网上直辖市，任何市民需求都能在平台上获得解决，这是政府服务型态的转换过程，我们靠各类数据，就能将市民政局、交通局、环保局及行政服务中心的信息服务进行整合，完整的构建覆盖全市的服务体系，为市民提供全方位、个性化、终身式的公共信息服务，对我们而言，这是城市运营的一大突破，也是城市智慧化运作的典范代表。

在这个案例中我们可以看到，那些与我们民生息息相关的教育、卫生、交通、社保、民政、住房、就业、养老、食品药品安全、公共安全、社区管理、基层事务以及商业服务等多种服务正被公众化的公共信息平台逐步加载，过去烦琐费时的步骤现在都能够在线搞定，如此一个真正惠及民生、造福群众的网络产品，完全颠覆了人们传统的交流模式，为城市百姓开启了一扇一站式服务的门户，真正实现人们用“智慧”构建“智慧城市”的理想。

二、服务信息化——城市主体的完善变革

国际化的今日，打造服务型政府已经是世界上各国政府无可阻挡的趋势。当前，对于如何建设“服务型政府”，我国应该在研究与学习的基础上，借鉴他国的实践经验，真正构建符合中国国情的服务型政府的建设模式。

（一）服务型政府的来由与趋势

服务型政府的概念是由“服务行政”一词推演而来的，其概念也是学术界在多年讨论的基础上形成的。根据考证，“服务行政”一词最早见于德国行政法学家厄斯特·福斯多夫于 1938 年发表的题为《作为服务主体的行政》一文中；美国社会学家丹尼尔·贝尔所提出的后工业社会理论认为，即将到来的后工业社会的中心是服务——人的服务，职业和技术的服务。后工业社会是信息社会，知识是社会最重要的资源，而知识的开发和利用必须调动个体的积极性和创造性，政府只有提供充足的、优质的相关服务才能调动每一个个体的创造性，这一论点对于管理型或管制型政府的服务模式提出了挑战。丹尼尔·贝尔认为服务型政府在本质上是后工业

社会的治理模式，目前除部分西方国家外，大多数国家还处于或即将处于现代化进程中，还不能完全建成服务型政府。但是服务型政府也不是如柏拉图所说的理想国那么遥不可及，而是具有历史必然性的政府目标。随着后工业社会的到来，以服务为导向的政府终究成为人类社会普遍的政府模式。[1]

回归到“服务型政府”的定义，就是坚持一切从人民群众的根本利益和现实需求出发，全心全意地为人民服务；从构建社会主义和谐社会的要求来看，要以解决民生基本问题为根本目的，在发展经济的基础上，除了要不断提高人民物质文化与生活水平，还要大力发展社会事业、公共事业，为群众提供更多更好的公共产品和文化服务，不断加强社会管理和社会建设，切实维护社会稳定、社会公正与社会秩序。而智慧城市的核心概念就是服务经济，即“服务型政府”的本质，是以人为本、以市民为本的服务导向核心，最大的挑战就是考验政府的决策智慧。

（二）智慧城市与智慧政府

曾经有人这么说：要打造智慧城市，必须先打造智慧政府，这是笔者相当认同的一句话，足以概括我接下来想要表达的所有内涵。所谓的智慧城市，就是在现今铜墙铁壁的城市上，再构建一个以信息技术为支撑的虚拟的、数字的、网络的、智慧的城市，所以我们可以将它当作一种投资，而智慧城市的建设，带来了城市居民的新体验，例如，移动电子商务、视频通信、高清电视、智能交通等，这些都是新的“现代服务业”。以往城市中的水、电、气等资源提供都将变成一种城市服务，原来的政府各职能也会因为移动互联网、物联网转变成为公众服务，更不用说已经启动的电子商务。以至于智能城市的发展，不仅牵涉技术层面的问题，还涉及政府本身的流程运作、人力配备、技术选型、组织重构等问题，是一个庞大的

1　建设服务型政府的重要意义［EB/OL］.（2013-1-5）［2015-10-20］. http://forum.home.news.cn/thread/112379792/1.html.

改造工程，对当今的职能政府在运作与管理层面提出了巨大的挑战。因此，要如何在实际的电子政务实践中，透过便捷化、智能化、数字化的应用提升城市服务的智慧储备，促进服务型政府的加速完善才是智慧城市公共服务转型的核心问题。

现今，随着政务系统在各级政府应用程度和广度的加深，电子政务的信息和服务也越来越丰富，在促进城市管理和服务水平提升等方面发挥了显著的作用，但政府部门的信息化建设是一个需要不断完善、持续发展的过程，几项信息化工程和信息化服务平台的打造，并不能完全代表智慧城市的转型成功，更多的是需要政府的顶层设计。

（三）管理服务的信息集成

在智慧城市建设的时代背景下，有诸多城市都已明确把智慧城市列为“十二五”信息化规划的重点，并纷纷花费巨资打造各种政务信息化管理和服务平台。然而，“公共服务信息化”的定义有多种，我理解的电子政务是通过网络、计算机等信息技术，把政府部门的管理和服务进行集成，让政府部门的日常办公、信息收集与发布、公共管理等事务在数字化、网络化的环境下进行。从字面上看，其包含两层含义，首先是得有政务，其次才是借助信息化的手段去支撑政务的管理和服务，两者是相辅相成的。因此，让政府内部沟通更顺畅，使各政府部门之间能够协同开展工作，为市民和企业提供便捷、透明、高效的社会公共服务是“公共服务信息化”的基础工作。除了直观感受的信息系统之外，它还需是一个完整的体系，应具备相关的法律法规和标准规范以及各种各样的基础设施。

所以，借助移动互联网、移动通信技术等传播或接入手段，政府在社会化的公共服务工作中，服务形式、渠道、方式比起传统公共服务已经发生了巨大转变。一方面，随着移动互联网的广泛应用，推动了如微博等社会化媒体或新媒体的发展，也深深触动了电子政务的发展格局；另一方面，数据加工和智能化分析，使各地政府沉淀的行政、办公、执法、管理相关的庞大数据成为指导政府部门科学决策的重要依据和参考，也将是电子政务未来发展的一个大的方向和趋势。

因此，随着电子政务的推广应用，我们有理由相信，传统电子政务的投资模式、建设模式和运维模式都将发生变革，而这样的城市主体的运营变革前提，强调的是从一个更高的高度和整体的视角，提前一步或两步把信息化的顶层设计做好，通过战略规划、顶层设计、具体项目的建设推进，把信息化建设落到实处。

三、资源高度整合——有效匹配信息技术和资源

“智慧城市”伴随着科学技术的发展，有效地解决城市民生问题，也大幅度降低人们对城市资源的掠取，例如：将城市中的水、电、油、气、交通等公共服务资源信息连接，做到资源集约利用，避免高峰时期的浪费以及重复性建设。而路况、公交、地铁信息、公共停车信息、智能交通信号控制等信息若能集中在一起，加以综合分析，人们将很方便了解目前的交通状况，避开拥堵。如果正在经历堵车，人们还将了解到距离拥堵地最近的停车场位置或通过其他更加省时的方式在希望的时间到达目的地，甚至可以在出发前预订停车位。可见信息消费已经成为我国扩大内需的“最大蛋糕”。

我们常说，智慧城市本质上是通过网络汇聚智慧，不但要求城市基础设施智能化，更强调跨部门的信息资源整合；做不到整合，智能城市只能算是挂名。要激活信息消费需求，关键就在“资源整合”。

如何利用通信技术和信息技术促进城市生活更加智能，资源利用更加高效，大幅度节约能源和成本，优化服务与生活质量，降低对环境的伤害，支持产业创新和发展低碳经济，加快实现智慧技术高度集成、智慧服务高效利民、智慧产业高速发展、以人为本不断创新，完成从数字城市向

智慧城市的跃升，是需要我们深入探求的问题。

（一）智能整合的终极目标——三方共赢

在城市的智慧化转型中，谁是变革主体？主体又该如何引导资源分配？我们必须这么理解：城市转型需由政府主导，制定统一的规划和明确的规则；透过市场开放引入企业投资，为社会打造开放的平台，同时牵头整合各方的优势资源，通过购买服务、政策优惠等方式，给予提供智慧城市应用服务的厂商一定的支持，鼓励更多的企业投入到城市应用开发和服务上来。如同“神州数码”，透过开发智能型公众服务平台进一步与政府合作，携手打造区域性信息平台，有效促进资源整合、形成政府、企业与人民三方共赢的局面。

确认变革主体后，如何有效运用信息化科技融合资源、匹配资源？在“2015 中国城镇化高层国际论坛”中提到：通过智能城市的建设实现管理资源的整合，集成原来的管理资源，实现高效、便捷、快捷的公共管理和公共服务，从一定意义上来讲也是低碳的。从各地智慧城市建设过程中，专家学者不断呼吁要打破信息壁垒、消灭信息孤岛的呼声可以看出，信息整合、资源整合逐渐成为一个不可忽视的问题。

（二）信息化建设的四个阶段

按照业界公认的看法，城市信息化建设的发展一般分为四个阶段（如图 7–1 所示）。第一阶段是电子城市阶段：城市从传统的人工管理逐渐开始针对局部领域进行信息化模式转换；第二阶段是数字城市阶段：城市全面进入数字化的信息获取、汇集、分析和应用；第三阶段是智能城市阶段：城市对信息化的应用不仅只是用于沟通层面，更多的需要透过智能化应用产生新价值；第四阶段是智慧城市阶段：通过对城市全面的信息化布局，产生资源效率的最大化价值。

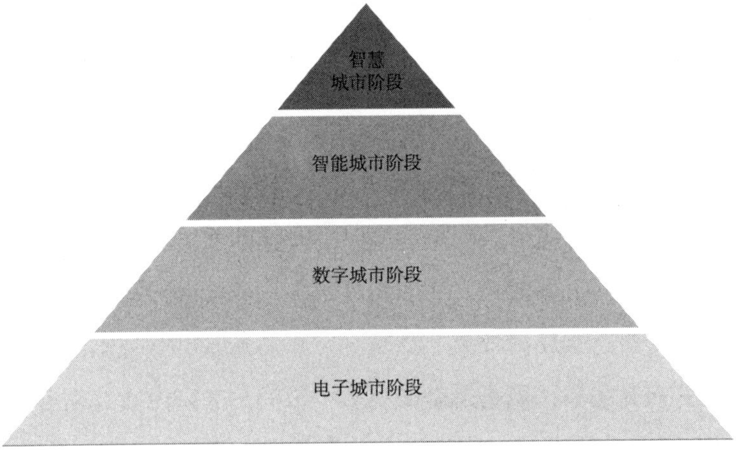

图 7–1　城市信息化建设的四个阶段

目前，各个各部门在建设城市信息化过程中，从智慧政府和教育、智慧建筑、智慧交通、智慧医疗、智能能源等细分市场和垂直版块入手，是发展的必然阶段，无可厚非。但进入智慧城市建设和运营的高级阶段，信息和资源的统筹、整合、融合，精细化管理、高效可持续运营显得更为重要。智慧城市由很多的智慧个体和单元组成，各个系统需要相互联合和作用才能产生出“智慧价值”。目前，各地智慧城市建设在平台化的信息基础设施建设上，实现了物联网、大数据、云计算、宽带接入、大数据、社交网络等新一代信息通信技术在城市经济社会各领域发展的充分运用。下一步，也将以深度融合为主线，最大限度地整合、开发、融合、共享及利用各类城市信息资源。

综上，在智慧城市建设投资、运行管理和系统维护上需要大力创新，积极引入“企业投资智慧城市建设、政府购买智慧配套服务”的模式，完善利用 IT 企业、信息营运商及社会各界力量，引进高端企业开展合作，才能充分且有效地对信息技术进行资源匹配；各地智慧城市的智慧能力也不单单体现在资金投入的“硬实力”，更多体现在“软实力”，即信息和资源整合的能力代表了智慧城市建设、运营和发展的软实力，因为唯有透过有力的内外部资源整合，才可以使内外部各个部分功能之和大于整体。

四、发展有依据：建立政策标准体系

（一）发展依据：总体架构和顶层设计

从现代城市角度来讲，公共文化服务是以政府部门为中心的、是条块分割的，里面存在分散管控、反应迟钝、盲目决策等一系列问题。我们希望通过技术进步，包括云计算、物联网、移动互联网等技术应用，让未来城市是以公众为中心，而不是以部门为中心的。未来的政府是单一的、统一的管控，快速反应、智能决策的政府。古人讲天人合一，人能快速反应、自动做出决策。智慧城市，也希望通过网络快速感知、处理，通过云中心做出快速处理。智慧城市寄托了人们对于未来城市发展方向的憧憬。

然而，智慧城市本身作为信息化中的一个领域，它面临的问题跟我们信息化过程当中面临的问题是一样的，例如：大量重复建设、浪费，并且存大量信息孤岛和烟囱，除此之外还有大量的推倒重来和失败，大量投资黑洞和陷阱，所以信息化发展一定要有相应理论指导，智慧城市建设也必须要有总体架构和顶层设计。

所谓的顶层设计，不仅是技术架构的顶层设计，还有它的建设运营保障体系的顶层设计。所以顶层设计就像城市的运行管理，包括交通管理、停车管理、公共安全监控系统、人员管理系统、水路管理、环境监测、消防监管、市容卫生监管，这些监管细则都是在信息化发展基础上保证与约束城市运营的相关配套方式。

（二）智慧城市的致命陷阱：信息孤岛

我们可以从新时期智慧城市建设的几大特征来进行探讨，主要包括：第一，数据的自动采集，充分利用物联网等技术，让越来越多的基础设施具备信息自动采集和迅捷采集的能力，使城市的信息获取更加便捷和高效；第二，信息资源的整合和共享，打破以部门为分割的信息资源壁垒对，对城市主体范围内人、土地、能源、经济等信息资源的整合，能够保障智慧城市各应用之间的资源共享；第三，数据资源的充分挖掘，基于整合的信息资源，充分利用知识管理、数据挖掘等手段，是智慧城市数据智能化处理的重要特征，成为一切智能应用的基础；第四，智能应用，面向市民、政府和企业三类主体，实现战略性技术的深层次、创新型应用，智慧城市将最终表现为对城市生产和生活方式的改善。

由此可见，顶层规划对智慧城市建设的成效尤为重要。当今，全世界的智慧城市建设都还处在摸索过程中，极为需要全面的技术配套来规范体系标准、软硬件、接口等关键要素，然而，在中国条块分割的行政体系下，智慧城市如果没有一个完整的、具有规范作用的顶层设计指导，在将来实施的过程中定会遭遇信息孤岛、信息不平等、各自为政等城市信息化建设的新旧问题，可能面临扩大智慧城市建设低效的风险。因此，有许多专家学者是这么认为的：智慧城市的顶层设计是针对城市的“智慧化”建设，必须从全盘的视角来进行总体架构的设计，对整个架构的每个层次、每个方面、各种参与力量、各种正面的促进因素和负面的阻碍因素等进行完整考虑和设计。政府作为智慧城市的建设主体，应充分借鉴发达国家电子政务顶层设计的方法论与实际操作的方案，建立符合我国城市发展态势的智慧城市顶层设计。

（三）城市发展双引擎：规划与治理

前面已经谈到了由于缺乏顶层设计往往导致了建设过程中各自为政，信息孤岛，大量重复建设，业务无法协同等一系列问题，但是这些本身是在传统政府信息化规划建设或者说传统电子政务顶层设计和建设中就应该解决的问题。城市规划建设和城市综合治理要以城市生态环境可持续发展为目标，搞清楚民生、政务和产业之间的关联，明确城市本身也是一个高度自治的空间，就像是一个环环相扣的生态环境；清晰地认识到这点才能够从目标驱动 IT，考虑基础建设如何和智慧城市的价值诉求相匹配，只有这样规划建设的应用才是最终城市需要的应用，能够发挥价值的应用。

假如因为整体设计能力的不足，致使在信息化发展的初期缺乏信息化统筹机制，政府各部门独立地建设了一系列的信息系统，将会形成随意生长的“系统丛林”，发生信息条块分割的错乱现象。在“系统丛林”中，各部门信息系统间信息资源重复采集、互不共享、互不相连，就会造成许多资源的重复建设和人力浪费。假使这种局面持续延伸，在“智慧城市”建设的过程中必然会遇到各部门各自为政、信息孤岛的老问题，大幅度增加了信息化建设失败的风险。

顶层设计为促进智慧城市发展方向提供了一条明确的、规范的、具有针对性、指标性的道路。顶层设计是在智慧城市发展战略（规划）指导下，旨在为智慧城市建设实施提供指导的“控制性规划”与“规范性操作”。顶层设计主要明确智慧城市建设的重点内容、各重点内容之间的内在逻辑关系，以避免分散投资、重复建设和资源浪费。

（四）顶层设计的逻辑思维

专家认为，顶层设计的关键特征可以归纳为两个方面：一是顶层设计视角是信息系统的最高层，这里所指的高层可以指一个国家、一个城市或是一个政府部门信息体系的最顶层主体；二是顶下的“体系结构”，一般是完成最高层的结构和框架设计后，再逐层细化完善更细致的指标方向。所谓的“体系结构”是指顶层设计比信息化规则更注重用工程的、科学的方法，对整体架构进行设计，在规划设计内容上更关注系统、信息资源和基础设施的体系结构，对全局的约束性要求更强、架构性更稳固、技术性更高。而规划与顶层设计在设计的层次上都处于最高层，都是对全局的规划，但从整体范畴上来看，规划偏重于长时间的发展愿景和任务设计，顶层设计则偏重于信息化体系架构的设计，顶层设计将体系架构的内部结构打开，比规划更接近于信息系统、更加的细致，操作性更强。

所谓完善的顶层设计，不在于如何详尽地规定、分析每个系统、数据的细节，而在于其是否能够用最明确的规则、最少的约束和最简洁的文字构建一个完整而歧义少的信息化体系。遵循这个体系，各部门可以独立地开展各自系统的建设，完成后，将形成一个符合预期目标且不具“系统丛林”问题的全方位体系。

然而，需要注意的是顶层设计除了必须在基础设施、共性支撑和统筹上有较高要求外，在应用较为成熟的领域也须制定总体的规范，并留出发展新技术、新应用的创新空间，鼓励试点示范，待其发展较为成熟后，再一并纳入顶层设计的总体框架，实现顶层设计与创新的协同促进。如果把智慧城市比喻成为一片有序发展、蓬勃生机的智慧森林，那么“规划”明确了森林的基本形态、建设计划和占地面积，而“顶层设计”则详细地设计了森林的内在结构，包括了水系、土壤、树种的布局以及树木移栽的方式等。

最后，顶层设计是一个需要不断完善的项目。即使利用了科学的设计规划、聘请最优秀的设计团队也无法设计出最完美的信息化体系，因为外部环境的发展变化会不断地对顶层设计成果提出新的挑战和要求，因此，顶层设计应该保持时时更新的状态，对外在环境需要做好完善的跟踪和分析作业，根据外部要求和信息技术发展的新情况，做出必要的调整，以符合最新的要求。

第三节　国内外智慧城市发展中的典型案例

一、中国南京：服务型政府的智慧转型

“智慧南京”建设以“国际一流、国内领先”为标准，以“数据集中、系统整合、业务协同”为主线，经过几年探索实践，城市信息化水平走在了全国前列。其实，南京早在2009年便提出了打造“智慧南京”的构想，是国内最早探索“智慧城市”建设的城市之一。2013年，南京市更成功入围全国首批“智慧城市”试点。

（一）政企合作促进城市转型

智慧城市的构建离不开泛在网络的支撑。2009年，南京市政府制定了公网与专网相结合的无线城市建设规划，并将无线宽带政务专网列为“智慧南京”的核心基础设施。无线政务专网在南京城市信息化发展进程中举足轻重，南京市政府高度重视并委托南京宽慧无线网络通信有限公司（简称“宽慧无线”）负责专网的规划、建设、运营和维护。无线宽带政务专网就此承担了为城市管理、公共服务和应急指挥提供移动宽带无线接入服

务的重要使命。

2013 年 4 月，宽慧无线与华为合作开通了国内首个基于 TD-LTE 的城域宽带多媒体数字集群共网试验系统，而后南京亚青会组委会随后决定使用该系统为同年 8 月举行的第二届亚洲青年运动会通信指挥保驾护航；2013 年 7 月底，宽慧无线就已完成了 25 个室外基站和 5 个室内基站的站点开通和入网测试，实现了 80% 的南京主城区主要道路、浦口亚青村和亚青会重要场馆群的网络覆盖。更在亚青会期间，为南京市政府、公安、消防、城管、医疗卫生及广电等系统以及亚青会主运行中心或技术运行中心共计 300 名终端用户提供了音视频联动的指挥业务，并为 40 个赛事场馆提供了人员、车辆安检监控服务，首次实现了中国自主研发的宽带多媒体数字集群技术对国际重大赛事的通信保障。

（二）总体架构的完善部署

2013 年年底，宽慧无线根据南京市发改委拟定的《2013 年全市社会信息化工作要点》，制定了全面推进 TD-LTE 无线宽带政务专网建设的战略部署。计划在 2014 年 6 月底前将网络规模扩展到 110 个基站，实现南京市主城区和郊区城镇的覆盖，为第二届南京青年奥林匹克运动会提供通信保障；在 2015 年底前建成 286 个基站，实现南京市全市域的覆盖。现在，宽带多媒体数字集群系统的无线网络建设正在南京如火如荼地进行。[1]

打破城市各委办局之间的信息壁垒，实现信息共享，多年来一直是摆在城市管理者面前的难题。通过行政命令往往只能取得一时的数据，却无法保证信息的实时更新。为此，宽慧无线在协助南京市政府制定“智慧南京”顶层架构时设计了城市有线、无线专网一体化规划建设方案，通过具体应用项目，以市场化手段，推动各种系统间的信息交换和共享，最终实现城市各类信息的整合应用，从而提高信息的利用效率，推动“智慧南

---

1 华为 ELTE 助力建设智慧南京［EB/OL］.（2014-8-30）［2015-10-20］. http://fiber.ofweek.com/2014-08/ART-210007-8120-28873794.html.

京”服务型政府建设。

（三）战略的准确落实

宽慧无线在建设无线政务专网的同时，与华为等合作伙伴一道，积极拓展业务系统和终端开发，并制定了无线专网运营和信息化应用开发并举的经营发展战略，即宽慧无线“云管端”战略。云——宽慧无线助南京市政府开发了跨平台综合资源调度系统，打造视频、语音和数据三大平台，深度整合不同单位、部门的信息系统资源，通过系统内部机制实现跨部门的资源共享和业务协作，提高专网内各类信息资源的利用率；管——无线宽带政务专网；端——基于华为芯片实现终端多样化，为行业用户打造多元化的终端产品，开发终端软件应用，满足不同客户的功能需求，提升客户感知，增强客户黏性。

传统的无线窄带专网只具备语音集群指挥功能，多为公安、消防、武警、煤炭、海关等行业部门所建设，主要满足其应急指挥和重大活动保障需要，习惯上将其理解为行业专业网。而作为智慧城市核心基础设施的无线宽带专网则在网络规模、用户对象和用户需求等方面都发生了变革。网络规模从小型行业网发展为大型城域网，用户对象从特定行业部门发展为政府各委办局，用户需求从单纯的应急指挥发展为城市日常管理和公共服务。

从这个意义上说，专网已不仅仅只是行业专业网，更是智能城市的专用网。专网定义的广义化意味着新的市场需求出现，亟须产业链上下游企业转变思路、捕获商机。未来，无线专网除了服务传统行业用户外，将更多地应用于智慧城市框架下政府各委办局的日常办公，水、电、气、公交、地铁、医疗卫生、教育和旅游等公共服务单位的日常运营。

一张无线宽带政务专网不仅是构建智慧城市的基础，也是建设服务型政府的重要手段。打造丰富的业务应用，促进跨部门信息共享和业务协同，提升政府服务能力，助力信息惠民，才是“服务型政府”更重要的意义所在。

二、日本 NEC：高度使用人工智能技术进行灾害预警

NEC 是日本的一家跨国信息技术公司，全名为日本电气股份有限公司，总部位于日本东京港区，主要业务经营范围主要分成三个部分：信息解决方案、网络解决方案和电子设备；信息解决方案主要是向商业企业、政府和个人用户提供软件、硬件和相关服务；网络解决方案主要是设计和提供宽带系统、移动和无线通信网络系统、移动电话、广播和其他系统；而 NEC 的电子设备包括半导体、显示器以及其他的电子器件。

NEC 对智慧城市概念的诠释是以云计算和物联网支撑城市发展。NEC 首先构建四个层面的社会基础设施，包括：能源流、信息流、物流和人流。在这些基础上构建智慧城市的各种应用。四个领域的开发都是基于此信念：安心、安全。例如，人脸识别和防灾应急、健康保健、智慧医疗、老人中心、移动医疗、节能环保，包括楼宇的能源智能管理、电动车充电电池、快速冲电桩、智能交通等服务，主要通过人工智能技术系统以及大数据系统对这些数据进行分析，从而对未来将要发生的事件进行预测和预警。

（一）防灾系统的实际运用

实际案例应用如下：NEC 对水坝、水库水位进行监控，通过无线通信把相关数据传递到指挥中心，然后通过控制系统调节水坝进行水灾的防御或是通过远红外摄像机和高感度摄像机进行森林防火以及电力设备、矿山防火的解决方案。另外，透过高感度摄像机技术，一个摄像头可以监控半径 10 公里的范围，通过光纤作为传感器测量物体的温度分布和温度变化，用这个系统可以掌握煤炭传送带、谷物传送带、液化气罐、隧道或者光缆、电缆温度分布与温度变化，可以在火灾发生之前提供预警，避免火灾

的发生。

（二）用监管系统作好安全防护

由上述几个小案例，我们可以了解日本 NEC 主要发展的项目是利用科学技术构件完善的城市综合监管系统，并在四个层面（信息层面、交通层面、在能源层面及安全层面）对城市的信息进行搜集，然后将收集的信息进行分析处理，最后对各种事件进行监督、管控和预测。所以，NEC 城市监管中心在城市综合管理系统中扮演着重要角色，它首先通过各类视频监控和传感器收集城市各类信息和数据，然后通过智能化数据分析与统计来把控城市状态、管理目标绩效、发送报警信息等，从而实现人与环境和谐共生、提高危机管理能力和降低城市运营成本。

（三）用需求促进发展

为什么 NEC 在防灾应急方面有如此深入的研究与发展呢？众所周知，日本是一个自然灾害频发的国家，其中包括泥石流、台风、海啸等。为了对这些领域防灾应急，NEC 已经经历了四十多年的探索过程，积累了许多经验。然而，防灾系统所牵涉的领域比较复杂，从横向行业上看，它涉及气象侦测、公安营救、卫生医疗等方面；从纵向组织上来看，防灾系统涉及中央、省、县、市街道等各方面；它复杂的作业流程不管是信息收集，还是对信息进行分析处理、对灾害进行预测和预报，都是为了能够在短时间内制定出灾后应急处理措施，迅速地反馈灾情、配对资源、降低人员伤亡。目前日本所采用的地震活动侦测系统和火灾检测系统，大多都是由 NEC 提供的。其中最为典型的案例就是在 2011 年 3 月 11 日的宫城县海域大地震中，NEC 的系统成功地做到了人类历史上第一次在地震的 S 波到来之前，就检测出地震大致发生的地点及强度，成功地预报了地震的到来，因此，及时启动了部分制动系统，大幅度减少了地震造成的灾害。另外，针对火灾消防的紧急事件，NEC 的系统也可以通过信息收集，用最快的速度获取灾害发生的地点，透过 GPS 定位与计算机对救急车自动发出出勤指令，增加了消防车、救护车在五分钟之内到达灾害地点的比例，大大提高了生命的救活率。

除此之外，NEC 的防灾应急系统与设备的内容也十分丰富，包括灾害对策本部、防灾信息系统、卫星通信系统、地上无线系统、数码通报通信系统、数码移动通信系统、早期地震警报系统和海底地震海啸观测系统等，这些系统在日本的防灾应急领域都有着十分广泛的应用。日本的防灾应急系统分为三级，最高级系统也是唯一的国家级系统，也是由 NEC 所提供的；而第二级是大中型的系统，相当于中国的省、市一级，NEC 的市场占有率是 73%；在第三级的区、县、街道级的系统中，NEC 依然占有 38% 的份额。所以说，NEC 是日本防灾应急领域中，市场占有率最大的一家企业。

（四）智能系统的惊人绩效

此外，NEC 还拥有领先的智能视频监控技术。近几年来，随着视频监控摄像头越来越多，使得大量能够分析视频数据的智能分析系统变得更加重要，NEC 的视频分析技术可根据人物的特征描述进行全方位智能检索，比如以“穿黄色裙子的青春女孩”为条件对视频数据库进行智能检索，系统就能够通过智能分析和数据对比，在极短的时间内在海量的视频中对目标对象进行快速筛选。而其智能交通管理技术则可以收集移动车辆、汽车尾气、视频监控、感应地灯、信号灯、汽车车牌等信息，借 NEC 的专利算法进行自动智能处理，进一步分析信息和预测路况，并通过多媒体的方式对外发布交通路况。交管部门就能实时了解车流信息，政府部门也可实现应急指挥，达到全方位的智能便捷，充分解决时间与人力的使用与浪费问题，并且做到人力无法做到的智能工作。

大家可能会有疑问，光靠信息化技术就能够百分之百掌握社会万象、不出纰漏吗？我们可以用以下数据告诉你，NEC 通过视频处理技术，可以对视频数据进行自动检索与比对，当系统在对 160 万张人脸进行比对时，出错率仅有0.3%，而比对时间更快速，只需0.4秒。

三、韩国U-Korea：全面建设全球第一的泛在社会

（一）韩国信息化发展策略

综观韩国信息化社会建设历程，自1993年开始，韩国政府就开始积极从事国家信息基础建设的布局。1996年，受到亚洲金融风暴的波及，经济受到重创，让韩国政府重新调整产业经济发展的政策方针，在1999年宣布"Cyber Korea 21"：网络化的韩国21世纪政策，并随后在2002年公布了"e-Korea Vision 2006"政策、2003年底发布"Broadband IT Korea Vision 2007"政策。直至2004年，全盘涵盖了韩国IT产业政策的最高级别的国家发展战略"IT839策略"推出，配合八项创新服务、三大基础设施建设以及九大成长动力技术核心策略的推动，韩国政府开始积极规划U-Korea政策方向。而后，至2005年3月，韩国信息及通讯部主导成立U-Korea策略规划小组，并于同年9月完成U-Korea政策草案，最后历经半年的讨论与修正，在2006年3月确立了总体政策规划。

（二）U-Korea战略

U-Korea意在构建无所不在的社会（Ubiquitous Society），意思就是在大众的生活环境里，构建全方位的智能型网络以及最新的技术应用等先进的信息基础设施建设，让民众可以随时随地享有科技智能化的生活服务。而最终目的，除了是为民众创造食、衣、住、行、育、乐等各方面无所不在的便利生活服务，也是希望透过扶植IT产业进一步发展新兴应用技术，强化自身产业优势与国家竞争力。

为落实上述目的，U-Korea以"The FIRST U-society on the BEST U-Infrastructure"，意在全球领先的泛在基础设施上，将韩国建设成全球第一的泛在社会策略，锁定在四项关键建设发展及五大社会应用上，各项范

畴之关键策略任务如表 7–1 所示。

表 7–1 四项建设及五大发展应用表

愿景策略		关键任务
「FIRST」五大应用范畴	亲民政府 (Friendly Government)	建构 U 化行政复合都市 提供行动公众服务 建置 U 化投票系统
	智慧科技园区 (Intelligent Land)	建置 U–City 整合管理中心 建置智能交通网络 完成电子护照入境监控系统
	再生经济 (Regenerative Economy)	运用 U 化技术发展与扩张商业模式 活络 U–payment 之运用
	安全社会环境 (Secure & Safe Social Environment)	建置智能型紧急网络系统 食品与药品履历追溯系统 建立无人化保全巡逻系统
	u 化客制服务 (Tailored u–Life Service)	提供 U 化身分辨识卡 提供 U 化家庭生活
「BEST」四项关键设施	平衡全球领导地 (Balanced Global Leadership)	吸引 U–IT 全球领导大厂进驻 支持企业公司的全球标准工作 巩固 U–Korea 与 u 化产业
	生态工业建设 (Ecological Industrial Infrastructure)	培养五个关键性策略产业 吸引 U 化产业聚落之龙头厂商 提供工业测试平台服务
	现代化社会建设 (Streamlining Social Infrastructure)	建全 U–Korea 基本规范与政策 提升 U 化服务、避免数字落差 巩固 U 化环境的安全性
	透明化技术建设 (Transparent Technological Infrastructure)	落实 U–IT839 策略政策 开发 U 化服务核心技术

（三）U–Korea 发展阶段

1. 发展期（2006—2010 年）

此阶段的任务重点为基础设施建设的建置、U 化社会制度的建立和技术应用，除发展 U 化物流配销体系、U 化健康照护服务（Ubiquitous Service）、扶植 U 化产业与新兴市场，也将完成无所不在网络基础建设的建置工作、IT 技术在生物科技与纳米科技各领域的应用、建立 U 化社会规范。而本阶段预期达到的目标，包括跻身成为全球前 15 名具有竞争力、前 25 个高生活水准的国家之列，并提高国民所得达到 22000 美元。

2. 成熟期（2011—2015 年）

此阶段任务是扩散 U 化服务的应用能力，不但要将 U 化服务扩散并应用至国内各个产业，更要将国内 U 化服务大力地推广至海外市场。另外，将相关电子对象嵌入智能芯片、生物科技与纳米科技、IT 技术的活用、稳定 U 化社会文化亦为此阶段发展要项。本阶段预定达成的目标，包括跻身成为全球前 10 名具有竞争力、前 25 个高生活水准的国家之列外，也预计要将国民所得提高至 30000 美元。

（四）u-IT 核心计划

韩国信息及通信部为了配合 u-Korea 政策，亦推出几项 u-IT 核心计划，如："U-City" 计划、Telematics 示范应用发展计划、U-IT 产业聚落计划与 U-Home 计划；"U-City" 计划乃为韩国政府积极推动的新时代科技化都市，结合韩国国内土木工程设计规范与标准的政府主管机构——工程与运输部与三星等业界龙头，共同构筑新时代科技化都市计划的都会架构与规格；Telematics 示范应用发展计划是扶植车用通讯产业的升级策略，包括公众交通车辆（如消防车、警车、邮政车、公车）车用通信终端设备的装载、济州岛示范应用计划以及车用通信情报中心（Telematics Information Center）的创立等；U-IT 产业聚落计划是透过各地方专职分工策略，让每一个地方有其基盘技术，带动地方经济的发展，进而运用企业研发力量所形成的综合效果，担任 U 化技术创新的火车头角色，加速新兴科技应用服务的诞生；U-Home 则为 U-IT839 八大创新服务之一，在于让韩国民众能透过有线或无线的设备控制家电设备，还能时时享受高品质的双向、互动的多媒体服务，比如远程进修、居家照护、视讯随选服务（Video on Demand）、居家购物（Home Shopping）、家庭银行（Home Banking）等数字服务。[1]

1 洞悉韩国无所不在政策—u-Korea［EB/OL］.（2007-3-27）［2015-10-20］. http://news.rfidworld.com.cn/2007_3/2007327921544588.html.

然而，无所不在的科技成果虽带来许多便民服务，在积极拥抱U化社会来临的同时，背后却也隐藏着一些潜在的危机，如个人资料遭盗用、个人隐私受到侵犯、设备成本与服务费用的高低不平衡、骇客与计算机病毒的入侵等，都是韩国民众忧心的社会议题。在未来U化社会里，如何确保民众的个人隐私权与信息安全性，势必将是各国推动U化政策成功与否的关键要素。

四、丹麦哥本哈根：智能车轮下的绿色创新与突破

说到绿色出行，不得不想到自行车。曾几何时，中国是海内外著名的“自行车王国”，那壮观的自行车洪流穿梭在各条大街小巷，令无数访华的外国人叹为观止。但近年来，道路修得再宽也迅速被汽车塞满，自行车道越来越狭窄甚至消失。对尾气危害健康的担忧更是让许多人放弃骑车。相反，骑车出行在一些欧洲国家越来越成为潮流风尚，特别是丹麦——一个真正无愧于“自行车王国”称号的国家。

（一）脚踏车轮下的智慧突破

其实，早在21世纪初，欧洲就已经开始了智慧城市的建设。自从2000年英国南安普顿市启动了一项名为智能卡的智能服务项目后，欧洲的智能城市建设序幕就正式拉开。此后，欧洲各国相继开始进行智慧城市建设，并取得了可观的成绩。其中，以英国、瑞典、荷兰和丹麦的实践更具特色。

几年前，麻省理工学院为丹麦哥本哈根设计出一款全新的智能自行车轮（Copenhagen Wheel），这款智能自行车的推出让骑自行车变得更轻松、愉快。自行车车轮上的电池能够存储能量，而踩刹车时的摩擦力与阻力可以转化成帮助爬坡或加速的能量，轮毂上的传感器还会测量你骑乘的方向，当往前踩时，传感器也会协调车轮的电动马达帮助你往前冲，当踩刹

车时，马达也会帮助你慢下来并重新为电池充电。

这个智能自行车轮设计的主要用意是鼓励人们骑自行车，并拉长自行车骑行的距离，减少搭乘会产生温室气体的运输工具。而这个车轮的自行车毂内不仅有传感器与蓝牙功能，轮子更能通过智能型手机的应用程序对它近行调控，车主可以在智能手机上观看自己的骑行速度、方向及已行驶距离，还能侦测交通状况并追踪同行的自行车车友。这个智能自行车轮的车毂内已经具备了所有现代化的电子配备。除此之外，为了实现零排放的目标，哥本哈根更设法鼓励市民骑车出行。政府不但加强完善骑行路线上的配套设施建设，更提供自行车服务站点与简便修理工具，为自行车出行提高相当程度的便利，尤其是在哥本哈根的街道上，无论道路宽窄与否，都会有属于自行车的专属道路。[1]

配套部分，哥本哈根在 1995 年就已经开始实施公共自行车服务计划，让民众可以在市中心的 120 个自行车停放架取用及归还公共自行车。此计划是由政府与民间合作的，资金来源是依靠赞助和广告收入，并由“哥本哈根城市自行车基金会”这个非营利组织负责推动与经营，而该计划也提供受刑人和失业民众工作机会，让他们从事道路维修的工作。

哥本哈根这一切的创新突破，都要归功于丹麦城市公共空间规划领军人物——扬·盖尔 (Jan Gehl)。在 20 世纪 70 年代，盖尔就已经是城市公共空间规划的领军人物，在他第一本专著《交往与空间》中，他传达了一个理念：“城市的空间应该是人的空间，所以城市空间的规划必须以人为本。”自此之后，盖尔这一理念就被贯彻在哥本哈根大部分的城市规划当中，例如，他为哥本哈根设计的自行车道系统，即成功塑造哥本哈根的城市名片。

根据调查数据显示，大约有 55% 的哥本哈根人每天的出行交通工具是自行车，而这个数字还有明显上升的趋势。早在 2008 年，哥本哈根就被

1　哥本哈根维持环保与经济平衡［EB/OL］.（2012-9-11）［2015-10-20］. http://www.chinacity.org.cn/cspp/csal/92242.html.

英国《monocle》杂志以及“国际自行车协会”评为“全球适合自行车出行的城市”，而丹麦人自己也把自行车出行看作新的城市符号。在2010年的上海世博会上，丹麦也是以两条上下交错的自行车道作为展馆表现方式，用自行车构造出属于自己城市的展馆形象。

哥本哈根解决可持续发展城市的方案还有以下实例：

以交通和骑乘方案整合提升交通流动性，减少拥堵现象。

清洁海港，使城市生活质量更高、当地企业寿命增加、工作机会和收入增加。

垃圾厂处理率仅占所有废物处理的1.8%。

（二）用污染整顿重返新生

一直以来，丹麦都是一个以重视海洋生态和海洋环境的国家，其对海洋环保所做的贡献是走在世界前列，丹麦高度成熟的水资源保护机制和成功的操作经验值得各国借鉴。其中，丹麦最突出的成就是对污水处理系统进行了现代化的科学改造，几乎消除了所有会污染海洋的废物排放，并时时对海洋水质进行精密监测，大幅度改善海洋环境，重现碧水蓝天的童话王国的美丽形象。

丹麦在20世纪70年代时和世界上其他城市的工业化过程一样，首都哥本哈根的城市污水未经处理就直接透过下水道排放到海港中，海水因此受到严重污染。当时，在哥本哈根的海边游泳曾经被民众视为高危险行为，无异于慢性自杀。为了解决这一环境难题，丹麦政府痛下决心投巨资建设了覆盖哥本哈根全城的现代化污水处理系统，并在1976年建成第一个污水处理厂。目前，丹麦全国已有约1000家现代化污水处理厂，境内所有污水都经过物理、生物和化学等多种方式净化后才返流回大自然。

除此之外，丹麦还加强了对城市排水系统的规划。由于丹麦气候湿润、水资源丰富，市政当局精心设计建造了发达的城市排水网，对雨水进行分流，并对暴雨进行水系管理和调度，降低了城市因暴雨而造成积水或污染海港的危险。根据统计数据显示，1996年排入哥本哈根海港的污水和雨水流量是160万立方米，但到了2009年，数据大幅下降了75%，为40万立方米。经过丹麦政府积极的治理和长期不懈的努力，哥本哈根海洋生态得到恢复和发展，海水的清洁度和纯净度达到了前所未有的水平，贝壳、鱼虾、海藻和海蜇等对环境敏感的海洋生物在城市海滩和港口随处可见，水质得到大幅提升，让人感觉像是在远离人类的大自然的海边漫步。[1]

在如此积极的环境治理下，哥本哈根市政府在2002年首次将治理好的“冰岛码头”交还给市民，作为一个天然海港公共浴场，而原来码头周遭破旧的工业区则被改造成一片以蓝色为基调的公众休闲区域，附近咖啡馆和艺术画廊林立，是哥本哈根市民节假日最爱去的亲水宝地。从2002年至今，哥本哈根市政府已经开放了四个这样的公共海港浴场，每个海港浴场都设有自动监测设施，时时监测和计算海港的微生物水平和水质标准，并实时在网上发布，让哥本哈根市民可以在线查看测量结果和指数预报，以确定在海港游泳是否安全以及何时下水最舒适最健康！

哥本哈根对环境的重视与把关使得城市环境获得了新生，同时还创造了新的就业机会，为城市经济发展做出积极贡献。哥本哈根市在城市公共交通基础设施、配套服务设施、旅游、文化和休闲经济等方面下足工夫，盘活了城市活力与投资潜力，使绿色丹麦成为名扬世界的新地标，更是人与自然和谐相处的最佳例证，高度提升了哥本哈根的国际知名度、环保魅力和旅游吸引力。

1 海洋生态治理创造新经济“绿色港湾”［EB/OL］.（2012-3-19）［2015-10-20］. http://intl.ce.cn/sjjj/qy/201203/19/t20120319_23165976.shtml.

五、绿色荷兰：阿姆斯特丹的智慧城市 ASC 计划

荷兰是个自我意识甚强的欧洲国家，非常在意其在国际间的观感。过去由于位于阿姆斯特丹市中心的旧街道非常狭窄，往来的船只与汽车造成的噪音与空气污染问题相当严重。政府期望透过“智慧城市”计划，即ASC：Amsterdam Smart City 计划解决此问题并借此提高市民生活水平、创造新就业机会。

ASC 计划在最初包含四大行动计划，在 2011 年，行动计划正式增加至五大行动计划，包括：数字监控设施的市政办公楼建设、太阳能共享计划、智能游泳池计划、智能家用充电器、商务办公区域全面使用太阳能节能计划，计划于 2015 年前将荷兰阿姆斯特丹建设成为一个真正的节能绿色智慧城市。

阿姆斯特丹智慧城市的建设主要由四个主题组成，如表 7–2 所示。

表 7–2 阿姆斯特丹智慧城建设的四个主题

主题		目标
可持续性生活	West Orange 项目	通过节能智慧化技术，大程度的降低二氧化碳排放量和能量消耗。
	Geuzenveld 项目	
可持续性工作	智能大厦项目	将能源消耗减小到最低程度。
可持续性交通	Energy Dock 项目	利用清洁能源发电。
可持续性公共空间	后勤部门	定时定点智慧化配送
	公共空间	节能照明、使用智能型太阳能垃圾桶
	商户	使用智能电表、智能插座

阿姆斯特丹是荷兰最大的城市，总共 40 多万户家庭，占据了全国二氧化碳排放量的 1/3。如表 7–2 所示，可持续性生活是指借助智慧化节能技术，能够很大程度地降低二氧化碳排放量和能量消耗；而 West Orange 项目和 Geuzenveld 项目的主要内容，是为超过 700 多户家庭安装智慧电表和能源反馈显示设备，目的是同时减少等量的二氧化碳排放，节省 14% 的能源。通过这一系统，居民可以更了解整个屋子的能源使用量与

每一件电器的用电量，促进居民关心自家的能源使用情况，学会确立家庭节能方案。

其次，阿姆斯特丹是个现代化的大城市，城中小商铺和跨国公司林立，汇集了许多大大小小、各式各样的公司。可持续性工作中的智能大厦(ITO Tower)总面积为38000平方米，是一个示范性、试验性的概念工程。ITO Tower的概念是：在不给大厦的办公和住宿功能带来任何负面影响和调动下，将大厦的能源消耗减小到最低程度，并促进电力系统更有效地运行。另外，也将更进一步推进大厦安装可持续性系统，透过传感器记录大厦的能源消耗量，保证照明系统、保安系统和制热制冷系统能在低能耗过程中正常运行。

再次，阿姆斯特丹的移动交通工具，包括从轿车、公共汽车、卡车到游船，其二氧化碳排放量占据整个阿姆斯特丹的三分之一。因此，提出可持续性交通的Energy Dock项目，在阿姆斯特丹港口的73个靠岸电站中，配备了154个电源接入口，便于游船与货船随时充电，利用清洁能源发电取代原先污染较大的产油发动机。而在充电的操作过程中，船长只要通过电话输入个人账号，就可以与靠岸电站取得连接，费用会自动从船舶账号上扣除，十分便捷。

最后，可持续性公共空间项目的规划是源于阿姆斯特丹市中心的一条具有代表性的街道——乌特勒支大街。乌特勒支大街是一条极其狭窄、拥挤的街道，但两边满是漂亮的商家、咖啡馆或旅店，当公共汽车、卡车、垃圾车来回穿梭运送货物或者搬运垃圾时，经常造成交通堵塞，不便于人群步行，于是丹麦政府于2009年6月5日正式项目此启动，对以下三个层面进行规划和改造：一是对于商户的后勤部门进行约束，后勤部门必须利用电动汽车搬运货物，并将货物集中运送至一个中心点后再由电动汽车转送到各家商户；二是改善公共空间的照明系统，将传统灯泡换成智能节能灯与太阳能灯，确保资源的有效利用，降低资源过度浪费；三是将电家的传统电表改装成智能电表，随时可以透过电子屏幕或智能手机了解屋子里的能源消耗情况，还能够基于各类信息向商户提供个人节能建议；此外，也大幅提升智能插座的使用率，有效降低或关闭未使用的家用电器或电灯，减少无谓的电能消耗。

许多时候，大家都会困惑于智慧城市到底改变了什么，认为智慧城市对传统城市的改变是铺天盖地的，然而，从以上的探讨与案例中我们可以发现，“智慧城市”建设并不是大刀阔斧、一蹴而就的，而是为了解决某个问题以工程或项目的形式实施的。比如，阿姆斯特丹的乌特勒支大街的智能道路照明工程、哥本哈根的减碳工程以及日本的灾难应变系统等，都是以解决问题为前提，利用信息化、智能化技术引导产业与产品，透过政府主导或政企合作，循序渐进的逐步发展。

第四节　本章小结

智能化生活是信息化技术革新下的必然转型，智慧城市亦然。

一、人性化发展：城市发展的根本

在全球化智能城市发展浪潮下，数字化、信息化、科技化的突飞猛进是促使我们追求更高质量生活的推力，但是，我们依然必须清楚地了解到“人性化”发展才是促进城市发展的主要核心。

此处所指的“人性化”并非物质在美学、生态学、功能学中的仿生化转变，而是指城市发展中“以人为本”的科学发展观。从发达国家或我国城市发展中可以发现，当整体社会都在追逐个体本身经济利益最大化的时候，个人以外的公共事务是无人顾及的，当一个国家或社会将经济发展置于第一位，随之而来的问题将会是基本的人民生活问题。自从中国改革开放以来，市场商机和工作机会成为人们生活的领头羊，许多人跟着“市场”迁居各地，而现实的生活则是不断地催促着人们离开家乡进入城市，久而久之，广袤的中国大地开始出现许多我们俗称的“城市病”，这些由城市人口、工业、交通运输过度集中而造成的问题，给生活在城市的人们带来了许多烦恼和不便，相对的会对城市的运行造成影响。

二、对症下药解决城市问题

城市病几乎是所有国家都曾经或正在面临的问题，其最主要的原因是城市规划和建设盲目向周边摊大饼式的扩延。在我们盲目地追求经济和效益时忽略城市的基础建设与资源调配，使得人口膨胀至超出环境负荷范围。因此，我们说“以人为本”“对症下药”才是改善城市问题的最佳良方。然而，如何实现城市以人为本？就是在满足人民日益增长的物质、文化、精神、生活需要，保障人民的经济、政治和文化权益的基础上，全面以人的发展为目标，从群众的根本利益出发，解决问题并谋求永续发展、可持续化的发展，让发展的成果改善人们的生活。如果不能解决以人为本的问题，仅仅停留在政府层面，很可能我们很多决策就会产生巨大的偏差。

另外，智慧城市也在满足以人民为中心的发展需求中推动社会创新驱动，全面促进产业创新打造低碳的、生态的、人文的、智能的城市规划。所以，在智慧城市推进中，涉及的两个层面是至关重要的，也就是“政府层面”与“市场层面”。提高城市基础设施运营和管理的技术含量，包括城市治理的技术含量是最困难的。我国近年来城市化高速发展，硬件设施建设不比别人差，全国的数字化、信息化也有非常好的基础，但是我们有多少管理者能够很好地利用这些信息化资源做好社会治理？如果能应用互联网的新技术来开展城市治理，对我们来讲都是一个新课题。反之，我们已经感受到互联网对所有家庭、社区和大环境的冲击，如何促进环境的智慧管理？而智能化生活要实现什么样的目标？无论是节能的目标、低碳的目标，还是各个家庭的多元目标，都将是市场瞄准的非常重要的内容。在这些问题下，完善的城市规划和顶层管理将是一个关键点。

三、城市发展人人有责

作为城市中的一员，我们都是手拿着画纸，双脚横跨在现在与未来两时空的城市建设者，也是披星戴月靠打拼平衡现实与梦想两者差距的城市劳动者，亦是远离家乡用奋斗改变生活与现实的城市个体。可以说我们都是在城市环境中栖息文明的人、在城市产业中承载智慧的人、在城市资源中支撑未来的人，作为一个复合能力个体，我们也要清楚地、确切地告诉自己，在智慧城市努力追求全民幸福最大化的同时，作为一个城市的最小人力单位，我们更是互联网时代下城市里最不可或缺的智慧贡献者！

主要参考资料

[1] 阿里研究院. 互联网+：未来空间无限[M]. 北京：人民出版社，2015.

[2] 费孝通. 论小城镇建设[M]. 北京：群言出版社，2000.

[3] 林岗. 高级政治经济学[M]. 北京：中国人民大学出版社，2006.

[4] 汪向东，梁春晓. "新三农"与电子商务[M]. 北京：中国农业科学技术出版社，2013.

[5] 安邦咨询. 产业整合强化中国—东盟间互联互通[J]. 时代金融，2014(31).

[6] 蔡若佳，易钢，李坚. "智慧城管"初探：大数据时代的城市管理创新[J]. 学理论，2015(5).

[7] 陈刚. 菏泽"淘宝村"的金融基础设施建设[J]. 金融发展研究，2014(8).

[8] 崔丽丽，王骊静，王井泉. 社会创新因素促进"淘宝村"电子商务发展的实证分析——以浙江丽水为例[J]. 中国农村经济，2014(12).

[9] 单霁翔. 关于城市文化的几点思考[J]. 群言，2007(6).

[10] 封喜波. 城市智能交通系统构建[J]. 黑龙江交通科技，2010(11).

［11］龚成，李成刚．我国网络文化管理体制建设中的问题及对策分析［J］．新闻界，2012(4).

［12］韩一丹．特色小镇，就着科技和梦想扬帆［J］．杭州（生活品质版），2015(4).

［13］黄理稳，黄英．城镇化与精神文明建设［J］．精神文明导刊，2004(9).

［14］黄璇，任剑涛．世界城市的"世界性"展现——以北京的城市建设定位为例［J］．中国行政管理，2014(1).

［15］季统．云计算助推智慧城市发展［J］．中国国情国力，2013(10).

［16］李刚，高相铎．大数据时代下的城市规划编制工作流程［J］．规划师，2014(8).

［17］李鸣．网络舆情文化治理研究［J］．湖北社会科学，2013［12］.

［18］李文亮．城镇化进程中要重视乡土传统的传承与创新［J］．民俗研究，2014(1).

［19］廖胜华．文化治理分析的政策视角［J］．学术研究，2015(5).

［20］罗淳，潘启云．论边疆民族地区小城镇建设的特点、模式与路径［J］．中央民族大学学报（哲学社会科学版），2011(3).

［21］罗明义．论城市圈域经济的形成规律及特点［J］．思想战线，1998(4).

［22］马士玲．物联网技术在智慧城市建设中的应用［J］．物联网技术，2012(2).

［23］牟维珍．族民俗文化与民俗旅游［J］．黑龙江社会科学，2006(6).

［24］潘莉．记得住乡愁———城镇化进程中的民俗保护和传承［J］．前沿，2014 (5).

［25］逄金玉．"智慧城市"——中国特大城市发展的必然选择［J］．经济与管理研究，2011(12).

［26］齐骥．文化治理视角下城镇化空间逻辑的反思与重构［J］．城市发

展研究，2015(8).

［27］祁述裕，孙博．我国文化产业发展亟需完成七个转变［J］．探索与争鸣，2014(4).

［28］祁述裕．推动文化管理向文化治理与善治的转变［J］．人民论坛，2014(4).

［29］邱向雪．物联网的发展及其在城市管理中的应用研究［J］．数字技术与应用，2010(9).

［30］任珺．文化的公共性与新兴城市文化治理机制探讨［J］．福建论坛（人文社会科学版），2015(2).

［31］唐其君．加快提升生态文化旅游乡镇的建设品质［J］．江南论坛，2013(1).

［32］唐斯斯，刘叶婷．以“数据治理”推动政府治理创新［J］．中国发展观察，2014(5).

［33］汪向东．沙集模式的特点与可复制性［J］．国家电子商务工作动态，2013(3).

［34］王彬彬．刍议网络时代政府再造的三项主题［J］．四川行政学院学报，2010(4).

［35］王彬彬．论网络时代的政府革新［J］．党政干部论坛，2010(5).

［36］王会．后发地区更需有序城镇化［J］．中国老区建设，2014(8).

［37］王鹏．新媒体与城市规划公众参与［J］．上海城市规划，2014(5).

［38］王平．民族地区新型城镇化建设进程中民族文化产业发展的原则及路径探析［J］．民族文化研究，2015(2).

［39］王琦，金错刀，侯燕俐．达活斯的中国图谋——一个用思想“征服”世界的小镇，为何没能“征服”中国？［J］．中国企业家，2007(16).

［40］武友德，王源昌．边疆少数民族地区特色城镇化发展道路研究——以云南为例的分析［J］．云南师范大学学报（哲学社会科学版），2010(3).

［41］徐明尧，陶德凯．新时期公众参与城市规划编制的探索与思考——

以南京市城市总体规划修编为例［J］. 城市规划，2012(2).

［42］叶宇，魏宗财，王海军. 大数据时代的城市规划响应［J］. 规划师，2014(8).

［43］叶宇. 大数据时代的城市规划响应［J］. 规划师，2014(8).

［44］余和平. 浅谈提高乡镇文化品位［J］. 文化时空，2002(8).

［45］岳永逸. 城镇化的乡愁［J］. 民间文化论坛，2015(2).

［46］张文建，柏波. 基于众包的旅游咨询业创新研究［J］. 旅游论坛，2012(5).

［47］张翔. 大数据时代城市规划的机遇、挑战与思辨［J］. 规划师，2014(8).

［48］张晓. 推动我国互联网产业健康发展［J］. 中国电信业，2014(6).

［49］张艺华. 电子治理：网络化时代政府管理创新的范式选择［J］. 淮北师范大学学报（哲学社会科学版），2011［4］.

［50］赵光华. 后发优势理论对我国西部后发地区的现实意义［J］. 西安建筑科技大学学报（社会科学版），2005(3).

［51］赵渺希，朵朵. 巨型城市区域的复杂网络特征［J］. 华南理工大学学报（自然科学版），2013(6).

［52］中国行政管理学会课题组. 以电子政务创新推进行政改革和政府管理创新［J］. 中国行政管理，2011(11).

［53］周牧之. 要小城镇，也要大城市圈——关于我国城市化发展的另一种思考［J］. 中外交流，2002(10).

［54］王鹏. 大数据支持的城市规划方法初探［A］. 中国城市规划学会. 城乡治理与规划改革——2014 中国城市规划年会论文集［C］.2014.

［55］金光. “世界性的民族文化”—— 一个难以回避的命题［Z］. 民族文化与文化创意产业研究论丛（第一辑），2011.3.

［56］熊瑞杰. 我国西部地区小城镇发展道路研究［D］. 北京：中共中央党校，2014.

[57] 大数据提高创意产品转化率 挖掘推动文化消费［N］. 中国文化报，2013-12-23.

[58] 李辉. 做好顶层设计 推动大数据开放共享［N］. 中国高新技术产业导报，2015-3-10.

[59] 林培. 用数据信息支撑城市规划［N］. 中国建设报，2014-5-6.

[60] 孙丕恕. 激活中国特色的“数据经济”［N］. 学习时报，2015-6-1.

[61] 王慧. 以电子商务为驱动力促进区域经济发展途径研究［N］. 江苏商论，2013-7-20.

[62] 徐晶卉. 互联网公司借端午节推创意营销吸引年轻人——“互联网 +”时代，民俗文化如何传承［N］. 文汇报，2015-6 -21 .

[63] 张宜春，蒋伟. 大数据：助力文化产业转型升级［N］. 中国文化报，2014-1-22.

后　记

柏拉图在《理想国》中预见的城市最理想的公民数字是5040人，他之所以限定他理想城市的人数，是要让他发表演说的声音能够被直接听到……而托马斯·莫尔为其乌托邦首都所作的规划囊括环境、社会等诸多因素，即使这样，依然没能预见到蒸汽火车、铁路等带给城市和社会的巨大影响；在动画大师宫崎骏的笔下，未来的城市是一座《天空之城》；而在俄罗斯建筑师基里洛夫的眼中，“天空之城”是一座超级大厦，它的每一层都是一个拥有学校、公园、购物中心和休闲场所的小城市，居民可以通过专门设计的高速交通工具往来于各层之间。基里洛夫认为他所设计的“垂直城市”是完全可行的方式，但前提是人类的技术发展到足够程度……未来城市，似乎一直在我们的想象之外。

作为中国传媒大学新型城镇化研究中心首任主任，我非常关注创意赋予城市的想象空间。曾经在给研究生开设的《新型城镇化研究》的课上布置了一个创意实践作业：以“2034·北京”为主题，对20年后的北京城市规划与运营、北京新型城镇化与绿色城市发展、北京古城保护与文化遗产传承、北京公共空间与人文城市建设、北京乡村文化与创意社区营造的未来，进行充分畅想，对未来北京城市发展的远景进行预期。虽然收上来的作业“五花八门”，但同学们所有当下对城市的想象，似乎都赶不上时代发展的速度与激情。其实，即使是最有眼光的梦想家也不可能超越当时的知识局限，为未来做的规划也许符合当时对需求和增长的理解，但他们无法考虑到自发的适应、创造更新及技术改革所带来的后果。

人类的生活空间伴随着人类自身进步向前发展。洞穴、茅草屋和其他简陋的栖身之所已离我们渐行渐远，渐为古迹。我们今天引以为傲的现代城市迟早也会老旧过时，并被想象之外的“未来城市”所取代。“城市，让生活更美好”，这是上海世博会的主题。这个极具鼓舞性的口号当年曾经激励我花了几天，排队去看上海世博园的各国展馆。上海世博会用人类在城市建设中所取得的成就表达了我们在城市化进程中所应该达到的目标。但城市毕竟是一个真实的存在，它必将一直把我们包容裹挟其间，并不断扩展着它的内涵与外延。2004 年，约翰・里德在《城市》一书中预言：“到 2030 年的时候，每三个人里将会有两个生活在城市。”而 2000 年，詹姆斯・特拉菲尔在其《未来城》一书中预言“2050 年的都市”因为信息“高速公路”可能比今天更为安静有序，因为新市镇和磁浮郊区的脚步加快，集中式的办公空间有必要降低，人们选择居于小镇，网络办公。

2015 年，对中国城市发展是极具想象力的一年，这一年，“互联网 +”出现在李克强总理所作的《政府工作报告》之中，这意味着“互联网 +”正式被纳入顶层设计，成为国家经济社会发展的重要战略；这一年，《国家新型城镇化规划》正式实施。“互联网 +”与“新型城镇化”的双引擎进一步激活中国城镇发展的想象力。

《网罗城镇：未来城市的想象力》一书作为文化部特别委托课题《互联网 + 与文化发展研究》的组成部分，系由中国传媒大学文化发展研究院院长范周教授主持编撰的“互联网 + 与文化发展研究系列丛书”中的一本。本项目从 2015 年 6 月份开始启动，课题组成员经过大量调研、考察，多次开会深入探讨，历时5个月，于2015年10月定稿付梓。本书具体写作分工如下：第一章，卜希霆、刘文杰；第二章，卜希霆、郑波；第三章，刘怀宇、雷持；第四章，王青亦（编著）；第五章，金荷洁、齐骥（编著）；第六章，徐琦、周翔；第七章，卜希霆、陈琬瑛。全书由卜希霆、王青亦、刘文杰统稿，由中国传媒大学丁俊杰教授审读并作序，知识产权出版社出版。在此，一并致以深深谢意。

卜希霆

2015年11月